대통령 연설문과 우리 글 바로 쓰기

김대중부터 문재인까지

나남
nanam

나남신서 2110

대통령 연설문과 우리 글 바로 쓰기
김대중부터 문재인까지

2022년 7월 5일 발행
2022년 7월 5일 1쇄

지은이   최정근
발행자   趙相浩
발행처   (주) 나남
주소   10881 경기도 파주시 회동길 193
전화   (031) 955-4601 (代)
FAX   (031) 955-4555
등록   제 1-71호 (1979.5.12)
홈페이지   http://www.nanam.net
전자우편   post@nanam.net

ISBN 978-89-300-4110-2
ISBN 978-89-300-8655-4 (세트)

나남신서 2110

대통령 연설문과 우리 글 바로 쓰기

김대중부터 문재인까지

최정근 지음

나남
nanam

추천사

최형용 (이화여대 국어국문학과 교수)

언어를 나누는 여러 가지 방법이 있다. 보다 전문적으로는 소리, 단어, 문장과 같이 대상에 따라 나눌 수도 있지만 음성 언어와 문자 언어, 더 쉽게 말하여 구어(혹은 '입말')와 문어(혹은 '글말')로 나누는 것이 이러한 방법 가운데 가장 대표적인 것이 아닐까 한다. 그런데 언어를 포함하여 모든 사물에 경계 요소가 있는 것처럼 이 두 가지 속성을 모두 가지는 것이 있다. 연설문은 사전의 정의를 따르면 '연설할 내용을 적은 글'인데 이때 '연설'은 구어이고 '글'은 문어에 해당하기 때문에 연설문은 구어와 문어의 속성을 모두 가진 특별한 존재이다.

연설문은 화자와 청자를 염두에 둔다는 점에서 구어적이고, 필자와 독자를 상정하고 있다는 점에서 문어적이다. 연설문은 화자와 청자가 같은 시간대에 존재한다는 사실을 감안하기 때문에 구어적이고, 미리 준비하는 글이기 때문에 필자와 독자가 다른 시간대에 존재한다는 점에서 문어적이다. 연설문은 화자와 청자 사이에 양방향성을 배제하지 않는다는 점에서 구어적이고, 그 관계는 다소 일방향성을 가진다는 점에서 보면 문어적이다.

5

그렇다면 어떤 연설문이 가장 좋은 연설문일까? 이상적으로 답하면 좋은 연설문이란 구어의 장점과 문어의 장점을 모두 가진 것이라 할 수 있다. 이 책에서 다루는 대통령 연설문은 바로 이러한 구어의 장점과 문어의 장점을 모두 취한 것이라고 생각하기 쉽다.

저자는 '대통령 연설문이란 가장 훌륭한 연설문일까?'라는 물음에 답하기 위해 연설의 특성부터 천착한다. '연설은 정치'이기 때문에 나라마다 그 역할이 다를 수 있고 사람마다 특색이 있다. 이를 파악하기 위해 저자가 연설문의 준비 과정에 주목한 것은 연설문이 가지는 문어로서의 특성에 주목한 것이라고 평가할 수 있다. 김대중, 노무현, 이명박, 박근혜, 문재인 대통령을 각각 "꼼꼼한 '빨간 펜 선생님'", "말로 쓰고 말로 고쳤다", "연설 준비도 '실용' 우선", "비선 실세가 주물렀다", "세심히 준비한 감성 연설"로 한 줄 평가한 부분을 보면 단순한 감상평을 넘어 말이나 글 속에 나타난 생각을 바탕으로 그 사람의 성격까지 간파하는 저자의 직관이 날카롭게 번뜩임을 느낄 수 있다.

이러한 과정을 거쳐 역대 대통령의 10대 연설을 뽑은 것은 문어로서의 연설문이 아니라 구어로서의 연설이 가지는 힘과 영향까지 고루 평가한 결과이다. 여기서도 연설문이 아니라 구어로서의 연설을 한 줄로 평가하는 부분은 오랜 세월 동안 언론인으로서 세상을 바라본 저자의 경험이 빛을 발하는 장면이다. 우리는 이제 "외환위기에서 빛난 혜안과 한계", "화해와 협력, 한반도 평화를 선언하다", "가 보지 않은 길, 대연정을 내비치다", "행정수도, 역부족이었나 미숙함이었나", "아침이슬 … 민심은 거스를 수 없다", "포기 아닌 포기, 한반도 대운하", "창조경제는 대체 무엇이었나?", "세월호 참사와 7시간, 가라앉은 진실", "5월 광주와 촛불혁명, 그리고 포용", "검찰개혁, 연이은 패착이 부른 실패"라는 한 줄 평을 놓고 이를 순서에 상관없이 뒤섞어 놓는다고 해도 누구의 연설을 지칭하는지 손쉽게 알아맞힐 수 있다. 때에 따라 이 한 줄로 가슴 뛰는 탄성을 뱉을 수도 있지만, 때에 따라 시대적 아픔에 모골이 송연해지는 느낌을 가질 수도 있다.

그러나 이러한 대통령 연설문도 물론 완전무결한 것은 아닐 것이다. 여기에서 우리는 저자의 메타적 인식을 간파할 수 있다. 연설문 가운데서도 가장 완성도가 높을 것이라고 생각하는 대통령 연설문도 완벽하지 못해 여러 가지 문제점이 있다고 저자는 주장하기 때문이다. "완벽한 글쓰기는 불가능하며 대신 '더 나은 실패'가 있을 뿐"이라는 어느 저명한 작가의 말을 떠올리게 하는 부분이다.

이제 저자는 다시 감정이 지배하는 구어로서의 연설이 아니라 이성이 요구되는 문어로서의 연설문에 집중해 줄 것을 요구한다. 저자는 문어로서의 대통령 연설문이 가지는 문제를 모두 여섯 가지로 제시한다. "피동을 버려라", "자르고 자르자", "'의'를 줄여라", "'것'을 피하자", "'있다'를 잊어라", "'적'(的)은 적(敵)이다" 등 여섯 가지 문제점은 따라서 대통령 연설문이 가지는 문제이기 이전에 모든 문어 형식이 가지는 문제로 환원된다.

이 가운데 "피동을 버려라", "'의'를 줄여라", "'있다'를 잊어라"는 글을 읽는 독자들에 대한 명령이다. 명령은 상위자가 하위자에게 제시하는 것이므로 이 문제들은 그만큼 고질적이라는 점을 느끼게 해 준다. "자르고 자르자", "'것'을 피하자" 두 가지는 청유형으로 되어 있으므로 명령보다는 약하지만 그만큼 시급하다는 어감을 담고 있다. 끝으로 "'적'

(的) 은 적(敵) 이다"는 문면 그대로에서 드러나는 바와 같이 현상에 대한 단언이다.

이제 이러한 점들을 익힌다면 독자들은 구어로서의 장점과 문어로서의 장점을 모두 담고 있는 대통령 연설문은 완전할 것이라는 선입견에서 벗어날 수 있다. 마지막으로 대통령 연설문을 대상으로 고쳐 쓰는 실전 단계를 배치한 것은 단순한 연습 문제가 아니라 도전 의식을 가진 저자의 용단이 드러난다. 이는 저자가 이 글을 읽는 독자들이 글쓰기에 대해 가지기를 바라는 비판적 시각의 함양이 달성되기를 바라는 희망의 다른 표현이기도 하다.

따라서 이 책은 연설문만을 다루는 여타의 책들과 다르고 글쓰기만을 대상으로 하는 기존의 책들과도 차별된다. 대통령 연설문이 언중인 국민을 향한다는 점에서 글쓰기에 친숙하게 다가갈 수 있게 해 주는 한편 독자들에게 두 마리 토끼를 잡을 수 있는 기회를 제공하기 때문이다.

추천사

이소정 (〈KBS 뉴스 9〉 앵커)

말이 줄었습니다

요리사가 집에 가면 부엌에 안 들어가는 것과 비슷하달까요? 종일 회의하고, 토론하고, 생방송에서 떠들고 나면 진이 빠집니다. 말하기 싫습니다. 본의 아니게 무뚝뚝해졌습니다. 더 큰 이유는 제가 별생각 없이 내뱉는 한마디가 누군가에겐 '〈KBS 뉴스 9〉 앵커가 한 말'이기 때문입니다. 제 인격과 소양의 부족함이 묻어 나와 KBS 뉴스의 신뢰를 떨어트릴까 겁납니다.

명색이 20년 차 기자인데 매일 저녁 6시쯤부터는 노트북 앞에서 끙끙거립니다. 단어 하나, 조사 하나가 그렇게 어려울 수 없습니다. 누군가는 '9시 땡!' 하면 우아하게 꽃단장하고, 잘 차려입은 뒤 기사 몇 줄 읽는다고 생각하겠지요. 아닙니다. 실상은 가라앉지 않으려고 엄청나게 발버둥치는 고니와 흡사합니다. 동료 기자들이 어떤 열정과 수고로 취재하고 기사를 썼는지 알기 때문입니다. 앵커는 그 내용을 정확하고 충실하게, 무엇보다 편안하게 시청자들에게 전달할 무거운 책임이 있기 때문입니다. 여전히 글쓰기는 부담스럽고 어렵습니다.

"방송을 잘하는 것과 잘 씨불이는 것은 다르다!"

리포트 기사를 소개하는 앵커 멘트를 쓰다 잘 풀리지 않을 때, 시청자들과 더 눈 맞추고 대화하듯 취재 내용을 전하고 싶을 때 뒤적거리는 책이 있습니다. 최정근 선배가 몇 해 전 쓴 《엉터리 기사로 배우는 좋은 글쓰기》입니다. 후배들에게도 추천 반, 강요 반 읽으라고 선물하지요. 그러면서 자주 하는 얘기가 "방송 잘하는 거랑 잘 씨불이는 건 달라"입니다. 꼰대라고 욕해도 어쩔 수 없습니다. KBS 기자라면 종알종알 안 틀리고 떠드는 수준이어서는 안 된다, 취재한 내용을 완전히 씹어 삼켜 내 것으로 만든 뒤 핵심을 짚어 정갈하고 쉬운 말로 방송하라고 강조하지요.

한국을 대표하는 공영방송 KBS의 기사는 '기준'이 되어야 한다고 믿기 때문입니다. 미디어와 정보의 홍수 속에 "KBS가 이렇게 보도했으니, 그게 맞아", "KBS 기사 찾아보니 이렇게 썼던데?"라는 말을 듣고 싶습니다. 취재 내용뿐 아니라 우리말과 표현에서도 중심을 잡아야 한다고 생각합니다.

샘난다, 오바마

총선과 대선 등을 치르면서, 또 지방선거를 앞두고 대통령 후보들과 여러 정치인이 〈KBS 뉴스 9〉에 출연합니다. 단 10분 인터뷰를 위해 길게는 며칠씩 동료들과 질문을 다듬습니다. 1초라도 낭비하지 않고, 영양가 있는 답을 듣기 위해서입니다.

돌발 질문에도 웃으면서 말과 행동이 일치하는 생생한 경험을 털어놓은 어떤 후보에게는 전에 없던 호감이 생겼습니다. 시청자 게시판에도 호평이 줄을 이었지요. 반대로, 불편하고 자신 없는 질문에 당황해서 목소리만 높이는 이도 있었습니다. 어깨에 잔뜩 힘주고 길게 떠들었지만 무슨 내용인지 하나도 기억나지 않는 사람도 있고요. 그럴 때는 어김없이 시청률도 떨어집니다. 뉴스를 보는 사람들도 똑같이 느끼는 것이지요. 단 10분이지만 그 사람의 말과 태도에서 삶의 궤적과 내공이 드러납니다.

정치 뉴스가 많은 요즘은 매일매일 마음이 무겁습니다. 기사 대부분이 정치인들 입에서 나오기 때문입니다. 날카로운 말로 서로를 베고, 편을 가르고, 자극적인 표현으로 돋보이려 합니다. '이런 말을 사람들이 계속 들어야 하나?' '이렇게 거칠고, 또 천박한 표현들이 우리 대화의 표준이 되면 어쩌지?' 독주가 당깁니다. 소독이 필요합니다.

영어 공부에 한창일 때 밑줄 그으며 외우던 미국 오바마 대통령의 연설문을 다시 읽습니다. 가슴이 저릿해집니다. 품위와 설득력 있는 문장들에 감탄합니다. 정치적 공과를 떠나 연설로 사람의 마음을 얻는 능력과 그런 대통령을 가진 미국이 부럽습니다.

다시, 말을 배워야겠습니다!

최정근 선배가 이번에 쓴 책이 이런 갈증을 잊게 해 줍니다. 오랜 시간 동안 공들여 정리한 대한민국 대통령들의 연설문과 세심한 풀이로 저는 다시 공부를 시작합니다. 한 마디 한 마디 성숙한 말하기와 '아' 다르고 '어' 다른 글쓰기를 연습합니다. 바르고, 무해하고, 친절한 말로 매일 밤 시청자들과 만나야겠습니다.

그리고 후배들에게 또 꼰대 짓을 하겠지요. 우등생의 길잡이 '전과'처럼 가까이 두고 공부하라며 이 책을 안길 겁니다. 기자뿐만 아니라 많은 사람들이, 특히 정치인들이 읽고 말의 '무게'와 '품격'을 곱씹어 보았으면 좋겠습니다. 그렇게 지금, 이 순간, 우리를 흐르는 시간과 서로를 잇는 이야기가 좀 더 아름답고 풍요로워지길 바랍니다.

머리말

윤석열 대통령은 출근길에 자주 멈춰 선다. 이른바 도어스테핑(*door-stepping*), 약식회견을 하기 위해서다. 전임 대통령들한테서는 보지 못한 장면이다. 기자들 질문에 거침없이 대답하는 모습이 솔직해 보인다. 권위를 벗은 친근함이다. 국민과 거리감을 좁히는 데 성공했다. 호평이 많다. 반면에 우려도 적지 않다. 너무 솔직해서일까. 준비를 제대로 안 해서일까. 툭툭 내뱉는 답변 내용이 어제 다르고 오늘 다르기도 하다. 어떤 말은 무슨 뜻인지 정확히 알기 어렵다. 번역이 필요할 지경이다. 여러 뜻으로 해석되니 오해를 부른다. 혼선이 생긴다. 대통령이 하는 말이 그래서는 곤란하다.

  윤 대통령이 정치에 막 뛰어들 즈음, 사람들은 그가 말을 잘 못한다고 짐작했다. 토론이나 연설이 서툴지 않겠느냐고들 했다. 대중 앞에 서면 설수록, 입을 열면 열수록 지지율을 까먹을 판이라고 한쪽에서는 걱정했다. 다른 쪽에서는 같은 이유로 얕잡아 보고 짐짓 여유를 부렸다. 2021년 6월, 그가 정치인으로 대중 앞에 처음 서 기자회견을 하고 나니 그런 평가가 더 짙어졌다. 대권에 도전하겠다고 공식 선언하는 회견이었는데 정작 발언 내용은 뜬구름 잡듯 모호했다. 좌우를 번갈아 살피는 고갯짓만 사람들 뇌리에 깊이 남았다.

그 뒤 대권을 향해 제대로 뛰기 시작하자 아니나 다를까 연이어 말로 사달이 났다. 전두환 옹호 발언, 주 120시간 노동 발언, 부정식품 선택 자유 발언, 대구 민란 발언, 후쿠시마 원전 오염수 관련 발언, 아프리카 손발 노동 발언 따위 설화가 잇따랐다. 윤 대통령 쪽에서는 발언 일부만 떼 비판하는 태도는 부당하다면서 억울해 했다. 어떤 말은 이러저러한 뜻이었다고 중언부언 설명했고, 어떤 말은 앞뒤 맥락으로 봐 옳은 소리였다고 항변도 했다. 어떤 말엔 결국 사과해야만 했다.

그는 당내 경선과 대선 본선을 치르며 참여한 여러 초청 토론회나 후보자 간 토론회에서도 썩 좋은 점수를 받지 못했다. 선방했다는 평도 나왔지만, 애초 기대치가 워낙 낮아서였을 뿐이다. 그가 선보인 화법은 자기주장을 펴는 명확한 논리 전개나 유려한 말솜씨와는 거리가 멀어 보였다. 툭하면 도중에 말이 엉키고 질문과 동떨어진 답을 하는가 하면 토론 상대가 보인 허점을 민첩하게 파고들지도 못했다. 정치인으로 훈련이 안 된 신인이기에 어쩔 수 없는 한계라고들 했다.

윤석열 대통령이 해온 말을 가만히 들어 보면 몇 가지 특징이 있다. 우선 말이 길다. 끊고 맺음이 확실하지 않고 문장이 늘어진다. 복문도 많아 명쾌하지 못하다. 또 명사보다 동사를 많이 쓰는 점도 두드러진다. 심리학자 김경일 아주대 교수는 검찰 종사자들이 주로 동사 사용 빈도가 높은 언어를 구사한다고 한다. 그 이유를 이렇게 분석한다. 검사가 범죄를 입증하기 위해서는 증거가 중요한데, 증거가 되려면 어떠한 존재 자체만이 아니라 그 존재에 특정한 행위가 더해져야만 한다.

예를 들어, 사건 현장 자체보다 그곳에 누가 갔다거나 드러누웠다거나 또는 그 현장에서 누가 빠져나왔다거나 살해했다거나 따위 어떤 행위가 더 중요하다. 그래서 그 행위를 설명하는 동사가 긴요하다는 말이다. 동사를 많이 쓰면 명사를 많이 쓴 문장보다 여운이 남는다. 그래서 뭔가 불분명하면서도 듣는 이가 생각을 더 하게 만든다고 한다.[1]

윤석열 대통령 말투에서 나타나는 특징 또 하나는 이른바 '간투사'이다. 대통령 후보 시절 토론회나 기자회견 등에서 말할 때 '으'나 '그' 같은 의미 없는 소리를 단어 사이사이에 많이 섞어 썼다. 말하면서 생각하기 위해 시간을 벌려는 말투다. 뭔가 자신 없어 보이고 답답함을 주는 말버릇이다.

그런데 선거 유세 현장에서는 달랐다. 거침없었다. 자기가 부정부패와 거악에 맞서 싸워왔다고 서사를 앞세웠다. 집권세력은 불공정하고 무능한 세력으로 규정했다. 정권교체 당위성과 의지를 되풀이해 강조했다. 내용과 표현은 투박하고 거칠었으되 돌려 말하지 않는 직설 화법이었다. 거기에 어퍼컷 세리머니까지 더해 군중을 환호하게 만들었다. 원고도 보지 않았다. 유세 첫날 서울 광화문 출정식에서는 미리 준비한 연설문을 확인하면서 읽다시피 했는데, 그 뒤부터는 원고를 거의 보지 않고 연설했다. 언제인가부터는 연설 원고가 아예 사라졌다. 간투사도 없었다. 자기 생각대로 말할 때에는 망설임이 없었다는 얘기다. 유권자와 현장에서 호흡하면서 흥이 나 개인기가 살아났다는 평이 나왔다. 당선인 신분으로 대중 앞에 서서도 그랬다. 용산으로 집무실을 옮기겠

---

1 김경일 인터뷰, 〈한판승부〉, CBS 라디오, 2022. 1. 21.

다고 직접 설명하거나 천막 기자실을 찾아 현안에 답할 때 그는 늘 자신 감 있는 화법을 선보였다.

이모저모 보면 윤석열 대통령은 달변이라 보기 어렵지만 눌변이라는 단정도 옳지 않다. 장점과 단점이 뚜렷하다. 누구든지 구사하는 언어에 저마다 특징이 있고 장단점이 있다. 당연한 이치이다. 그렇지만 윤 대통령은 그 당연한 평범함에서 그만 벗어나야 한다. 그는 이제 대한민국 대통령이기 때문이다. 대통령이 하는 말은 아무 시민이 하는 말이 아니다. 여느 정치인이 뱉는 말이 아니다. 대선 후보일 때나 당선인 신분으로 했던 말과도 의미와 무게가 또 다르다. 적어도 공식석상에서 하는 말, 특히 연설은 전과 완전히 다르도록 벼려야 한다. 대통령 말은 하나하나가 통치행위이자 곧 역사이다.

이 책은 제20대 대통령 선거를 1년쯤 앞두고 구상하기 시작했다. 과거 대통령들이 한 연설 내용과 그 문장을 되짚어 보고 싶었다. 앞부분인 1, 2부에서는 그들이 한 연설로 그 시대를 읽어 보았다. 김대중부터 문재인까지, 다섯 대통령이 어떤 방식으로 연설을 준비했는지, 그래서 어떤 특징이 있는 연설을 했는지를 짚었다. 그리고 다섯 대통령이 남긴 연설문 중 2개씩, 모두 10개를 골라 뽑아 당시를 돌아봤다. 그 연설이 나온 배경과 우리에게 미친 영향, 남은 과제들을 나름대로 분석해 보았다. 뒷부분 3, 4부에서는 대통령 연설문 문장을 교본 삼아 글을 바르게 쓰는 법을 살폈다. 우리말과 글을 옳고 쉽게 쓰는 버릇은 곧 우리 문화와 정신을 지키는 길이다. 우리말과 글을 바르게 쓰는 일도 대한민국 대통령이 맡은 여러 책무 가운데 하나라고 본다. 대통령이 하는 말은 문장 자체로도 누구에게나 모범이어야 한다고 믿는다.

윤석열 대통령은 당선 직후 협치를 공언했다. 대통령이라면 온 국민을 아울러 통합하고 야당과 협력하며 타협하는 정치를 해야 함이 마땅하다. 0.73%p, 전에 없이 작은 득표율 차이로 당선한 소수 여당 대통령으로서는 더욱 당연한 태도다. 그런데 그 뒤 모습은 협치와 거리가 멀었다. 여러 우려에도 집무실 이전을 강행하고, 최측근 한동훈을 법무부 장관에 임명했다. 통합보다는 독주에 가까웠다. 전임 대통령들이 남긴 공과에 교훈이 있다. 아무리 옳다고 판단한 일이라 해도 지지를 폭넓게 얻지 못하면 결코 성공하지 못했다. 자기를 따르는 일부 세력만을 바라보면 늘 끝이 좋지 못했다.

통치는 수사와 다르다. 수사는 옳고 그름을 딱 잘라 가린다. 통치는 그 중간을 보고 전체도 읽어야 한다. 통치는 선거와도 다르다. 선거는 상대를 꺾어야 하는 싸움이다. 통치는 질 줄 알아야 한다. 크게 멀리 보며 물러나고 때로는 지기도 하는 태도에서 바른 통치가 싹튼다. 부디 윤 대통령이 앞으로는 내 편 네 편을 두루 '품는 말'을 쓰길 바란다. 상대에게 '지는 말'을 하길 바란다. 그런 말을 담은 연설로 품 넓은 통치를 해 나가길 바란다. 그것이 대통령다운 연설이다.

대통령은 보통 연설을 혼자서 준비하지 않는다. 역대 대통령들이 그랬듯 윤석열 대통령도 참모들과 함께 연설문을 작성하게 될 터이다. 누구에게 어떤 방식으로 도움을 받을지는 윤 대통령이 선택할 몫이다. 전임 대통령들이 다들 어떤 방식을 사용했는지를 참고해서 좋고 나쁜 점을 반드시 가려보길 바란다. 자기 뜻을 누구에게 어떻게 밝히고 초안을 쓰게 할지, 의견 수렴은 어떤 식으로 할지, 수정과 보완은 어떤 방법으로 할지 등을 현명히 선택해야 한다. 윤 대통령이 어떠한 길을 고르든 간에 남이 쓴 글을 읽어 내려가는 연설만은 하지 말길 바란다. 자기 언어로 자기 내용을 전하는 연설을 해야 한다. 문장과 말투를 정갈히 다듬은 연설이어야 함은 기본이다.

대통령 연설을 소재로 다루면서도 학술이나 이론 측면에서 접근하지는 않았다. 정치와 언어, 두 가지 분야 모두 오로지 지은이 감상과 경험에 따른 이야기임을 밝힌다. 깊이 공부해 온 연구자들 시각에서는 여러모로 모자람이 없지 않겠다. 이 책에서 대통령 인물이나 행위에 대해서 한 언급은 지극히 사사로운 평이다. 지은이가 속한 언론사 논조나 색채와는 아무런 관련이 없으니 조금이라도 오해가 없길 바란다.

부족한 글 모음을 책으로 훌륭히 엮어 주신 나남 조상호 회장님과 방순영 편집장님, 이자영 차장님께 깊이 감사드린다. 최형용 이화여대 교수님과 이소정 〈KBS 뉴스 9〉 앵커께서 추천과 격려를 분에 넘치게 해 주셨다. 감사하다. 늘 믿어 주고 성찰과 성장을 이끌어 주시는 부모님들과 아내 소희, 딸 민제에게 거듭 고마움을 전한다.

2022년 7월

최 정 근

차
례

일러두기

1. 인용한 대통령 연설문은 청와대와 대통령기록관이 누리집에 공개한 그대로를 가져왔다. 문단을 정리하고 띄어쓰기를 비롯한 맞춤법만 일부 바로잡았다.
2. 대통령을 비롯해 인물들 직함을 쓸 때 전현직 구분을 굳이 하지 않았다.
3. 단행본 제목은 《 》로, 신문이나 저널, 보고서 제목은 〈 〉로, 논문이나 발표문, 언론 기사나 인터뷰, 칼럼 제목은 " "로 표시했다.

1부

—

5인 5색,
대통령과 연설

1장

연설은 정치다

조선 건국 이래로 600년 동안 우리는 권력에 맞서서 권력을 한 번도 바꿔 보지 못했다. 비록 그것이 정의라 할지라도, 비록 그것이 진리라 할지라도 권력이 싫어하는 말을 했던 사람은, 또는 진리를 내세워서 권력에 저항했던 사람들은 전부 죽임을 당했다. 그 자손들까지 멸문지화(滅門之禍)를 당했다. 패가망신했다.

600년 동안 한국에서 부귀영화를 누리고자 하는 사람은 모두 권력에 줄을 서서 손바닥을 비비고 머리를 조아려야 했다. 그저 밥이나 먹고 살고 싶으면 세상에서 어떤 부정이 저질러져도, 어떤 불의가 눈앞에서 벌어지고 있어도, 강자가 부당하게 약자를 짓밟고 있어도 모른 척하고 고개 숙이고 외면했어야 됐다. 눈감고 귀를 막고 비굴한 삶을 사는 사람만이 목숨을 부지하면서 밥이라도 먹고 살 수 있던 우리 600년의 역사!

제 어머니가 제게 남겨 주었던 제 가훈은 "야, 이놈아 모난 돌이 정 맞는다. 계란으로 바위치기다. 바람 부는 대로 물결치는 대로 눈치 보며 살아라!", 1980년대 시위하다가 감옥 간 우리의 정의롭고 혈기 넘치는 우리 젊은 아이들에게 그 어머니들이 간곡히, 간곡히 타일렀던 그들의 가훈 역시 "야, 이놈아 계란으로 바위치기다. 그만둬라. 너는 뒤로 빠져라!" 이 비겁한 교훈을 가르쳐야 했던 우리의 600년의 역사, 이 역사를 청산해야 한다. 권력에 맞서서 당당하게 권력을 한 번 쟁취하는 우리의 역사가 이루어져야만 이제 비로소 우리의 젊은 이들이 떳떳하게 정의를 얘기할 수 있고 떳떳하게 불의에 맞설 수 있는 새로운 역사를 만들어낼 수 있다!

그것을 해야겠기에 영남 사람 노무현이 호남 당에 들어갔습니다. 그리고 정권을 교체했습니다. 이제 누가 권력 앞에서 권력이 두려워서 말 못하는 사람 있습니까? 권력의 눈치를 살피면서 아는 것을 말하지 못하는 사람이 있습니까? 이제 새로운 역사가 시작되고 있는 것입니다. 이 역사가 좌절하지 않고 계속해서 꽃피워 나갈 때 우리 한국에 원칙이 바로 서고 신뢰가 바로 서는 사회가 오게 되는 것입니다.

가슴이 뛴다. 저릿저릿하다. 다시 들어도 울림이 여전하다. 벌써 20년도 더 지났는데도 그 목소리와 눈빛, 손짓까지 생생하다. 2001년 12월 10일이었다. 고 노무현 전 대통령이 《노무현이 만난 링컨》 출판기념회 및 후원회에서 한 연설 일부다. 당시 새천년민주당 상임고문이던 그는 이렇게 16대 대선 출마를 선언했다.

그리고 역사를 만들었다. 연설에서 강조한 '정의가 승리하고 기회주의가 패배하는 역사'를 스스로 증명했다. 대통령이 된 그 자체로 기회주의를 청산한 역사를 새겼다. 당선 이후 대통령 노무현이 남긴 공과과는 이와 별개다.

노무현 대통령은 빼어난 연설가였다. 감히 말을 더 보태기 민망할 정도다. 대통령이 된 뒤에도 기억에 남는 명연설을 숱하게 남겼다. 그중에서도 많은 이가 으뜸으로 꼽는 하나가 이른바 '독도 연설'이다.

존경하는 국민 여러분,

독도는 우리 땅입니다. 그냥 우리 땅이 아니라 40년 통한의 역사가 뚜렷하게 새겨져 있는 역사의 땅입니다.

독도는 일본의 한반도 침탈 과정에서 가장 먼저 병탄되었던 우리 땅입니다. 일본이 러일전쟁 중에 전쟁 수행을 목적으로 편입하고 점령했던 땅입니다.

러일전쟁은 제국주의 일본이 한국에 대한 지배권을 확보하기 위해 일으킨 한반도 침략전쟁입니다. 일본은 러일전쟁을 빌미로 우리 땅에 군대를 상륙시켜 한반도를 점령했습니다. 군대를 동원하여 궁을 포위하고 황실과 정부를 협박하여 한일의정서를 강제로 체결하고, 토지와 한국민을 징발하고 군사시설을 설치했습니다. 우리 국토 일부에서 일방적으로 군정을 실시하고, 나중에는 재정권과 외교권마저 박탈하여 우리의 주권을 유린했습니다.

일본은 이런 와중에 독도를 자국 영토로 편입하고, 망루와 전선을 가설하여 전쟁에 이용했던 것입니다. 그리고 한반도에 대한 군사적 점령상태를 계속하면서 국권을 박탈하고 식민지 지배권을 확보하였습니다.

이렇게 시작한다. 2006년 4월 25일, 한일관계에 대한 특별담화다. 첫머리에서 곧장 "독도는 우리 땅"이라고 명토 박았다. 독도 문제에 대한 대응 방침을 전면 재검토하겠다고 했다. 일본이 왜곡하는 역사 교과서나 야스쿠니신사 참배 문제와 더불어 독도 문제를 정면으로 다루겠다고 했다. 더 나아가 물리 도발에는 강력하고 단호하게 대응하겠다고도 했다. 돌려 말하지 않고 생생하게 말하길 좋아한 노무현 대통령으로서도 표현이 썩 거칠었다.

당시 청와대 연설비서관을 지낸 강원국 작가에 따르면 노무현 대통령이 직접 쓴 연설문이다. 실무진이 쓴 초안도 없었다고 한다. 관련 행사가 있는 날도 아니고 기념일도 아니었다. 왜 이런 연설을 했을까?

참여정부는 출범 초기, 일본에 더는 사과를 요구하지 않겠다는 태도를 밝혔다. '피해 국가' 대통령이 내보인 대범한 자세였다. 한일관계는 어느 때보다 미래를 향해 나아가는 듯했다. 한일 정상이 두 나라를 오가며 회담한 '셔틀 외교'도 성사되었다. 하지만 일본이 보인 태도는 기대와 달랐다.

고이즈미 준이치로 일본 총리는 전범들을 합사한 야스쿠니 신사를 연이어 참배했다. 일본 정치 지도자들도 과거사 망언을 쏟아냈다. 역사 교과서를 왜곡하고 독도 영유권을 주장했다. 시마네현 정부는 '다케시마의 날'을 제정했다. 급기야 해양탐사선을 독도 주변 동해 배타적 경제수역(EEZ) 안에 보내 탐사하려는 계획도 추진했다. 영유권 주장을 강화하고 독도를 국제분쟁지역으로 삼아 국제재판소로 끌고 가려는 속셈이 뻔히 보였다. 노무현 정부로서는 더는 참아내기 어려운 명백한 도발이었다.

이런 흐름 속에서 노무현 대통령은 이 연설을 통해 이른바 '조용한 외교'를 포기하겠다고 선언했다. 반응은 뜨거웠고 조치도 빨랐다. 우리 국민은 후련하다며 대통령의 말을 반겼다. 외교부는 곧바로 특별대책반을 꾸리겠다고 밝혔다. 정부는 뒤이어 청와대가 중심인 범정부 대책반을 구성해 운영했다. 여야 정치권도 곧바로 환영하며 지원을 다짐했다. 며칠 뒤 국회는 '동북아역사재단' 관련 법안을 전원 찬성으로 통과시켰다. 일본은 노무현 대통령 연설을 우리 국내용이라고 애써 무시했으나 두 나라 관계는 이 연설을 기점으로 완전히 달라졌다.

문정인 세종연구소 이사장은 한일관계가 변화한 주요 사건 중 하나로 이 연설을 끝는다.[1] 대통령 연설은 이런 힘을 지녔다. 나라를 움직인다.

대통령 연설은 대통령이 행정부의 수장으로서 입법부·사법부·일반 국민들에게 자신의 비전을 알리고 소통하는 언어 전달 행위이다(박성희, 2009: 196). 또한 대통령 연설은 국가위기 시에 정부의 견해를 대변하는 수단이다(황창호 외, 2015: 30). 이같이 대통령 연설과 같은 커뮤니케이션 활동은 국정운영에서의 중요성이 높아지고 있으며 성공적인 국정운영의 중요한 요인으로 부각되고 있다 (Kernell, 2007). 신승우(2004)는 대통령 연설에 대해 대통령의 정치 이념을 가장 강력하게 표현할 수 있는 메시지를 통한 정치 커뮤니케이션으로 보았다.[2]

대통령은 여러 경로를 통하여 국가비전, 국정철학, 정책기조 등을 국민에게 전달하고자 노력하는데 하나의 방편으로 연설문을 자주 활용한다. 대통령의 연설문은 가치지향이나 정책 우선순위를 포괄하는 국정목표나 국정철학을 직간접적으로 내포하고 있다(이우권, 2007; 이창길, 2010). 또한 대통령의 연설문에는 국정운영에 대한 국민의 호응과 지지, 그리고 대통령이 추진하

---

1 "98년 체제에서 오부치 총리는 김대중 대통령의 남북대화를 적극적으로 지지했고, 김 대통령은 고이즈미 준이치로 총리가 2002년 9월 방북했을 때 이를 지지했다. 그런 상황이 바뀌기 시작한 것이 2004년 2월 시마네현의 '다케시마의 날' 조례 제정과 일본의 역사 교과서 검정이었다. 당시 노무현 대통령은 일본에 외교전쟁도 불사한다는 입장을 내고 한국 국민의 대일 감정도 나빠졌다. 한편 일본에선 2012년 8월 이명박 대통령의 독도 문제가 큰 계기가 된다. 이 두 가지 사건에 대해 어떻게 보나."(문정인, "아베 총리도 박 대통령도 선택적 기억만 … 국민에 불행한 일", 수교 50돌 새 한일관계 탐색: ⑤ 한일관계 진단과 해법 전문가 좌담, 〈한겨레〉, 2015. 6. 15)
2 최태혁, 2021, "대통령의 행정가치 정향에 대한 연구: 우리나라 역대 대통령들의 연설문에 대한 내용분석을 중심으로", 서울시립대 석사학위 논문.

고자 하는 다양한 정책사업의 당위성을 확보하기 위한 전략으로 활용되기도 한다.[3]

대통령이 하는 정치 행위 대부분은 말이다. 문서로 하는 지시도 결국 말이다. 회의 때 하는 발언, 민생 현장을 찾아 시민과 나누는 대화, SNS에 쓰는 글, 모두 말이다. 그 가운데 중심은 역시 연설이다. 임기 첫날, 대통령은 취임식에서 선서와 취임연설로 임무를 시작한다. 이후 국정운영 과정은 연설과 연설로 이어진다. 성격과 분야는 다양하다. 국회를 찾아 주로 예산안을 설명하고 협조를 구하는 시정연설, 이런저런 기념식과 행사에 참석해 하는 기념사와 축사, 간담회나 토론회에서 하는 기조연설, 국민에게 직접 호소하는 특별담화 등이 있다. 청와대 수석보좌관 회의를 비롯한 여러 회의 모두(冒頭) 발언도 주요한 연설 중 하나다. 때맞춰 의례히 하는 연설도 없지 않지만 그조차 예사롭지 않다. 대통령의 철학과 국정운영 이념이 녹아 있기 마련이다. 그 모두가 묶여 통치가 된다.

문재인 대통령은 5년 임기 동안 한 해도 거르지 않고 국회 시정연설을 했다. 해마다 이듬해 예산안을 국회의원들에게 설명하고 협조를 구했다. 취임 첫해인 2017년 일자리 추경 예산안 통과를 위해 한 연설까지 합쳐 모두 여섯 번 했다. 시정연설을 한 해도 거르지 않은 첫 대통령, 역대 가장 많이 한 대통령이다. 여야 평가는 매번 엇갈렸지만, 문재인 대통령이 시정연설을 통해 국정운영 계획을 설명하고 책임지는 자

---

3 황창호·이혁우·임동원, 2015, "역대 대통령 연설문의 유형과 특징에 대한 비교연구: 연설문의 유형, 분야, 주제, 시점을 중심으로", 〈한국공공관리학보〉, 29권 4호.

세를 보이려 한 태도만은 분명하다.

특히 2017년 6월에 한 첫 시정연설은 의미가 크다.

한 청년이 있습니다. 열심히 공부해서 대학에 입학했고, 입시보다 몇 배 더 노력하며 취업을 준비했습니다.

그런데 청년은 이렇게 말합니다.

"제발 면접이라도 한 번 봤으면 좋겠어요."

그 청년만이 아닙니다. 우리의 수많은 아들딸들이 이력서 100장은 기본이라고, 이제는 오히려 담담하게 말하고 있습니다. 실직과 카드빚으로 근심하던 한 청년은 부모에게 보낸 마지막 문자에 이렇게 썼습니다.

"다음 생에는 공부를 잘할게요."

그 보도를 보며 가슴이 먹먹했던 것은 모든 의원님들이 마찬가지였을 겁니다.

일자리가 있다고 해서 행복한 것도 아닙니다. 부상당한 소방관은 가뜩이나 인력이 부족한 상황에서 동료들에게 폐가 될까 미안해 병가도 가지 못합니다.

며칠 전에는 새벽에 출근한 우체국 집배원이 과로사로 사망했다는 안타까운 소식이 전해졌습니다. 일일이 말씀드리자면 끝이 없을 것입니다. 이렇게 국민들의 고달픈 하루가 매일매일 계속되고 있습니다.

우리 정치의 책임임을 아무도 부인하지 못할 것입니다. 저 분명한 사실을 직시하고 제대로 맞서는 것이 국민들을 위해 정부와 국회가 해야 할 일이라고 말씀드리고 싶습니다.

일자리 창출은 문재인 대통령이 내건 1호 공약이었다. 대통령이 되면 곧바로 추가경정예산을 마련해 일자리를 만들겠다고 약속했다. 정부는 문 대통령 취임 뒤 한 달이 채 안 된 2017년 6월 7일 국회에 추경안을 제출했다. 당시 정국은 냉랭했다. 인사가 빌미였다. 제1야당인 자유한국당은 김상조, 강경화, 안경환, 조대엽 등 문 대통령이 지명한 인물들을 연이어 문제 삼았다. 인사 실패로 규정하고 협치 포기라고 주장했다. 추경안 심사를 거부했다. 추경안 제출 뒤 닷새 만에 문 대통령이 직접 나섰다. 대통령이 이듬해 본예산안이 아닌 추경안을 설명하려고 시정연설을 한 첫 사례이다.

문 대통령은 이 연설에서 시정연설 최초로 시각자료 '파워포인트'를 활용했다. 일자리 예산 확보 당위성을 강조하기 위해 생생한 사례를 들면서 그 인물 사진을 보여 줬다. 그들이 한 말도 요약해 보여 주었다. 고용 관련 통계도 적절히 그래픽으로 제시하며 예산 필요성을 뒷받침했다. 형식에서는 파격이자 내용에서는 세심함이었다. '친밀한 설득'이라 할 만하다.

공개된 PPT에서 적절히 배치된 짧은 글과 통계는 요지를 명확히 전달했고, 여러 장의 인물 사진은 감성을 자극해 설득력을 높였다.

이를 본 누리꾼들은 "PPT 연설 좋다. 감동이다. 절실함이 느껴진다"(sech****), "PPT 띄우니 확 들어오고. 1원도 일자리를 위해 쓴다는 말이 정말 좋았다"(pema****), "오늘 연설 대박. PPT까지 준비해 오시고. 국민을 얼마나 생각하시는지 진심이 느껴지는 멋진 연설이었다"(bora****), "국회 시정연설을 PPT로 보여 주니 쏙쏙 이해됐다"(potat****), "깔끔한 PPT 자료와 대통령의 명연설이 합쳐져 소장각"(guswj****), "살다가 대통령이 국회연설에서 PPT 자료 보여 주며 하는 모습을 보다니 신박하다"(eun_****), "대통령이 국민에게 그리고 국회를 존중하는 느낌이"(pink****) 등의 반응을 보였다. [4]

---

4 김소정, "문재인 대통령 시정연설 중 PPT 등장…'신박' '소장각' '절실함 느껴져'", 〈동아닷컴〉, 2017. 6. 12.

문재인 대통령은 연설 다음 날 국회 예산결산위원장과 여야 간사, 각 상임위원장들을 청와대로 초청해 추경안 처리를 호소했다. 추경안은 여야가 밀고 당기기를 한 끝에 대통령 연설 40일 뒤 국회 본회의를 통과했다.

　이렇게 대통령은 연설을 통해 자신이 실행하려는 정책을 설명하고 당위성을 얻는다. 다른 의견을 가진 정파와 국민을 설득한다. 연설로 자기 국정이념을 드러낸다. 본인이 꿈꾸는 앞날을 제시하고 설명한다. '정치는 말로 한다'는 얘기가 있다. 특히 국정 최고 책임자인 대통령 연설은 곧 정치 그 자체이다. 대통령이 주요한 연설을 하고 나면 언론은 어떤 낱말을 몇 번 썼는지까지 센다. 연설 때 입은 옷 색과 손짓에서도 의미를 찾는다. 예전 연설과 무엇이 얼마나 달라졌는지를 비교하면서 그 연설이 담은 의미를 분석한다. 연설이 미칠 영향과 정국 변화를 전망한다. 그만큼 대통령 연설이 지닌 무게는 한없이 무겁다.

2장

연설로 움직이는 미국

2011년 1월 8일 오전, 미국 애리조나주 투산시 슈퍼마켓 주차장에서 가브리엘 리퍼즈 연방하원 의원이 머리에 총을 맞고 쓰러졌다. 유권자들을 만나는 정치행사 중이었다. 범인은 22살 청년 제러드 리 러프너였다. 러프너는 리퍼즈 의원에 이어 주변 사람들에게도 총을 난사했다. 6명이 숨지고 15명이 다쳤다. 총기 사건·사고가 많은 미국이지만 현역 연방의원을 겨냥한 총기난사 사건이어서 충격이 컸다. 당시 대통령은 버락 오바마(Barack Obama)였다.

오바마 대통령은 나흘 뒤 열린 추모행사에 참석해 30분 넘는 추모 연설을 했다. 연설 끝자락에 9살 난 최연소 희생자 크리스티나 그린을 거론했다.

나는 그녀의 기대에 부응하고 싶습니다. 우리 민주주의가 크리스티나가 상상한 만큼 잘되길 바랍니다. 미국이 그녀가 상상한 만큼 잘되길 바랍니다. 우리 모두는 아이들 기대에 부응하는 나라를 만드는 데 최선을 다해야 합니다.
(I want to live up to her expectations. I want our democracy to be as good

as Christina imagined it. I want America to be as good as she imagined it.
All of us — we should do everything we can to make sure this country lives
up to our children's expectations.)

그리고 침묵했다. 오른쪽을 쳐다보고 심호흡을 하고 눈을 깜빡이며 감정을 추슬렀다. 51초 동안 침묵이 흘렀다. 긴 정적 뒤 오바마 대통령은 어금니를 깨물고는 연설을 이어갔다. 이 연설 장면은 미국인들 마음을 뒤흔들었다.

오바마 마술쇼의 무대는 열흘 전 발생한 애리조나주 투산 총기난사 사건 희생자 추모식이었다. 연설문만 놓고 보면 오바마의 연설은 미국 정치사에 남을 만한 명연설의 반열에 오르기는 어렵다는 게 미국 언론의 평가였다. 사실 2,500여 단어로 이뤄진 이 연설의 절반 이상은 총격 사건으로 숨진 희생자 6명과 부상자들을 거명하며 그들의 삶과 지역사회에 대한 공헌을 되돌아보는 내용이다.

"이번 사건을 놓고 서로 (책임을 따지며) 공격하거나 비난해서는 안 되며 우리는 단합해야 한다", "(총격에 숨진) 9살 크리스티나가 상상한 것처럼 미국 민주주의가 좋았으면 한다"는 정도가 눈에 띄는 대목이다. 눈물과 침묵을 적절히 배합한 오바마의 무대연기가 돋보인 연설이었을 뿐이다.

그런데 이 연설이 있고 나서 미국 전체가 뭔가에 홀린 듯 움직이기 시작했다. 미국 정치권은 정쟁(政爭)을 멈췄고, 평소 오바마에게 저주에 가까운 독설을 퍼붓던 사람들조차 '명연설'이라고 고개를 끄덕였다. 2008년 대선에서 공화당 후보로 오바마와 맞섰던 매케인 상원의원은 〈워싱턴 포스트〉에 기고문을 보내 "오바마는 멋진 연설을 했고, 나는 오바마의 재임기간을 '잃어버린 시간'이라 부르는 것에 반대한다"고 했다. 3억여 미국인이 단 한 번의 대통령 연설에 모두 약속이라도 한 듯 손을 잡고 화합을 다짐하는, 믿기 힘든 일이 지금 미국에서 벌어지고 있다. 칼럼니스트 게일 콜린스의 표현을 빌리면 "오바마 마술(*magic*)이 되살아난 것"이다.[1]

이 평가처럼 오바마 대통령이 한 이 연설은 미국을 움직였다. 정치권은 대립을 멈췄다. 총기규제를 엄격히 하자는 여론이 들끓었다. 일부 의원들은 총기규제 강화 법안을 내놓았다.

불행하게도 '총기의 나라' 미국은 쉽게 바뀌지 않았다. 이듬해 7월에는 콜로라도주 오로라시 극장에서 총기난사 사건이 났다. 12명이 숨지고 58명이 다쳤다. 같은 해 12월에는 코네티컷주 샌디훅 초등학교에서 총소리가 들렸다. 어린이 20명을 포함해 25명이 숨진 끔찍한 사건이었다. 오바마 정부는 새로운 총기규제 법안을 강력하게 추진했지만 상원이 끝내 부결 처리하고 말았다.

2015년 6월 17일, 사우스캐롤라이나주 찰스턴 한 교회에서 또 총기난사 사건이 일어났다. 클레멘타 핑크니 목사와 신도들이 숨졌다. 오바마 대통령은 이번에도 역사에 남을 연설을 한다. 오바마 대통령은 사건 열흘 뒤 열린 추모사 도중 갑자기 찬송가인 〈어메이징 그레이스〉(놀라운 은총)를 부르기 시작했다. 객석에서는 박수가 나왔고 오르간은 반주를 시작했다. 장례식에 참석한 모든 사람들이 오바마 대통령과 함께 합창했다. 그 찬송가는 영국 성공회 존 뉴턴 신부가 흑인 노예무역에 관여한 과거를 후회하고 죄를 사해 준 신의 은총에 감사한다는 내용이

---

1 박두식, "오바마 연설이 보여 준 '대통령 정치의 힘'", 〈조선일보〉, 2011. 1. 18.

다. 오바마 대통령은 "핑크니 목사가 그 은총을 발견했다"고 말했다. 다른 희생자들 이름도 차례로 부르며 유족을 위로했다. CNN과 워싱턴 포스트 등 주요 언론들은 〈어메이징 그레이스〉를 부른 장면이 오바마 대통령 재직기간 중 최고 순간으로 기억되리라고 보도했다.

알다시피 미국은 지금껏 변화하지 못했다. 결과를 놓고 보면 오바마 대통령이 호소하고 추진한 총기규제는 실패했다. 이후 트럼프(Donald Trump) 대통령 때는 말할 것도 없다. 총기규제 찬반 여론은 여전히 팽팽했고, 트럼프 대통령은 총기난사가 정신에 장애가 있는 사람들 때문이라고 터무니없는 진단을 했다. 후임 바이든(Joe Biden) 대통령이 다시 총기규제를 강력하게 촉구하고 있지만 현실은 바뀌지 않았다. 전미 총기협회(NRA)를 비롯한 관련 이익단체들은 여전히 강고하다.

하지만 언젠가는 미국이 총기를 규제하고 좀 더 안전한 나라가 되길 희망한다. 어느 때이든 미국 사회가 그리 된다면, 그 변화를 이끈 밑바탕에는 오바마 대통령이 한 연설들이 큰 동력으로 작용했으리라고 믿는다. 희생자를 추모하고 위로한 진심, 허망하고 잔인한 죽음을 끝내자는 간절함, 법과 제도로 총기를 규제하자는 호소가 미국 전체를 서서히 움직인 결과일 터다. 그것이 대통령이 가진 힘이다. 연설로 행하는 위력이다.

언론 미디어 환경이 변함에 따라 미국 대통령이 말하는 통로는 점차 다양해지는 중이다. 공식 연설뿐 아니라 여러 언론 매체에 개별 인터뷰를 하는 경우도 많다. 트위터를 즐겨 쓴 트럼프 대통령처럼 개인 SNS를 이용하기도 한다. 하지만 여전히 미국 대통령이 정치를 하는 주요 수단이자 통로는 연설이다. 미국 대통령이 국민과 접촉하는 활동은 루스벨트(Franklin Roosevelt) 대통령 이후 계속 늘어 연간 평균 300번이 넘는다고 한다. 거의 하루에 한 번꼴인데[2] 그 대부분 자리에서 공식 또는 비공식 연설을 한다.

사실, 총기규제 문제는 아무리 세계 최강 미국 대통령이라고 해도 연설 한두 번으로 해결하기 불가능하다. 낙태 찬반과 더불어 미국 사회에서 워낙 첨예하고 복잡하게 얽힌 사안 가운데 하나이기에 그렇다. 정치 현안, 경제정책, 국제질서 등은 얘기가 다르다. 미국 대통령의 말 한마디에 바뀌고 뒤집힌다. 그러기에 어느 하나 중하지 않은 연설이 없지만, 미국 대통령이 가장 신경 쓰고 대중도 제일 주목하는 연설이 하나 있다. 새해에 국가운영 전망을 밝히고 필요한 정책입법을 요청하는 상하원 합동연설이다. 새해 첫머리에 한다고 해서 연두교서(年頭敎書)라고도 부른다.

매년 1월 미국 대통령은 의회에서 연방 상하원을 대상으로 연설을 한다. 이 연설은 전 국민이 볼 수 있도록 저녁 프라임 시간대에 TV를 통해 전국에 중계된다. 이를 연두교서(State of the Union Address)라고 한다. 연두교서는 한 해의 국정운영 방침을 밝히는 중요한 정치일정이다. 의회의 박수를 받으며 입장한 미국 대통령은 약 1시간 동안 국가의 제반 상황과 기본 정책을 설명하고 필요로 하는 입법을 요청한다. 연두교서를 의미하는 '스테이트 오브 더 유니언 어드레스'에서 스테이트는 '현황'(상태)을 말하며 '유니언'은 미국을, '어드레스'는 연설을 뜻한다. 즉, 미국의 국가 현황을 국민의 대표인 의회에 보고한다는 의미를 담고 있다. 이는 "대통령은 때때로 의회에 나와 연방의 상태에 관한

---

2 김혁, 2014, "대통령의 리더십과 정책의제설정양태에 대한 연구: 역대 대통령들의 주요 연설문에 대한 내용분석을 중심으로", 〈한국정치연구〉, 23권 2호.

정보를 밝혀야 한다"는 수정 헌법 제2조 3항에 근거를 두고 있다. …

새해 국정연설이 처음 시작된 것은 1790년 초대 조지 워싱턴(George Washington) 대통령 시절부터다. 워싱턴 대통령은 첫 국정연설을 했지만 1801년부터 100여 년간은 대통령이 의회에 연설문을 보내면 서기가 이를 낭독하는 방식으로 진행됐다. 대통령이 직접 의회에서 연설하는 전통을 되살린 것은 1913년 우드로 윌슨(Woodrow Wilson) 대통령 때부터다. 국정연설은 초대 대통령 때부터 '대통령이 의회에 보내는 연두교서'(President's Annual Message to Congress)로 불려오다 1935년 프랭클린 루즈벨트 대통령 때부터 국정연설로 명칭이 굳어졌다. 1960년대 린든 존슨(Lyndon Johnson) 대통령 시절부터는 낮에 하던 연설을 저녁 시간으로 옮겨 더 많은 국민이 TV를 통해 대통령의 연설을 들을 수 있도록 했다.

새해 국정연설에는 대통령의 연단 뒤에 상원의장을 겸하는 부통령과 하원의장이 배석한다. 회의장에는 연방 상하원 의원뿐 아니라 각 부처 장관, 연방 대법관, 각 군 참모총장 등도 참석해 대통령 연설을 듣는다. 역대 미국 대통령들은 연두교서를 통해 대내외적인 국정철학들을 발표했다.[3]

조 바이든 현 대통령은 2021년 4월 29일, 취임 뒤 첫 상하원 합동연설을 했다. 연두교서치고는 시기가 늦었는데 코로나 팬데믹 등 때문이었다고 한다. 바이든 대통령은 1조 8천억 달러(약 1,992조 원) 규모인 '미국 가족계획'을 발표했다. '미국 재건'을 목표로 한 이른바 '바이드노믹스'를 이루기 위한 구상이다. 교육과 보육 등 사회안전망을 확충하는 복지정책이자 미국의 미래 경쟁력을 위한 장기 투자이기도 하다. 앞서 발

---

3 김근철, "초대 워싱턴 대통령부터 이어져온 연두교서", 〈아시아경제〉, 2018. 10. 30.

표한 2조 2, 500억 달러(약 2, 492조 원) 규모 인프라 투자구상인 '미국 일자리 계획' 필요성도 거듭 강조했다. 재원을 마련하기 위해 '부자 증세'도 제안했다. 로널드 레이건(Ronald Reagan) 전 대통령 이후 40여 년간 미 정가를 지배한 '작은 정부'와 감세(減稅) 철학을 버리고 '큰 정부'와 증세로 선회하겠다는 뜻을 공식화했다. 이후 바이든 정부는 이 연설내용을 기반으로 정책을 추진 중이다.

한반도 문제와 관련해서도 언급했다. 이란과 북한 핵 프로그램이 미국과 세계 안보에 큰 위협이 되고 있다고 했다. 동맹국들과 긴밀히 협력해 외교와 엄중한 억지를 통해 이 두 나라가 제기하는 위협에 대처하겠다고 했다. 우리 정부관료와 전문가들은 연설 전부터 바이든 대통령이 이 주제를 어떻게 언급할지 주목했고, 연설 뒤에는 관련 발언을 해석하고 분석했다. 바이든 대통령이 연설한 내용은 이후 우리 정부가 대북정책을 펼쳐가는 데 어쩌면 가장 중요한 참고자료가 되었다.

이렇게 미국 대통령 연두교서는 미국 정치뿐 아니라 국제 정세에도 큰 영향을 미친다. 그해 나라를 이끌어가는 힘이 여기에서 비롯한다. 의원들과 국민을 직접 설득하고 소통하면서 권력을 유지하는 바탕인 셈이다. 현대 민주주의와 대통령제가 일찍 안착한 미국 정치에서는 대통령 연설을 특히 중요하게 본다. 대통령 말 한마디 한마디가 초강대국 미국을 움직인다. 국경을 넘어 세계를 흔든다.

역대 미국 대통령 중엔 뛰어난 연설가가 많다. 루스벨트, 케네디, 레이건, 클린턴, 앞서 예로 든 오바마 대통령 등이 훌륭한 연설을 많이 남겼다. 주요 변곡점마다 연설로 국민에게 감동을 주고 국면을 바꾸고 세상을 이끌었다. 35대 대통령 존 F. 케네디(John F. Kennedy)는 쉽고 편하면서도 청중 마음을 움직이는 연설을 많이 했다. 1961년 그가 대통령에 취임하면서 한 연설은 미국 역대 대통령 연설 중 최고로 꼽힌다. 그마지막 부분이다.

긴 세계 역사 속에서 겨우 몇 세대만이 최악인 위기에 자유를 수호할 역할을 다 해낼 수 있었습니다. 나는 이 책임을 피하지 않겠습니다. 기꺼이 받아들입니다. 나는 우리 중 누구도 다른 사람이나 다른 세대와 자리를 바꾸려 한다고 믿지 않습니다. 우리가 이 과업에 쏟는 열정과 신념, 헌신이 우리 조국, 그리고 조국에 봉사하는 모든 이들을 밝게 비출 것입니다. 거기서 나오는 찬란한 불꽃이 진정 온 세상을 밝힐 것입니다.

친애하는 미국 국민 여러분, 조국이 여러분을 위해 무엇을 할 수 있을지 묻지 말고, 여러분이 조국을 위해 무엇을 할 수 있는지 물어보십시오. 그리고 세계 시민 여러분, 미국이 여러분을 위해 무엇을 해 줄 것인지가 아니라 인간의 자유를 위해 우리가 함께 무엇을 할 수 있을지 물어보십시오.

마지막으로, 여러분이 미국 시민이든 세계 시민이든, 우리가 여러분에게 요구하는 힘과 희생에 대한 똑같은 기준을 우리에게 요구하십시오. 선한 양심을 우리의 유일하고 확실한 보상으로, 그리고 역사를 우리 행위의 최종 심판자로 삼고, 우리 함께 나아가 우리가 사랑하는 조국을 이끌어 갑시다. 하나님 축복과 도움을 구하되, 이 땅에서 오직 그분이 이룬 업적만이 진정 우리 것임을 명심합시다.

(In the long history of the world, only a few generations have been granted the role of defending freedom in its hour of maximum danger; I do not shrink from this responsibility. I welcome it. I do not believe that any of us would exchange places with any other people or any other generation. The energy, the faith, the devotion which we bring to this endeavor will light our country and all who serve it. and the glow from that fire can truly light the world.

And so, my fellow Americans. ask not what your country can do for you. ask what you can do for your country. My fellow citizens of the world. ask not what America will do for you, but what together we can do for the Freedom of Man.

Finally, whether you are citizens of America or citizens of the world, ask of us here the same high standards of strength and sacrifice which we ask of you. With a good conscience our only sure reward, with history the final judge of our deeds; let us go forth to lead the land we love, asking His blessing and His help, but knowing that here on earth God's work must truly be our own.)

"조국이 여러분을 위해 무엇을 할 수 있을지 묻지 말고, 여러분이 조국을 위해 무엇을 할 수 있는지 물어보라."이 명구는 국가와 국민 사이, 책임과 의무에 관한 오랜 물음이다. 로마 정치가 키케로(Marcus Tullius Cicero)가 2천 년 전에 먼저 한 말을 케네디가 가져다 썼다고 한다.

16대 에이브러햄 링컨(Abraham Lincoln) 대통령이 게티즈버그에서 한 연설도 빼놓을 수 없다. 1863년 9월 23일 게티즈버그 전몰장병 국립묘지 봉헌식 연설이다. "인민의 인민에 의한 인민을 위한 정부"라는 그 유명한 표현이 여기에 나온다.

지금부터 87년 전, 우리 조상들은 이 대륙 위에 자유 속에 잉태한 나라, 인간은 모두 평등하게 창조되었다는 신념을 받드는 새로운 나라를 세웠습니다.

지금 우리는 거대한 내전을 치르고 있습니다. 이 나라가, 그렇게 잉태되고 그러한 신념을 받들어 탄생한 그 어떤 나라도 과연 오랫동안 존재할 수 있는지 확인하는 시험을 치르고 있습니다.

우리는 그 전쟁 격전지에 모였습니다. 이 나라를 살리기 위해 자기 목숨을 바친 이들에게 그 싸움터의 일부를 마지막 안식처로 헌납하고자 모였습니다. 이는 모두 당연하며 마땅한 일입니다.

하지만 더 큰 의미에서 보면 우리는 이 땅을 헌납할 수도, 거룩하게 할 수도, 신성하게 만들 수도 없습니다. 이곳에서 싸운 용감한 전사자들과 생존자들이 이미 이곳을 신성한 땅으로 만들었기 때문에 우리의 힘으로는 여기에 더 보태거나 뺄 수가 없습니다. 세계는 오늘 우리가 이 자리에서 무슨 말을 했는지 신경을 쓰지도, 오래 기억하지도 않을 것입니다. 하지만 그분들이 이곳에서 한 일은 결코 잊어서는 안 됩니다.

살아 있는 우리는 그분들이 고귀하게 이루려다 못 다한 일을 완수하는 데 전념해야 합니다. 우리는 여기서 우리에게 남겨진 위대한 과제, 즉 명예롭게 죽어간 용사들이 죽음을 두려워하지 않고 헌신했던 대의를 위해 우리도 더욱 헌신해야 한다는 것, 그들의 희생이 결코 헛되지 않도록 우리의 결의를 굳건히 다지는 것, 신의 가호 아래 이 나라가 자유롭게 다시 탄생하리라는 것, 그리고 인민의 인민에 의한 인민을 위한 정부가 이 세상에서 결코 사라지지 않으리라는 것을 다짐해야 합니다.

(Four score and seven years ago our fathers brought forth on this continent a new nation, conceived in Liberty, and dedicated to the proposition that all men are created equal.

Now we are engaged in a great civil war, testing whether that nation, or any nation, so conceived and so dedicated, can long endure.

We are met on a great battle-field of that war. We have come to dedicate a portion of that field, as a final resting place for those who here gave their lives that nation might live. It is altogether fitting and proper that we should do this.

But, in a larger sense, we can not dedicate — we can not consecrate — we can not hallow — this ground. The brave men, living and dead, who struggled here, have consecrated it, far above our poor power to add or detract. The world will little note, nor long remember what we say here, but it can never forget what they did here.

It is for us the living, rather, to be dedicated here to the unfinished work which they who fought here have thus far so nobly advanced. It is rather for us to be here dedicated to the great task remaining before us — that from these honored dead we take increased devotion to that cause for which they gave the last full measure of devotion — that we here highly resolve that these dead shall not have died in vain — that this nation, under God, shall have a new birth of freedom — and that government of the people, by the people, for the people, shall not perish from the earth.)

이게 전체 분량이다. 2분 남짓으로 짧다. 많이 알려진 대로 당시 행사에서는 에드워드 에버렛(Edward Everett)이라는 당대 최고 연설가가 링컨 대통령에 앞서 연단에 섰다. 그는 1시간가량 긴 연설을 했다. 행사 전엔 모두가 링컨이 아닌 에버렛이 어떤 연설을 할지를 기대했으나, 행사를 마치고는 다들 링컨 대통령 연설에 환호했다. 에버렛도 행사 다음 날 링컨 대통령에게 편지를 보내 "2시간에 걸친 행사 핵심의미를 대통령께서 하신 단 2분간 연설에서 느꼈습니다"라고 했다고 한다. 오늘날까지도 세계 여러 정치인들이 이 짧은 연설을 많이 인용한다. 민주주의 이념과 핵심원리를 꿰뚫었기 때문이다.

3장

저마다 제각각 … 연설 준비 어떻게 했나?

역대 대통령들이 한 연설은 정부 대통령기록관 누리집에서 확인할 수 있다. 정부가 대통령 '연설기록'으로 분류해 놓은 자료는 7,588건이다. 음성과 동영상 기록을 뺀 연설문 자료만 7,173건이다. 이승만부터 박근혜까지 전직 대통령 12명이 남긴 연설문 모두를 빠짐없이 다 모았다고 단언하긴 어렵지만, 관련 자료를 한눈에 볼 수 있는 소중한 기록이다. 문재인 대통령 연설자료는 청와대 누리집에서 확인할 수 있다.

숫자로만 보면 박정희 대통령이 남긴 연설문이 가장 많다. 이승만 대통령 연설문 자료는 997건이고, 임기가 짧았던 윤보선 대통령은 5건뿐이다. 박정희 대통령은 1,270건이다. 역시 짧게 재임한 최규하 대통령은 58건이다. 전두환 대통령과 노태우 대통령은 602건, 601건씩을 남겼다. 김영삼 대통령은 728건, 김대중 대통령은 822건이고, 노무현 대통령은 780건이다. 이명박 대통령은 819건, 임기를 못 채운 박근혜 대통령은 493건이다. 문재인 대통령 연설문 자료는 2022년 4월 현재 청와대 누리집에 1,300여 건 올라와 있다. 대내외 공식 행사에서 한 연설 원고뿐 아니라 국무회의나 보좌관 회의 모두발언 원고도 있다. 올림픽 메달리스트나 BTS에게 보낸 축전 따위도 포함해 놓았다. 연설문으로 분류한 기준이 동일하지 않으니 이전 대통령들과 연설문 수치를 단순 비교하기는 어렵다.

8천 건 넘는 관련자료 중에서 김대중부터 문재인까지 다섯 대통령이 남긴 연설문을 논의와 고찰 대상으로 삼았다. '국민의 정부'부터 살피는 이유는 정부 성격이나 성향, 성과 따위와는 아무 관련 없다. 청와대에서 대통령 연설문 작성체계를 지금처럼 유지해온 시기여서이다. 이전 정부에서는 공보수석실이 대통령 연설문 작성을 담당했다. 공보수석이 주로 연설문을 썼다. 김대중 정부는 공보수석 아래에 별도로 연설비서관 자리를 신설했다. 그때부터 연설비서관실이 대통령 연설문 작성을 도맡아오고 있다.

중요한 연설은 몇 달 전부터 따로 준비반(TF)을 꾸려 준비하기도 한다. 준비반은 정부 각 부처에서 관련 보고를 받고 사회 여러 분야, 많은 사람들 목소리를 모은다. 이렇게 정리한 내용을 연설비서관실이 받아 연설문 초안을 만드는 식이다. 공보수석실 산하 또는 대통령비서실 직속, 연설비서관 또는 연설기획비서관, 연설기록비서관, 소속과 명칭에 조금씩 변화가 있었지만 기본 틀은 지금껏 그대로이다.

그런데 알고 보면 연설문 준비과정은 대통령마다 적지 않게 달랐다. 그 차이를 살펴볼 차례다. 다섯 대통령마다 고유한 철학과 성격, 태도가 고스란히 드러난다.

꼼꼼한 '빨간 펜 선생님' — 김대중

잘 알려진 대로 김대중 대통령은 토론과 연설을 즐기고 잘했다. 젊을 때부터 남달랐다고 한다. 청년 김대중은 해방과 함께 전남 목포와 서울, 부산을 오가며 사업을 하다 1954년 현실 정치에 뛰어들었다. 목포에서 제 3대 국회의원 선거에 출마했다 떨어지고 이듬해 서울로 와서 아내는 미용실을 차렸다. 그는 한국노동문제연구소에 출근하면서 잡지 〈신세계〉 주간을 맡았다. 그리고 웅변 학원을 열어 직접 운영했다. 타고난 달변가였던 김대중 대통령이 그때 이미 뛰어난 연설 능력을 갖추고 있었음을 알려 주는 대목이다.

> 이와는 별도로 '동양웅변전문학원'이란 이름의 웅변 학원을 운영했다. 당시 웅변은 정치인의 최대 무기였다. 50명 안팎의 원생들을 가르쳤는데 그중에는 웅변 강사도 더러 있었다. 직장인, 정치 지망생들이 많았다. 야망을 웅변에 담는 연습이었다. 목소리 높낮이, 제스처, 원고 내용까지 세심하게 연마했다. 나는 목포상고 때부터 웅변에는 소질이 있었다. 훗날 정치적 동지 김상현, 김정곤 의원도 이때 학원에서 만났다.[1]

김대중 대통령은 또 참여민주주의를 위해 소통을 중요하게 여겼다. 취임 전 대통령 당선인 신분으로 '국민과의 대화'를 하기도 했다.

> 1월 18일, 국민과의 텔레비전 대화를 가졌다. 나는 정계에 복귀한 1995년 이후, 국민이 직접 정책 결정에 참여하는 새로운 정치를 해야 한다고 역설했다.

---

1 김대중, 2010,《김대중 자서전 1》, 삼인.

유세를 통해서도 누구나 안방에서 버튼 하나만 누르면 어떤 정책에 대해 찬반 의견을 표시할 수 있고, 그것이 모아져서 정책 결정에 반영되는 진정한 국민들에 의한 민주주의 시대가 열릴 것이라고 말했다.

예나 지금이나 나는 컴퓨터를 잘 다루지 못한다. 내 연배의 사람들 거의가 그렇듯이 새로운 기계에 적응하는 데는 많은 시간이 걸린다. 몇 번이나 배워 보려 시도했지만 쉽지 않았다. 마우스나 만지작거리는 정도였다. 그러나 직접 조작해야만 그 원리를 이해하는 것은 아니다. 내게 필요한 것은 기술이나 기능이 아니라 미래 사회를 진맥하고 전망하는 것이었다. 국민과의 텔레비전 대화는 쌍방향 소통의 국민 참여 민주주의의 한 형태였다. 국민들의 질문에 나는 솔직하게 답변했다.[2]

이렇게 소통을 강조하면서도 즉흥 연설은 좀체 하지 않았다. 물론 준비 없이는 연설할 능력이 없어서가 아니다. 김대중 대통령은 대통령으로서, 대통령답게, 빈틈없이 완결한 연설을 해야 한다는 지론이 있었다고 한다. 연설을 꼼꼼하고 세심히 준비하는 일은 당연했다. 김대중 정부는 IMF 외환위기를 맞아 '작지만 효율 높은 정부'를 만들려는 목표를 세우고 실행했다. 경제부총리와 통일부총리제를 없애고 23개 정부 부처를 17개로 줄였다. 청와대도 수석비서관 11명, 비서관 51명이던 기존 조직을 수석비서관 6명, 비서관 35명으로 줄여 출발했다. 그러면서도 연설을 도맡는 비서관을 신설했다. 그 아래 행정관들을 두었고, 여러 전문가들로 자문위원단도 꾸렸다. 이들이 연설문 초안을 쓰면 대통령이 검토하고 수정, 보완하는 작업을 거쳤다.

---

2 위와 같은 책.

당시 연설담당비서관을 지낸 고도원 아침편지문화재단 이사장이 한 증언을 들어 보자.

대통령 연설문이 작성되는 과정을 구체적으로 알고 싶다.
내 밑에 행정관 4~5명이 있고, 연설자문위원단을 구성해 운영했다. 정갑영 전 연세대 총장 등 각계각층의 전문가로 구성돼 있다. 8·15 광복절이나 3·1절 같은 국가행사가 있으면 관련 부처에서 연설문 초안을 보내온다. 이를 토대로 행정관들과 함께 1차 연설문을 작성한다. 비상시에 긴급 담화문을 발표해야 할 때에는 일련의 과정 없이 1급 연설비서관인 내가 단독으로 작성해 직접 대통령께 드리기도 한다. 9·11 사태 때가 그랬다.

연설자문위원단 등 외부인에게 대통령 연설문을 보여 주기도 하나?
그럴 수는 없다. 자문위원단은 초안 작성에 도움을 주는 역할을 한다. 대통령 연설문 초안이 일단 작성되면 대통령과 나 사이에 그 어떤 사람도 끼어들 수 없다.[3]

김대중 대통령은 연설담당비서관이 이렇게 작성한 연설문 초안을 아주 꼼꼼히 공들여 고쳤다. 첨삭하는 수준이 이른바 '빨간 펜 선생님' 같았다고 한다. 토씨 하나도 허투루 넘기지 않았지만 주로 문장을 다듬기보다는 연설문에 자기 기본 철학과 시각이 잘 반영되어 있는지를 살피고 보완하는 데 주력했다고 한다.

---

3 김민희, "최순실 사태에 입 연 DJ의 연설비서관 고도원 '대통령 뱃속에 5년간 들어갔다 나왔더니 내가 대통령 같더라'", 〈주간조선〉, 2017. 1. 23.

김대중 전 대통령은 연설문을 많이 고치는 편인가?

많을 때에는 거의 다 고친 적도 있다. 빨간 볼펜으로 깨알 같은 정자체로 첨삭을 해온다. 그러면 내가 다시 수정해서 드리는데, 첨삭 원고를 또다시 첨삭하는 경우도 많았다. 행사 직전에 토씨 하나를 고치기도 했다. 고치는 것을 두려워하지 않았다.[4]

당시 담당 행정관을 거쳐 이후 비서관까지 지낸 강원국 작가도 같은 증언을 한다.

김대중 대통령은 꼼꼼하고 자상했다. 우리가 연설문 초안을 올리면 여백에 깨알 같은 글씨로 국한문 혼용체를 써서 빽빽하게 원고를 고치셨다. 우리 비서관들이 잘 알아볼 수 있도록 화이트를 사용하고 문장이 어떻게 연결되는지 화살표도 그리셨다. 검은색 볼펜으로 쓰다가 복잡해지면 빨간색 볼펜으로 덧쓰시기도 했다.

그런데 1년에 딱 두 번, 광복절 경축사와 국군의 날 기념사는 우리 도움을 받지 않고 직접 쓰셨다. 우리가 초안을 올리기는 했지만 손도 안 대시고 처음부터 직접 집필을 하셨다. 우리는 나중에 오탈자만 고치는 수준이었다. 8·15 경축사를 그만큼 중요하게 여기신 거다. 국군의 날은 왜 그렇게 비중을 뒀는지 이유를 물어보지 못했다.[5]

광복절 경축사와 국군의 날 기념사만큼은 실무자 초안 없이 처음부터 직접 썼다는 증언을 눈여겨볼 만하다. 김대중 대통령이 민족 자주와 한반도 평화, 통일문제를 어떻게 여겼는지를 짐작할 수 있다.

---

4 김민희, "최순실 사태에 입 연 DJ의 연설비서관 고도원 '대통령 뱃속에 5년간 들어갔다 나왔더니 내가 대통령 같더라'", 〈주간조선〉, 2017. 1. 23.

5 김의겸, "DJ·노무현과 '너무 다른' 박근혜의 광복절 연설문", 〈한겨레〉, 2016. 8. 16.

말로 쓰고 말로 고쳤다 ─ 노무현

노무현 대통령 역시 명연설가였다. 논할 여지가 없다. 어떤 이들은 김대중 대통령과 누가 더 연설을 잘했는지 비교하고 따지기도 하지만, 부질없는 질문이다. 두 대통령은 우열을 가릴 수 없는 빼어남을 보였다. 다만 '스타일'이 달랐다.

노무현 대통령 시절 연설비서관은 김대중 대통령 때부터 그 일을 해온 강원국 작가가 계속했다. 나중에 대변인을 맡은 윤태영과 경남지사를 지낸 김경수, 장훈 씨도 그 직을 돌아가며 나눠 맡았다.

강원국 작가는 두 대통령이 보인 차이를 이렇게 회고한다.

김대중 대통령도 참 명연설가가 아니겠습니까?
참 정도가 아니고 정말 역사상 가장 탁월한 분이었죠.

노무현 전 대통령도 역시 명연설가고요.
그렇죠.

그런데 두 분의 스타일에 분명한 차이가 있죠?
여러 가지가 있지만 하나만 말씀드리면 연설문이라는 것은 말과 글이잖아요. 말을 하기 위한 글이잖아요. 김대중 대통령은 글에 방점이 찍혀 있었고, 노무현 대통령은 말에 찍혀 있었어요. 그러니까 글에 찍혀 있는 것은 그건 기록을 중시했다는 거죠. 그 연설이 글로 나중에 남는 거죠. 후대를 생각하신 거고, 노무현 대통령이 말을 중시한 것은 청중을 보는 거예요. 내 말을 듣는 청중. 그러니까 애드리브도 많이 하시게 되고 청중과 교감하다 보면 ….

연설문도 말처럼 써야 되고요.

그렇죠. 기본적으로 그렇게 써야 되고, 가서 또 하실 때는 현장에 맞게 또 ⋯ .

더 즉흥적으로.

즉흥적으로 말을 하시니까 그런 점이 큰 차이죠. 김대중 대통령은 글로 쓴 것을 그대로 가서 읽으셔서 그 글을 기록으로 그대로 넘겼고요.

그게 가장 큰 차이점이다?

네.[6]

연설문 준비를 소홀히 하거나 게을리했다는 얘기가 아니다. 노무현 대통령은 본디 준비한 연설문을 읽기보다 대화하듯 연설하기를 즐겼다. 대통령이 된 뒤에도 종종 격의 없이 즉흥 연설을 하곤 했다. 대화체 연설은 청중과 거리를 좁혀 집중도를 높이고 진솔한 모습을 보여 주는 장점이 있다. 하지만 재임 중에 한 연설 대부분은 준비한 연설문을 낭독하는 식이었다. 대통령이기에 어쩔 수 없는 일이었다.

대신 연설문 작성을 가까이에서 직접 챙겼다. 김대중 정부 때에는 연설담당비서관실이 공보수석실 소속이었다. 노무현 정부 초기에도 그대로였는데 임기 중반에 비서실장 직속으로 바뀌었다. 위치도 본관으로 불러올렸다. 대통령이 읽을 연설문을 쓰는 비서관실을 옆에 두고 늘 생각을 나누었다. 연설 주제를 잡고 생각을 가다듬어 내용을 정리하기를 모두 말로 했다. 본인의 장점을 그렇게 녹여냈다.

당시 연설비서관과 대변인 등을 지낸 윤태영은 이렇게 증언했다.

---

6 강원국, "강원국이 뽑은 노 대통령 명연설", 〈시사자키 정관용입니다〉, CBS 라디오, 2020. 5. 21.

물론 대통령 재임시절의 연설을 분류하면 낭독형이 압도적으로 많았다. 그는 대부분의 주요행사에서 준비된 원고를 읽었다. 2~3주일 전부터 그가 구술한 내용을 압축한 것이었다. 때로는 두어 달 전부터 구술이 이루어지기도 했다. 신년연설, 삼일절, 광복절, 국회연설 등이 그런 사례였다. 자신의 생각과 혼을 100% 담아낸 연설이었다. 주요 연설의 경우 구술하는 데에만 보통 두세 시간이 걸렸다. 그 내용을 연설비서관실이 30분 내외로 압축했다.[7]

본인 생각을 대화하듯 말로 풀어낸 뒤 연설비서관실에서 글로 다듬게 했다. 그 연설문 초안을 꼼꼼히 고쳤는데, 고치는 과정도 말로 진행했다. 강원국 작가는 그때 상황을 이렇게 설명한다.

김대중 정부 때는 연설비서관이 대통령과 직접 만나 여쭤보는 게 불가능했다. 권위주의가 남아 있던 시대였다. 대통령도 그걸 알기 때문에 꼼꼼히 고쳐서 내려보냈다. 고치기 어려울 정도로 원고가 좋지 않으면 본인이 말씀을 녹음해서 테이프로 보내 줬다. 노무현 대통령은 그렇게 고쳐 준 적은 없다. 초안을 올리는 순간 시작이다. 연설비서관실 직원을 모두 올라오라고 해서 이야기를 시작한다. 대통령이 구술한 내용을 바탕으로 다시 원고를 올리면 연설하는 시간 전까지 고치고 고쳤다.[8]

노 대통령은 100% 구술이다. 노무현 대통령이 불러서 집무실에 올라가면 몇 시간이고 머릿속에 있는 생각을 말로 불러 준다. 우리는 그걸 가지고 와서 글로 풀었다. 대통령은 그 글을 얼른 보고 싶어서 우리를 채근하고는 했다. 대통

7 윤태영, 2016, 《대통령의 말하기》, 위즈덤하우스.
8 이완, "김대중 '똑같이' 노무현 '다르게' 말해야 한다", 〈한겨레 21〉, 2016. 1. 25.

령이 그렇게 올라온 글을 보면서 다시 생각나거나 고칠 부분이 있으면 우리를 다시 불러 구술을 했다. 그렇게 여러 번 오고 가면서 차츰차츰 완성본이 만들어진다. 노 대통령은 8·15 경축사의 경우 말하고 싶은 주제를 3~4개 정도 가지고 고민을 한다. 그리고 실제로 각기 다른 주제로 연설문을 3~4개 써 본다. 그러다 최종적으로 하나의 주제에 집중하는 방식으로 경축사를 준비했다.[9]

때로는 하루에도 몇 번씩 낭독해야 하는 연설문을 대통령이 직접 쓰는 일은 당연히 어리석다. 대통령은 그 밖에도 처리해야 할 국정이 산더미다. 말하기만큼이나 글쓰기도 즐기고 잘한 노무현 대통령도 재임 때 직접 작성한 연설문은 이른바 '독도 연설'뿐이라고 한다.

윤태영 전 비서관은 이렇게 말한다.

하지만 구술과 수정 작업에 들인 공력을 감안하면 어느 것 하나 그의 혼이 담기지 않은 연설문이 없다. 그는 분명히 스스로 연설문을 쓰는 리더였다. 좋은 연설문을 생산하기 위한 그의 노력은 치열했다. 무엇보다 그는 자신의 생각이 담기지 않은 글을 그냥 읽기만 하는 사람이 아니었다. 생각과 철학은 물론 언어와 표현까지 그의 것이어야 비로소 자신의 연설문으로 받아들였다. 아무리 좋은 예화가 인용되었어도 자신의 생각과 조금이라도 다르면 주저 없이 쳐냈다. 연설팀은 특별한 내용을 창작하기보다는 그의 철학과 생각을 담아내는 데 주력해야 했다. 이를 바탕으로 최대한 매끄럽게 압축된 문장을 만드는 데 심혈을 기울여야 했다. 그래서 그는 연설문에 담을 메시지나 키워드를 묻는 질문에는 항상 우선적으로 대답해 주었다. 자신이 쓰는 연설문이라는 생각이 강했기 때문이다.[10]

---

9 김의겸, "DJ·노무현과 '너무 다른' 박근혜의 광복절 연설문", 〈한겨레〉, 2016. 8. 16.

10 윤태영, 2016, 《대통령의 말하기》, 위즈덤하우스.

노무현 대통령은 연설문 작성을 철저히 연설비서관실에 맡겼다. 그러면서도 주제와 내용, 구성, 문장 표현까지 모두 자신이 직접 쓴 바와 다름없는 자기 색깔 연설문을 완성해냈다. '시스템'을 강조한 대통령답다.

연설 준비도 '실용' 우선 — 이명박

이명박 대통령 때 연설기록비서관은 정용화 코리안드림네트워크 이사장과 김영수 영남대 교수이다. 두 명 다 정치학을 전공했다. 이 대통령은 회고록에서 라디오 연설을 언급하며 특히 김 전 비서관에게 고마움을 나타내기도 했다.

김 비서관은 정용화 비서관에 이어 청와대에 들어와 가장 고되다는 연설기록비서관직을 수행했다. 각종 행사는 물론 해외 순방마다 수행하며 연설문을 챙겼고, 2주마다 돌아오는 라디오 연설까지 도맡아 임기 끝까지 잘 견디며 맡은 바 역할을 잘 수행해 주었다. 그 같은 노고를 나는 매우 고맙게 생각한다.

연설기록비서관실에서 연설원고 초안이 작성되면, 관계자들이 모두 모여 열띤 토론을 벌이고 수정에 수정을 거듭했다. 가능한 한 많은 사람들의 많은 이야기를 듣고 반영하고자 했다. 그 시스템은 지금 이 회고록을 쓸 때도 그대로 적용됐다.[11]

---

11 이명박, 2015,《대통령의 시간 2008-2013》, 알에이치코리아.

이 회고대로 이명박 대통령은 실무진이 쓴 연설문 초안을 혼자서 고치지 않았다. 여럿이 함께 읽고 토론하면서 가다듬었다. 다양한 의견을 듣고 반영했다. 청와대 참모는 물론 때로는 외부 전문가나 지인들까지도 참여했다고 한다.

이명박 전 대통령은 '독회형'으로 불린다. 연설문이 어느 정도 틀이 잡히면 참모들과 반복적인 독회를 거쳤다고 한다. MB 시절 청와대 관계자는 "점심 먹고 시작해서 오후 10시까지 샌드위치를 먹으며 독회를 한 적도 있었다"고 전했다.

임기 마지막 해인 2012년 광복절 경축사를 놓고는 10~15번의 독회를 거쳤다고 한다. 당시 연설문을 담당한 김영수 전 연설기록비서관에 따르면 MB가 8월 초 휴가를 떠나기 전에 경축사 초안을 올렸다고 한다. 김 전 비서관은 "이전 대통령은 휴가지에서 지인들을 불러 독회를 한 뒤 서울로 돌아오는 중간 지점에 나를 불러 만나서 기차를 타고 함께 올라오며 연설문에 대해 논의했다"고 밝혔다.

휴가지에서 돌아온 MB는 독도를 전격 방문했고 광복절 전날까지 매일매일 독회를 진행했다. 이 과정에서 MB는 일본군 위안부 문제를 한일 간의 문제가 아니라 전시 여성의 인권 문제이자 인류 보편의 가치에 관한 문제로 접근하자는 아이디어를 냈고, 천영우 당시 대통령 외교안보수석비서관이 살을 붙이며 원고를 수정했다.[12]

이명박 대통령은 실용주의를 국정철학으로 삼았다. 대한민국을 마치 기업으로 보듯 능률과 성과를 중요히 여겼다. 실용주의 깃발을 내걸고

---

12 이현수, "단어 하나하나가 외교·통치 … 대통령 말투 감안해 작성", 〈동아일보〉, 2014. 9. 27.

4대강 사업, 녹색성장, 자원외교, 원전수출 같은 정책을 추진했다. 이 대통령은 연설문 작성에도 실용주의를 적용했다. 청와대 안팎을 가리지 않고 연설문 초안을 맡기고 우열을 가려 골랐다.

연설문의 품격을 중요시한 이명박 대통령은 시장경제형이었다. 다양한 곳에서 글을 받아 경쟁시켰다. 이명박 정부 시절 청와대 연설비서관을 지낸 김영수 영남대 교수(정치외교학)는 "중요한 연설의 경우 3~4개씩 연설문을 (다른 곳에서) 대통령이 받아서 줬다. 소설가 이문열 씨나 중간에 나간 박형준 수석 등에게 글을 받았고, 내부에서는 이동우 기획관리실장과 김상협 녹색성장기획관 이야기도 많이 들었다"고 했다.[13]

이런 방식은 이명박식 고효율이었을지 모르지만 부작용도 있었다. 이 대통령은 2011년 광복절 경축사에서 기존 시장경제가 새로운 단계로 진화해야 한다고 역설했다. "'탐욕경영'에서 '윤리경영'으로, '자본의 자유'에서 '자본의 책임'으로, '부익부 빈익빈'에서 '상생 번영'으로 진화하는 시장경제의 모델이 요구됩니다"라고 말했다. 그러면서 새로운 국정기조로 '공생발전'을 제시했다. 이미 내세운 '녹색성장', '친서민 중도실용', '공정사회'에 이은 새 구호였다. 공생발전이 가리키는 내용으로는 '윤리경영'과 '자본의 책임', '생활의 정치', '포용적 성장'과 같은 다양한 개념을 제시했다.

하지만 공생발전이란 말 자체가 모호하고 공허하다는 비판이 나왔다. 별다른 호응이 없었다. 이후 이명박 대통령도 공생발전을 기치로 뭔가를

---

13 이완, "김대중 '똑같이' 노무현 '다르게' 말해야 한다", 〈한겨레 21〉, 2016. 1. 25.

뚜렷이 추진하지 못했다. 여러 이유가 있겠지만 무엇보다 공생발전이 이 대통령 본인 철학에서 나온 자기 말이 아니었던 탓이 크지 않을까.

그제 이명박 대통령의 광복절 기념사 가운데 '공생발전'이라는 새 화두는 박형준 대통령사회특보가 주로 개발한 개념임을 청와대 측과 박 특보 본인이 여러 경로를 통해 밝혔다. 국민은 대통령 연설을 듣자마자 그것이 참모의 아이디어임을 알게 된 것이다. 박 특보는 언론을 통해 "생태계(*ecosystem*)란 개념에 발전(*development*)을 접목했다"며 공생발전의 개념과 어원을 복잡하게 설명했다. 이 대통령과 박 특보가 졸업한 대학의 어느 원로 교수는 이번 연설문에 대해 "논문도 아니고, 대통령 연설로는 곰삭지 않았다"고 쓴소리를 했다.
　대통령의 연설은 연설 그 자체로 완결성을 보여야지, 비서들이 나와서 긴 설명을 해야 하는 것이라면 잘된 연설이라고 할 수 없다.[14]

참모나 전문가들에게 의견과 생각을 듣는 열린 태도는 당연히 바람직하다. 연설 초안을 잡거나 수정할 때에도 유효한 방법 중 하나이겠다. 하지만 실용을 앞세워 여러 이론과 주장을 경쟁시키듯 모아 놓고는 정작 제대로 소화하지 못한다면, 애초 참고하지 않은 것만 못하다. 실용이 아니다.

---

14 송평인, "대통령 연설문 집필자", 〈동아일보〉, 2011. 8. 17.

비선 실세가 주물렀다 ― 박근혜

박근혜 대통령은 취임 뒤 조인근 연설기록비서관에게 연설문 작성을 맡겼다. 박 대통령이 2004년 한나라당 대표 때 '메시지팀'에 합류한 뒤 줄곧 연설문을 맡은 인물이다. 2016년 조 비서관이 건강을 이유로 사임한 뒤엔 최진웅 비서관에게 그 일을 맡겼다.

조인근 연설기록비서관은 2004년 박 대통령이 새누리당 전신인 한나라당 대표일 때 메시지팀장을 하며 손발을 맞춰온 핵심 참모다. 대선 캠프에서도 메시지팀장을 지냈다. 흔히 이정현 새누리당 의원을 박 대통령의 복심(腹心)이라고 부르지만 조 비서관도 박 대통령의 말투는 물론이고 스타일을 누구보다 잘 알고 있다. 신년연설, 광복절 경축사는 물론이고 외부로 공개되는 모든 대통령 메시지는 이곳을 거친다.

연설기록비서관실에서 초안이 만들어져 대통령에게 보내지면 그때부터 대통령의 다듬기가 시작된다. 어찌 보면 각 대통령의 색채가 입혀지는 순간이다. 대통령마다 스타일은 천차만별이다.

박 대통령은 메시지 관리에 철두철미한 걸로 유명하다. 작은 메시지 하나까지 사전에 치밀하게 준비하고 마지막까지 다듬는 '모범생형'이다. 연설 초안을 받은 뒤 궁금한 부분이 있으면 대통령이 직접 수석비서관들에게 전화하기도 하고 원고가 크게 달라지면 첨삭해서 다시 연설기록비서관실로 보내기도 한다. 일부 연설문의 경우 '대통령이 며칠 밤을 샜다'는 이야기까지 나올 정도로 치밀한 수정이 이뤄진다는 게 관계자들의 전언이다.

청와대 핵심 관계자는 "박 대통령은 단어 하나하나까지 신경을 쓰고 초안에서 수정을 많이 하는 편"이라고 전했다. 청와대 고위 관계자는 "박 대통령은 연설문의 구조부터 디테일까지 대통령의 철학과 가치를 담아 '오너십'(주인의 식)을 갖고 고친다. 그 글은 대통령의 글이다"라고 말했다.[15]

박근혜 대통령은 마지막까지 꼼꼼하게 챙기는 '완벽주의형'이다. 연설 초안을 받은 뒤 조정할 부분이 있으면 직접 담당 수석비서관과 통화하고, 내용을 크게 바꿀 부분이 있으면 표시를 해서 연설기록비서관실로 다시 내려보내기도 한다. 행사 직전까지도 내용을 다듬어 실무자들이 긴장하는 경우도 적지 않다고 한다. 청와대 핵심 관계자는 "초안을 일반적인 연설문체로 보내더라도 본인의 말투로 한 글자, 한 글자 다 바꿔가면서 숙지를 한다"면서 "그런 과정을 거쳐서 세부적인 내용까지 90% 이상 숙지하기 때문에 연설문을 보지 않고도 연설을 할 수 있을 정도까지 된다"고 전했다. 연설문이 어느 정도 완성된 후 진행하는 독회는 박 대통령이 직접 진행하는 경우는 드물고 대통령비서실장이 수석비서관들과 모임을 주재하는 것으로 알려져 있다.

여러 권의 수필집을 낸 수필가이기도 한 박 대통령은 문학적인 표현을 간간히 연설이나 발언에 담기도 한다. 지난 7월 21일 국가안보회의 때 "의로운 일에는 비난을 피해가지 마시고 고난을 벗 삼아 당당히 소신을 지켜가시기 바랍니다"라고 했는데 '고난을 벗 삼아'라는 대목은 박 대통령이 1998년 출판한 일기 모음집 제목《고난을 벗 삼아 진실을 등대 삼아》의 일부였다.[16]

2014년과 2016년 기사이다. 지금 보면 모두 엉터리 전언이었다. 이른바 국정농단 사태, 박근혜·최순실 게이트가 터지기 전까지 겉으로 드러나 보인 거짓 모습이었을 뿐이다. 이제는 다 드러났다. 박근혜 대

---

15 이현수, "단어 하나하나가 외교-통치 … 대통령 말투 감안해 작성", 〈동아일보〉, 2014. 9. 27.
16 지영호·진상현·김성휘, "경축사의 정치학", 〈머니투데이〉, 2016. 8. 17.

통령 연설문을 주무른 이는 최서원(개명 전 최순실)이었다. 최 씨 태블릿 PC에서 나온 대통령 연설문만 44개였다. 연설하기 하루 이틀 전에 받아 본 기록이 분명했다. 군데군데 붉은 글씨로 고친 흔적도 여럿이다. 아무 직도 맡지 않은 민간인, 어느 분야 전문가도 아닌 그가 대통령 연설문을 손에 쥐고 쥐락펴락했다.

관련한 추적보도가 잇따르고 의혹이 사실로 드러나자 박 대통령은 2016년 10월 25일 대국민 담화를 통해 사실을 인정하고 사과했다.

존경하는 국민 여러분.
최근 일부 언론 보도에 대해 국민 여러분께 제 입장을 진솔하게 말씀드리기 위해 이 자리에 섰습니다. 아시다시피 선거 때는 다양한 사람들의 의견을 많이 듣습니다. 최순실 씨는 과거 제가 어려움을 겪을 때 도와준 인연으로 지난 대선 때 주로 연설이나 홍보 등의 분야에서 저의 선거운동이 국민들에게 어떻게 전달되는지에 대해 개인적인 의견이나 소감을 전달해 주는 역할을 하였습니다. 일부 연설문이나 홍보물도 같은 맥락에서 표현 등에서 도움을 받은 적이 있습니다.
취임 후에도 일정 기간 동안은 일부 자료들에 대해 의견을 들은 적도 있으나 청와대의 보좌 체계가 완비된 이후에는 그만두었습니다. 저로서는 좀 더 꼼꼼하게 챙겨 보고자 하는 순수한 마음으로 한 일인데 이유 여하를 막론하고 국민 여러분께 심려를 끼치고, 놀라고 마음 아프게 해 드린 점에 대해 송구스럽게 생각합니다. 국민 여러분께 깊이 사과드립니다.

이마저 진실이 아니었다. "청와대의 보좌체계가 완비된 이후에는 그만두었"다는 말은 거짓이었다. 최서원 씨는 박 대통령 임기 내내 연설문에 손을 댔다. 조인근 당시 비서관은 "연설문이 자꾸 이상하게 돼서 돌아온다”고 말한 적이 있다. 연설기록비서관실이 작성한 연설문은 ‘문고리 3인방’ 중 하나인 정호성 부속비서관을 거쳐 최 씨 손에 넘어갔다. 박 대통령은 최 씨가 고친 연설문을 ‘읽었다’.

정 비서관은 검찰 조사에서 관련한 내용을 털어놓았다.

정호성 전 청와대 부속비서관은 2012년 대선 전부터 최 씨가 박 전 대통령의 연설문 등을 ‘검증’했다고 했다. 박 전 대통령이 박정희 전 대통령 사후 최 씨에게서 받은 도움 때문에 그를 무한 신뢰했다는 것이다. 취임사는 물론 대통령 후보 수락 연설과 대선 TV 토론 등도 최 씨의 손을 탔다.

“최순실 씨가 ‘말씀자료’에 관여하기 시작한 건 지난 18대 대선 준비하면서부터였다. 대통령님이 개인적인 일까지 믿고 맡길 분이 최 씨밖에 없었다. 그래서 당선 이후에도 미흡하면 최 씨로부터 의견을 들어 보라고 한 것이다.”(정호성, 검찰 진술)

대통령 취임 이후 최 씨의 ‘코칭’은 정교화됐고, 빈번해졌다. 청와대 공식기구인 연설기록비서관실이 내놓은 연설문이 성에 차지 않은 박 전 대통령은 최 씨 뜻을 들으라고 지시했고, 정 전 비서관은 이를 성실히 수행했다. 3대의 휴대전화를 이용해 ‘거의 매일’ 최 씨와 통화했고, 이메일 계정을 만들어 하루에도 여러 건씩 자료를 주고받았다. 정 전 비서관은 최 씨와의 통화를 녹음해 다시 듣기까지 하며 그의 의중을 파악하려 애썼다.

“취임 직후 연설기록비서관실에서 생성된 연설문과 말씀자료를 그대로 대통령께 드렸는데, 대통령 스타일과 맞지 않는 게 많아서 최 씨 의견 참고해서 반영하라고 (박 전 대통령이) 지시했다.”(정호성, 검찰 진술)[17]

---

17 현소은, “최순실-정호성 ‘어벤져스’ 이메일 주고받은 까닭은”, 〈한겨레〉, 2017. 11. 15.

조인근 당시 연설비서관은 몇 년 뒤 이와 관련해 다른 증언을 했다.

'최서원 씨의 아이디어였다. 아니면 워딩이었다'는 보도가 나오는데 그것은 전혀 사실무근입니다. 아주 쉽게 연설문을 초등학교 5학년을 졸업한 50대 아주머니가 금방 알아듣기 쉽게 쓰라고 하잖아요. 그런 차원에서 최순실이라는 사람이 조금 일부 도움이 됐다고 하더라고요. 시간이 지나면 언젠가 그 진실들이 다 밝혀지겠죠. 왜 아쉬운 것이 없고 속상한 것이 없었겠습니까? 하지만 진실이 밝혀질 때가 있을 것이고 저는 반드시 그런 날이 올 거라고 생각합니다.[18]

하지만 이 말을 그대로 믿기는 어렵다. 박 대통령 연설문 작성에 최서원 씨가 어떻게 간여했는지를 고스란히 보여 주는 장면이 있다. 참담하다.

최 씨에게 부하 직원 취급을 받았던 정 전 비서관은 본인이 납득하지 못한 지시에도 결국 따를 수밖에 없었다. 박 전 대통령은 2013년 6월 중국 방문 당시 칭화대(淸華大)에서 연설한 적이 있다. 사전에 이와 관련한 최순실·정호성 통화 내용은 이렇다.

정: 네, 선생님.

최: (칭화대 연설) 맨 마지막에 중국어로 하나 해야 될 것 같은데요.

정: 맨 마지막에요? 근데 그 …. 저기 뭐야, 제갈량 있잖습니까? 제갈량 그 구절을 그냥 …. 그 부분을 중국어로 말씀하시면 어떨까 싶은데요. 쭉 가다가 갑자기 맨 마지막에 중국말로 하면 좀 …. 하하.

최: 아니, 마지막으로 …. 중국과 한국의 젊은이들이 미래를 끌고 갈 젊은이

18 조인근, "대통령은 말했다", 〈시사기획 창〉, KBS, 2022. 3. 15.

들이 … 앞으로 문화와 인적 교류 … 문화와 인문 교류를 통해서 더 넓은 확대와 가까워진 나라로 발전하길 바란다, 여러분의 미래가 밝아지길 기원한다, 그리고 감사한다, 이렇게 해서 … .

정: 지금 선생님 말씀하신 그걸 마지막으로 하신다고요?

최: 응.

정: 알겠습니다.

실제로 박근혜 전 대통령은 2013년 6월 29일 청화대에서 첫 인사말과 마무리 등 5분 정도를 직접 중국어로 연설했다. 최순실 씨가 정호성 전 비서관에게 '지시'한 내용 그대로였다. 최순실 씨의 파워는 막강했다.[19]

준비과정이 엉망이었으니 결과물도 좋을 리 없었다. 박근혜 대통령은 2016년 광복절 경축사에서 "안중근 의사께서는 차디찬 하얼빈 감옥에서 '천국에 가서도 우리나라의 회복을 위해 힘쓸 것'이라는 유언을 남기셨습니다"라고 말했다. 뤼순 감옥을 하얼빈 감옥이라고 잘못 얘기했다. 대통령 연설에서, 그것도 가장 신경 쓴다는 광복절 경축사에서 이 정도 기초 사실관계 오류는 있을 수 없는 일이다. 박 대통령 연설에는 대통령 언어로는 어울리지 않는 낱말도 자주 등장했다. '기적'이나 '대박' 같은 단어다. 공식 연설이 아닌 회의 때 발언에서는 "간절하게 원하면 전 우주가 나서서 다 같이 도와준다", "혼이 비정상이 될 수밖에 없다" 따위 표현이 나오기도 했다.

19 특별취재팀(구민주·김종일·김지영 ·오종탁·유지만), "[단독입수] 박근혜·최순실·정호성 녹음파일 2탄", 〈시사저널〉, 2019. 5. 23.

박근혜 대통령 스타일은 그런 뭐 비전 중심이라기보다는 핵심적인 메시지라고 할까요, 워딩, 이런 거를 굉장히 중요하게 생각하는 것 같습니다. 예를 들어 통일은 대박이다, 이런 표현이라든지, 이런 거는 언론이 굉장히 좋아할 수 있는 단어죠. 내용의 옳고 그름은 별개의 문제지만. 어쨌든 그걸 통해서 임팩트는 더 클 수 있는 그런 스타일이다, 이렇게 생각합니다.[20]

최서원 씨 존재가 가려져 있을 때에는 이처럼 박 대통령이 구사하는 언어를 애써 좋게 보려는 평가도 없지 않았다. 내막이 드러난 지금 보면 참 어처구니없고 불행한 일이다. 박근혜 대통령이 한 연설은 박 대통령 생각도, 박 대통령 말도 아니었다.

세심히 준비한 감성 연설 ― 문재인

문재인 대통령은 남 앞에 나서길 좋아하지 않는다. 흔히 하는 말로 '샤이'하다. 본인도 어릴 때부터 "아주 내성적"이었다고 고백했다. 가까이에서 본 사람들 모두가 비슷하게 평한다. 노무현 대통령 마지막 길이 그런 비극이 아니었더라면 아마 정치를 하지 않았을 성격이다. 서로 깊이 신뢰하고 평생 의지한 동지관계가 문 대통령을 정치 전면에 나서게 했다.

타고난 성품이 어떻든 간에 정치에 뛰어들고 대통령직까지 맡았으니 대중 앞에 서야 했다. 하지만 그가 재임기간에 보인 모습은 자못 아쉽다. 이른바 '광화문 대통령'을 약속했건만 국민 앞에 서는 일이 너무 적었다. 언론을 통해서든 직접이든, 대화하고 소통하는 기회가 많지 않

---

20 박형준, "박 대통령-MB, 연설 스타일 비교해 보니…", 〈JTBC 뉴스〉, 2014. 1. 6.

았다. 기대에 못 미쳤다. 언론 노출이 많고 갖가지 설화에 시달린 노무현 대통령을 반면교사(反面教師) 삼은 탓일 수 있겠다. 어찌 보면 절제지만, 어찌 보면 도피로까지 보였다. 문 대통령은 평소 화법도 '고구마'라는 별명이 붙을 만큼 달변보다는 눌변 쪽에 가깝다.

그러나 공식 연설은 달랐다. 내용을 평한 점수는 정치지향에 따라 엇갈릴 테지만, 연설을 준비하고 해낸 방식과 태도에는 박한 점수를 주기 어렵다. 문재인 대통령의 연설은 어떤 면에서 김대중 대통령과 닮았다. 즉흥 연설은 거의 하지 않았다. 연설문 준비태도도 닮았다. 실무자가 준비해온 초안을 세심히 수정하는 면에서 그렇다.

문재인 대통령을 보면 김대중 대통령과 상당히 공통점 있어요. 보통 사람들은 노무현과 흡사하다고 하는데, 예를 들어 연설문을, 준비된 연설문을 읽지 그냥 즉석에서 즉흥적으로 하는 법이 한 번도 없어요. 심지어 수석보좌관 회의까지 다 그럴 거예요. 딱 김대중 대통령이에요. 김대중 대통령은 동포간담회를 가도 읽어요. 동포를 만나도. 노무현 대통령 때는 싹 없어졌어요. 그 연설문이. 너무 편해졌지. 무슨 동포들 앞에서 그걸 읽냐고 그냥 얘기해야지. 연설문 자체가 없었어요. 메모만 해서 갔어요. 청중과의 교감이다 연설은. 그걸 써서 줄줄 읽으면 교감이 되냐, 그래서 안 썼어요. 김대중, 문재인 대통령 두 분은 철저하게 준비된 연설을 읽는 식인 분이에요. 또 하나 비슷한 점이 두 분 다 처음에 구술을 안 해 줘. 구술을 안 해 주고 가져온 초안을 꼼꼼하게 고치는 스타일이에요. 지금 뭐 문재인 대통령은 거의 초안의 40%를 뜯어고친다고 그래요. 김대중 대통령하고 비슷한 거 같아. 꼼꼼하게 고치는 것이.[21]

---

21 강원국, "문 대통령 연설문, DJ 닮았다, 사람 · 역사 · 반복 3박자의 조화", 〈오마이뉴스〉, 2018. 3. 22.

문재인 정부 청와대는 출범 1년 2개월쯤 뒤 조직개편을 하면서 기존 연설비서관에다 연설기획비서관을 다시 추가했다. 연설기획비서관은 국정 메시지를 통합 관리하는 자리로 나중에는 기획비서관으로 이름을 바꿨다. 최우규, 오종식 씨가 이어 일했다. 연설문 작성을 전담하는 연설비서관은 신동호 씨가 계속 맡았다. 신 비서관은 고등학생 때 등단한 시인이자 대학시절 전대협 활동경력이 있다.

문재인 대통령이 이전에 한 연설들과 대통령 취임사까지는 윤태영 전 청와대 대변인과 양정철 전 비서관이 어느 정도 간여했다고 한다. 취임사 이후로는 청와대 체계에 따라 연설비서관실이 연설문 준비를 전담했다고 한다. 문 대통령이 지닌 품성에 시인 참모가 갖춘 감성이 더해져서 일지 모른다. 문 대통령 연설문은 간명하면서도 감동이 넘친다는 평을 받는다.

취임 첫해 참석한 노무현 대통령 추도식 인사말과 6·10 민주항쟁 30주년 기념사가 대표적이다. 그 연설들 일부분이다.

노무현 대통령님, 당신이 그립습니다. 보고 싶습니다.
하지만 저는 앞으로 임기 동안 대통령님을 가슴에만 간직하겠습니다.
현직 대통령으로서 이 자리에 참석하는 것은 오늘이 마지막일 것입니다.
이제 당신을 온전히 국민께 돌려드립니다.
반드시 성공한 대통령이 되어 임무를 다한 다음 다시 찾아뵙겠습니다.
그때 다시 한 번, 당신이 했던 그 말, "야, 기분 좋다!" 이렇게 환한 웃음으로 반겨 주십시오.

이제 우리의 새로운 도전은 경제에서의 민주주의입니다.

민주주의가 밥이고, 밥이 민주주의가 되어야 합니다. …

　독재에 맞섰던 1987년의 청년이 2017년의 아버지가 되어 광장을 지키고, 도시락을 건넸던 1987년의 여고생이 2017년 두 아이의 엄마가 되어 촛불을 든 것처럼, 사람에서 사람으로 이어지는 민주주의는 흔들리지 않습니다. 정치와 일상이, 직장과 가정이 민주주의로 이어질 때 우리의 삶은 흔들리지 않습니다.

　김대중과 노무현, 두 대통령 연설을 챙기고 매만진 강원국 작가는 문 대통령 연설이 김대중의 균형과 노무현의 소탈함, 거기에다 감성까지 더했다고 분석했다. 한 외신기자는 이렇게 평가했다.

　문 대통령은 사람들을 신나게 만든다거나 에너지 넘치게 연설하지 못하는 점에서 훌륭한 연설가는 아니라고 생각한다. 하지만 그는 감정을 사용해 의사소통하는 것을 잘한다. 인간적인 면을 보여 주는 것이 아주 훌륭하다.[22]

　긍정 평가만 있진 않다. 문 대통령이 행사를 마치고 나면 대통령이 전달한 내용은 모호하고 이미지만 남는다는 비판이 많았다. '소통이 아니라 쇼통'이라는 말까지 등장했다. 야당은 물론 평론가들도 비슷한 지적을 많이 했다. 진중권 작가는 "문 대통령은 남이 써 준 연설문을 그냥 읽고, 탁현민 청와대 의전비서관이 해 준 이벤트를 하는 의전 대통령이라는 느낌이 든다"고 비판했다. 연설에 자기철학이 없다고까지 했다. 참모들은 반박했다.

22　프레데릭 오자르디아스(프랑스 공영방송 RFI), "뉴스토론 'Foreign Correspondents'", 아리랑TV, 2017. 9. 26.

청와대 국민소통수석을 지낸 윤영찬 의원이 한 주장이다.

진중권 씨가 "문재인 대통령에게는 철학이 느껴지지 않는다. 의전 대통령이다" 이렇게 평가를 했습니다. 관련해서 입장 표명을 하셨는데 제가 알고 있기로도 예전에 책을 쓰실 때 문 대통령께서 정말 뭐 다 고치고 다 본인의 의견을 첨삭함으로써 실질적으로 문재인 저 이런 이름이 퇴색되지 않게끔 역할을 하셨는데, 정말 의전 대통령인지 아닌지, 문 대통령 연설문에 철학과 소신이 없다는 건지 있다는 건지 이거는 우리 윤영찬 의원님이 자세히 아시지 않겠습니까?

예, 곁에서 지켜보면서 제가 많은 것들을 봤죠. 우리 연설기획비서관들이 연설문을 쓸 텐데 쓰게 되면 항상 긴장합니다. 그리고 그 연설문이 그대로 통과된 게 거의 없어요. 대통령께서 그걸 보시고 다시 꼼꼼하게 빨간 펜으로 수정을 하십니다. 그리고 대통령은 본인 주관과 철학이 확고하죠. 참모들 얘기는 다 들어주십니다. 일단은. 하지만 결국 본인이 판단하고 결단하는 스타일이시고요. 참모들이 주는 보고서도 그냥 허투루 넘기시는 적이 없어요.

그래서 오죽했으면 참모들이 이렇게 진언한 적이 있습니다. "관저로 귀가하실 때, 저녁때죠. 제발 좀 가져가는 서류를 반으로 줄여 주십시오." (하하하, 아, 우리가 몰랐던 일화입니다, 이거) 그렇게 저희가 새해에 대통령께 세배를 드리면서 이렇게 말씀을 드렸던 적도 있습니다.

그분이 철학이 없다면 어떻게 남북관계를 이렇게, 또 소득주도 성장, 또 포용적 복지, 이런 걸 어떻게 밀어붙였겠습니까? 주관적인 말장난이죠.[23]

문재인 정부 때 청와대는 여러 행사에서 전과 달리 새로운 시도를 했다. 무대에 각종 디지털 장치를 결합했고, 참석자 대상과 자리배치, 행

---

23 윤영찬, "진중권이 모르는 문 대통령 연설 스타일", 〈김용민 TV〉, 2020. 6. 1.

사진행 순서도 전과 다른 파격으로 감동을 유도했다. 그 자리에서 문 대통령은 세심히 준비한 연설을 했다. 감성 언어를 적절히 섞어 완성한 연설문을 읽었다. 행사든 연설이든 감정을 건드리면 큰 울림을 준다. 그러나 자극이 지나치면 도리어 부작용을 낳기도 한다. 문 대통령의 연설이 감동을 받았다는 호평과 함께 오직 억지 감동뿐이었다는 비판도 받는 이유이다.

4장

다섯 대통령 연설, 이런 차이 있었다

이렇게 대통령마다 준비과정과 태도가 달랐던 연설문이 결과와 내용 면에서 어떤 차이가 있었는지 비교해 살펴보는 일도 흥미롭다. 정치, 행정, 심리, 언어 같은 다양한 영역과 시각에서 시행한 연구들이 있다. 자주 쓴 낱말을 계량해 연설에서 강조한 점이 무엇인지 분석하거나 대통령마다 다른 언어 표현과 심리 특징을 탐구하기도 한다. 연설문은 그 시대상황과 정치환경을 그대로 반영한다. 또한 대통령 개인이 지닌 가치관과 신념뿐 아니라 성격과 품성까지 연설문에 고스란히 드러난다. 각 대통령마다 실제로 연설에 어떤 차이가 얼마나 있는지 몇몇 연구들을 토대로 살펴보았다.[1]

---

1 최태혁, 2021, "대통령의 행정가치 정향에 대한 연구: 우리나라 역대 대통령들의 연설문에 대한 내용분석을 중심으로", 서울시립대 석사학위 논문; 노은경 · 이영규 · 홍성우, 2019, "공공성 유형의 시대적 탐색에 관한 연구: 대통령 연설문 내용분석을 중심으로", 〈한국공공관리학보〉, 33권 3호; 김영준 · 김경일, 2019, "대한민국 대통령의 언어스타일: 연설문에 나타난 언어적 특성과 심리적 특성", 〈인지과학〉, 30권 3호; 최윤영, 2020, "한국 역대 대통령의 레토릭 비교: 아리스토텔레스 수사학의 실제적 적용", 고려대 석사학위 논문 등.

낱말을 가장 다양하게 구사한 대통령은 누굴까? 연설문 속 보통명사를 뽑아 분석한 결과를 보면 김대중 대통령이다. 취임사와 신년사, 시정연설을 분석한 결과다. [2] 다음은 이명박, 노무현, 문재인, 박근혜 대통령 순으로 많은 명사를 썼다.

표 1-4-1 대통령별 연설문 보통명사 빈도 분석 결과

단위 : 개 (명사 수), 회 (빈도 수)

구분	김대중	노무현	이명박	박근혜	문재인
명사 수	2,415	2,098	2,258	1,768	1,878
빈도 수	15,244	13,309	11,996	8,087	9,014

주 : 위 논문 게재 표 중 일부 수정했다.

어떤 단어를 많이 썼는지도 분석했는데 순위는 다르지만 '정부', '국민', '경제', '사회'가 공통으로 많았다. 누구든 대통령으로서 자주 언급하고 강조해야 하는 낱말이기 때문이겠다. 대통령마다 유독 많이 쓴 단어가 색다른 차이를 보이기도 한다. 상위 5개 안에 김대중 대통령은 '추진', 노무현 대통령은 '국가', 이명박 대통령은 '세계'와 '위기', 박근혜 대통령은 '지원'과 '문화', 문재인 대통령은 '지원'이 들어 있다. 당시 상황과 대통령마다 강조한 정책기조가 달랐음을 짐작할 만하다.

대통령은 국가 원수이자 행정부 수반이니 그 연설에 담는 '행정가치'와 '공공성'이 중요하다. 이 측면에서도 대통령마다 차이가 있다. 관련한 비교연구들에서 말하는 행정가치란 행정이 추구하는 지향이다. 그

---

2   위 최태혁 논문. 이 논문은 김영삼, 김대중, 노무현, 이명박, 박근혜 대통령 취임사와 임기 중
    매해 신년사, 시정연설을 분석 대상으로 삼았다. 문재인 대통령은 2020년도 시정연설까지
    만 분석했다. 이 글에서는 김영삼 대통령 부분은 제외한다.

표 1-4-2 대통령별 연설문 상위 빈도 5가지 명사

단위 : 회

순위	김대중	노무현	이명박	박근혜	문재인
1	국민 341	정부 216	경제 210	경제 230	국민 255
2	정부 238	국민 203	세계 193	국민 216	경제 181
3	경제 214	사회 161	국민 193	정부 103	정부 100
4	사회 134	경제 146	위기 179	지원 85	지원 96
5	추진 130	국가 135	정부 177	문화 73	사회 90

주 : 위 논문 게재 표 중 일부 수정했다.

정부가 무엇을 위해 존재하고 작동하는가 하는 원칙이자 기준이다. 민주, 자유, 평등, 공익 등은 어느 시대에도 변하지 않는 가치이다. 그 본질가치를 이루기 위한 수단으로 효과성, 효율성, 민주성, 형평성, 대응성, 합법성, 윤리성 따위 가치가 있다. 이를 수단가치라고 한다. 공공성은 행정이 지녀야 할 본질가치 중 핵심이라고 해도 좋겠다. 기본생활 보장과 행정서비스 공급을 위한 보편 성질이다.

대통령마다 연설에서 보이는 습관, '언어 스타일'에도 분명한 차이가 있다. 생각과 성격, 정서, 심리 상태를 짐작하고 비교하는 단서가 된다.

먼저, 김대중 대통령은 국민에게 사랑을 '고백'한 첫 대통령이다. 연설 대부분에서 첫마디를 "존경하고 사랑하는 국민 여러분"으로 시작했다. '서론 - 본론 - 결론'이 명확히 드러나는 연설을 했다. 긴 분량이어도 논리가 분명했다. 설명을 먼저 한 다음에 주장하고 요약해서 결론을 내리는 방식을 많이 썼다. '첫째', '둘째', '셋째'로 나열해 정리하는 형식도 특징이다. 속담을 많이 사용하고 비유하는 표현도 즐겨 썼다. 행정가치로는 형평성과 민주성, 윤리성, 효과성을 강조했다. 정권교체를 이룬 대통령으로서 국민주권에 방점을 찍고 외환위기 사태를 극복하기 위한 노력에 힘썼음을 알 만하다. 평등한 결과를 추구하고 행정비용을 줄이며 청렴의무를 강조했다.

공공성 면에서 중심단어는 '정부'였다. '발전', '협력', '민주', '경제', 'IMF' 등과 연관해 나타난다. 김 대통령이 정부를 중심으로 위기와 고난을 이겨내고 경제를 살려 발전해 가자는 공공목표에 중점을 두었음을 알 수 있다. 언어 스타일 면에서 보면 김 대통령 연설은 진정성과 대통령다움, 심리 건강이 매우 높았고, 인지복잡성은 낮았다.

노무현 대통령은 구어체, 곧 입말 표현을 많이 썼다. 사자성어나 한자어는 거의 쓰지 않았다. 알아듣기 쉽고 편한, 일상 대화 같은 연설이다. 기존 공식연설에서는 듣지 못했던 말하기였다. 친근하고 솔직한 장점이 있었지만 불필요한 논란도 불렀다. 대통령다운 품위가 없고 천박한 언어라고 질타와 조롱을 받기도 했다.

분량은 길지 않으면서도 다양한 구조를 가진 연설을 했다. 단순히 주장을 나열하기보다 어떤 주장을 한 다음 거기에 있는 요소 중 하나를 확대하거나 집중하는 연결성을 보인다. 문단마다 핵심 주제를 먼저 말하고 그 설명을 하는 연역식 구성을 즐겨 했다. 문장은 주어와 술어가 하나씩인 단문 위주이다. 수식어는 자제했다. 그래서 간결하다. 주장을 강화하기 위해 수치나 통계자료, 실제 사례를 많이 언급하며 논증하길 즐겼다.

연설문이 포함한 행정가치는 민주성과 형평성, 대응성, 효과성 순이다. 시민참여, 결과평등, 국민수요 충족, 정책목표 달성을 강조한 결과이다. 공공성 면에서 중심 낱말은 '사회'이다. '책임', '투명', '균형' 등의 낱말이 '사회'와 연관을 맺는다. 원칙과 제도에 따른 국정운영, 투명하고 책임 있는 정부를 추구했음이 나타난다. 진정성과 대통령다움이 높고 인지복잡성은 매우 낮은 언어 스타일을 보였다.

이명박 대통령은 구조 면에서나 문장활용에서 매우 단순하고 뚜렷한 성격을 갖춘 연설을 했다. 문장구성이나 문단형식, 내용전개가 깔끔하다. 부정문으로 끝나는 문장이 거의 없는 특징이 있다. '~해야 합니다', '~하겠습니다'처럼 확신이 담긴 마무리를 즐겼다. 대통령으로서 강한 힘을 전달하는 표현이다. 연설문에서 눈에 띄는 낱말은 '세계', '기업', '선진', '글로벌' 등이다.

행정가치에서도 효과성이 가장 높게 나타났다. 김대중과 노무현, 앞선 두 정부와 차별화한 가치와 이념이 분명하다. 경제성장을 위해 규제를 없애고 실용을 추구하면서, 당시에 닥친 세계 금융위기를 이겨내 일류 선진국가로 도약하자는 희망을 많이 말했다. 공공성 면에서도 중심 단어는 '세계'였다. '우방', '남북', '대외적', '국제', '선진' 등과 무리를 이룬다. 이 대통령이 연설을 통해 내세운 공공성은 성장위주, 경제적 공공성이었다. 인지복잡성은 낮고 심리 건강은 높은 언어특징과 심리특성을 보였다. 영향력과 여성성도 다른 대통령보다 낮게 나타났다.

박근혜 대통령은 여성인데도 언어사용은 가장 여성스럽지 않았다. 평소 부드러운 어감을 나타내다가도 때에 따라 강경한 어조를 썼다. "결코 용서치 않을 것입니다", "절대 좌시하지 않을 것입니다" 같은 표현은 다른 대통령은 좀체 쓰지 않는 말투였다. 설명이 없고 에두른 표현을 자주 했다. 듣는 이가 해석해야 하는 모호함이었다. 주술 호응이 어긋난 어색한 문장도 곧잘 등장했다.

연설문이 포함한 행정가치는 형평성과 대응성, 민주성, 윤리성 순이다. '문화', '창조', '혁신' 같은 낱말을 많이 썼다. 공공성 면에서 중심 낱말은 '국민'이었고, '행복', '융성', '노후', '한강' 따위와 연관해 등장한다. 성과달성과 동시에 노후와 복지도 언급했다. 성장과 함께 분배도 강조한 경제적 공공성으로 봄직하다. 이는 박 대통령 주요 공약사업인 '창조경제', 틈나는 대로 강조한 '문화융성', '제2의 한강의 기적'과 맥이 닿는다. 언어와 심리 특성을 보면, 영향력과 인지복잡성, 여성성이 낮았다. 심리 건강은 높았다.

문재인 대통령은 국민을 염려하고 연민을 담은 표현을 많이 썼다. 김대중 대통령 연설처럼 구조는 기승전결이 명확한 편이다. 쉬운 낱말, 일상용어를 많이 썼다. 분량은 길지 않고 문체는 간결하다. 단문형식 문장을 썼다. 누구나 이해하기 편한 연설을 했다. 주체를 칭할 때 '저'라는 표현으로 스스로 낮추기도 하지만, 필요하면 '문재인 정부'라고 하면서 대통령의 책임과 대표성을 감추지 않았다. 연설 안에 감동을 주는 사례를 드는 이른바 '스토리텔링'을 종종 활용한 특징이 있다. 듣는 이의 감정을 일부러 건드리는 방식이다.

연설문에서 도드라지는 행정가치는 형평성과 민주성, 윤리성, 효과성 순이다. '공정', '포용', '지원', '뉴딜'과 같은 단어를 자주 사용했다. 취임사에서 밝힌 "기회는 평등할 것입니다. 과정은 공정할 것입니다.

결과는 정의로울 것입니다"라는 말과 이어진다. 국정농단과 대통령 탄핵으로 엉망이 된 정부 신뢰를 끌어올리고 공정한 사회를 이루어가자는 데 방점을 두었음이 드러난다.

—

2부

10대 연설로 기억하는
다섯 대통령

우리나라 대통령이 가진 힘은 거의 무한하다. 대통령중심제 정부 형태에서는 대통령이 정책 형성과 결정, 집행에 가장 큰 힘을 발휘함이 당연하고 명백하다. 입법부, 사법부, 행정부로 나눠 견제하고 감시하며 균형을 맞추는 구조여도, 말 그대로 대통령이 '중심'이다. 정치학자들은 그러한 대통령중심제를 택한 여러 국가 중에서도 우리나라 대통령이 가장 많고 가장 강한 권력을 가진 편에 속한다고 평한다. 무소불위(無所不爲)나 다름없다. 오죽하면 '제왕적 대통령제'란 말까지 나왔다. 그 권력이 지나쳐서 생긴 폐해를 여러 차례 경험했지만 권력 집중은 여전하다. 앞으로 권력을 분산하는 개혁과 개선을 이루더라도 대통령중심제를 유지하는 한 위상과 역학관계가 많이 변하지는 않을 것이다.

역사란 모든 백성의 삶이 한 올 한 올 씨줄과 날줄로 엮여 이뤄지는 법이다. 특히 대통령의 언행이 중요한 이유가 거기에 있다. 대통령이 하는 연설 하나하나는 모두 국가 기록이다. 연설을 모으면 그 시대, 그 나라 역사가 된다.

대통령 연설문은 역사다. 수백 개에 달하는 대통령의 연설에는 그 시대의 상황과 시대정신이 드러나 있다. 정부는 무슨 일을 하고 있고, 국가 지도자는 무엇을 위해 5년 동안 일하는지 알 수 있는 자료다. 노무현 정부 시절 연설기록비서관을 맡았던 강원국 작가는 "대통령의 일정은 대통령이 무엇을 중요하게 생각하고 어디에 집중하고 있는지를 보여 준다. 모든 일정에는 대통령의 말이 붙는다. 대통령이 말을 하지 않는 일정은 없다. 즉, 대통령의 연설문을 분석하는 것은 대통령이 무엇을 위해 일하고 있는지 보여 주는 간접적인 증표다"라고 했다.*

2부에서는 다섯 대통령마다 대표 연설 2개씩, 모두 10개를 꼽아 봤다. 국내외 정세에 큰 파장을 남겼거나 깊은 감동을 준 연설, 또는 많은 이가 기억하지는 않더라도 정치발전과 국정운영에 의미 있다고 판단한 연설을 골랐다. 그 연설이 나온 배경과 맥락과 영향을 살핀다. 어떤 연설은 글로 읽기에 만만치 않은 길이일 테지만 차분히 읽어 보자. 연설로 그 대통령을 기억해 보자. 그 시대 역사를 더듬어 보자.

---

* 이완, "김대중 '똑같이' 노무현 '다르게' 말해야 한다", 〈한겨레 21〉, 2016. 1. 25.

1장

외환위기에서 빛난 혜안과 한계

친애하는 국민 여러분!

오늘은 광복 53주년 기념일이자, 대한민국 정부수립 50주년을 맞이하는 역사적인 날입니다. 저는 이 자리를 빌려 국민 여러분에게 충심으로 존경과 사랑의 인사를 올립니다. 아울러 북한동포와 해외동포들에게도 따뜻한 안부의 말씀을 드리고자 합니다.

이 뜻깊은 날을 경축하면서 저는, 국민 여러분과 함께 새로운 결의와 각오를 다지고자 합니다. 이는 국가의 나아갈 방향을 새로이 정립하고 나라의 기강을 바로 세우며, 민족의 재도약을 이룩하기 위해 국민 모두가 동참하는 '제2의 건국'을 제창하는 일입니다.

대한민국 건국 50년사는 우리에게 영광과 오욕이 함께했던 파란의 시기였습니다. 국토분단과 동족상잔 그리고 수십 년간의 군사독재로 인한 고난과 역경을 이겨내고, 우리는 세계 11위의 경제대국을 이 땅에 건설했습니다. 뿐만 아니라 우리는 50년 만에 이룩한 여야 간 평화적 정권교체를 통하여 '국민의 정부'를 세웠습니다. 세계의 모든 민주시민들이 이를 높이 평가했습니다.

그러나 '국민의 정부'는 국민과 함께 정권교체의 기쁨을 나눌 겨를이 없었습니다. 저는 당선되자마자 6·25 이후 최대의 국난을 극복해야 한다는 무거운 책무를 짊어져야 했기 때문입니다. 지난 6개월은 오랫동안 누적된 병폐를 청산하고 잘못된 관행을 바꾸기에도 짧은 기간이었습니다. 본격적인 개혁은 이제 시작입니다. 우리가 가는 길은 가혹하고 힘겨운 고난의 길이지만, 용기 있는 국민에겐 기회와 가능성을 줄 것이라는 확신을 가지고 있습니다.

저는 오늘, 정부수립 50주년을 맞이하여 '국민의 정부'가 '제2의 건국'을 통하여 추구할 철학과 원리, 그리고 총체적 개혁의 미래상을 국민 여러분에게 말씀드리게 된 것을 기쁘게 생각합니다.

사랑하는 국민 여러분!

작년 12월 대통령에 당선된 이래 저는 잠시도 쉴 틈 없이 국가위기의 극복을 위해 혼신의 노력을 다해왔습니다. 국민 여러분의 성원과 협력에 힘입어 외환위기가 일단 수습되었습니다. 상당히 많은 외환보유고와 더불어 환율과 금리도 하향 안정되고 있습니다. 물가도 어느 정도 안정추세를 유지하고 있습니다. 경상수지 흑자는 크게 늘어났고 외국인 투자환경도 획기적으로 개선되고 있습니다.

노사 간 대타협을 위한 노사정 협의기구가 창설되어 착실히 운영되고 있습니다. 금융, 기업, 노동, 그리고 공공부문의 4대 구조조정이 강도 있게 진행 중입니다. 또한 대ASEM 외교와 대미 외교에서도 기대 이상의 성과를 거두었다고 생각합니다. 이 모두가 국민 여러분의 성원 덕택입니다. 깊이 감사를 드리는 바입니다.

그러나 국난을 극복하고 민주주의와 시장경제의 완성을 향해 나아갈 길은 아직 멀고도 험난합니다. 과거의 유산이 계속 우리의 발목을 잡고 있습니다. 그동안 권력을 잡은 사람들은 정경유착과 관치금융 그리고 부정과 부패를 일삼았습니다. 그 결과, 경제를 포함한 우리 사회 모든 부문은 총체적으로 부실해졌고, 국제경쟁력은 취약해졌습니다. 외환위기는 필연적인 인재였습니다. 이 원인은 반드시 규명되어 앞날의 교훈으로 삼아야겠습니다.

우리는 '제2의 건국'을 추진해야 할 여러 가지 절실한 필요성을 가지고 있습니다. 우리는 정치, 경제, 사회 등 모든 분야에서 방만한 몸집을 줄이고 거품을 빼며, 효율을 높이는 구조조정 작업에 박차를 가해야 합니다. 물론 이것은 고도성장에 길들여진 우리에게 견디기 힘든 시련임에 틀림없습니다.

안타깝지만 현재의 고통을 달리 피할 길이 없습니다. 오직 국민과 정부가 하나가 되어 고난의 현실을 직시하고 이를 극복함으로써, 하루빨리 이 시련의 터널을 벗어나는 길만이 남았을 뿐입니다. 더 이상 오늘의 저효율과 고비용의 체제로는 국제경쟁에서 살아남을 수 없습니다. 국가의 생산성과 경쟁력을 높이기 위한 구조개혁이 불가피합니다. 오랫동안 관치경제에 눌려 있던 미완의 시장경제를 '제2의 건국'을 통하여 경쟁력 있는 체제로 완성해야 합니다.

한편, 우리는 지적으로 고급능력을 갖춘 인적 자원을 크게 육성해야 합니다. 우리의 미래는 국민 개개인의 창조적 실천능력을 배양하는 데 달려 있기 때문입니다. 교육혁명, 정보혁명, 첨단기술혁명, 벤처기업혁명, 그리고 문화산업을 이끌어갈 인재양성이 우리의 국운을 좌우할 것입니다. 다행히 우리 국민은 모두가 국난극복에 동참할 태세를 갖추고 있습니다. 과감한 개혁과 새로운 출발을 갈망하고 있습니다.

대통령인 저에게 강력한 리더십으로 개혁을 이끌라고 요구하고 있습니다. '국민의 정부'와 여당에 개혁의 선봉이 될 것을 촉구하고 있습니다. 야당에 대해서도 이 고난의 기간만은 정쟁을 중단하고 정부의 노력을 지원해 줄 것을 요구하고 있습니다.

친애하는 국민 여러분!

저는 정부수립 50주년을 맞이하여 '한강의 기적'을 이룬 국민의 저력을 다시 모아 '제2의 건국'을 시작하라는 국민 여러분의 소리를 듣고 있습니다. 저는 기꺼이 저의 신명을 다 바쳐 여러분이 명령한 바를 성취하고자 합니다.

'제2의 건국'은 우리가 역사의 주인으로서 국난에 처한 나라를 구하고, 그 운명을 새롭게 개척하려는 시대적 결단이자 선택입니다. 또한 '제2의 건국'은 산업화와 민주화의 저력을 바탕으로 민주주의와 시장경제를 완성하기 위한 국정의 총체적 개혁이자 국민적 운동을 가리킵니다.

'제2의 건국'으로 가는 길은 대한민국의 법통을 충실히 계승하면서도 역대의 권위주의적인 통치방식과는 분명히 달라야 합니다. 오직 '국민의 정부'가 표방해온 새로운 국정철학인 민주주의와 시장경제의 병행발전으로 나아가는 것만이 우리가 지금부터 추구해야 할 국정의 방향입니다. '국민의 정부'는 이러한 국정철학을 기초로 그 실천원리로서 자유와 정의 그리고 효율을 중시합니다.

우리는 오늘, 뜻깊은 대한민국 정부수립 50주년을 맞이하여 '제2의 건국'을 향한 장도의 첫걸음을 시작합니다. '제2의 건국운동'은 정부가 위에서 일방적으로 끌어가는 것이 아니라, 국민이 생활의 현장에서 지혜를 모아 꾸려갈 수 있어야 합니다. 그래야만 성공할 수 있습니다. 국민 여러분이 생활 속에서 주인으로서의 책임의식을 가지고 나랏일에 참여하고, 서로 협력하여 대한민국의 국제적 경쟁력을 세계 최고의 수준으로 높이는 것이 '제2의 건국'이 아니고 무엇이겠습니까? 우리 다 같이 내일의 승리를 기약하는 '제2 건국운동'의 대열에 참여합시다.

존경하고 사랑하는 국민 여러분!
'국민의 정부'는 '제2의 건국'을 계획하고 추진하고자 다음과 같이 국정운영의 6대 과제를 제시합니다.

첫째는 권위주의로부터 참여민주주의로의 대전환을 이룩하여 국민과 정부 사이에 쌍방통행의 정치를 만들겠습니다. 과도한 중앙집중의 폐해를 도려내고 행정, 재정, 교육, 치안 등 모든 분야에서 지방정부의 권한과 책임을 과감히 확대할 것입니다. 지방경찰제도도 실현하겠습니다. 무엇보다 '국민의 정부'는 국민의 국정에 대한 참여의식을 저상시키는 부정부패를 철저히 척결하겠다는 굳은 결의를 천명합니다. 특히 모든 국민이 기쁜 마음으로 국정에 참여할 수 있도록 망국적인 지역대립을 반드시 청산할 것입니다. 이를 위하여 인사와 지역 발전의 공정한 처리가 철저히 이행될 것입니다.

저는 대통령으로서 모든 지역의 모든 국민을 존경하고 사랑하겠습니다. 저는 4천 5백만 국민의 대통령이자 7천만 민족을 위한 대통령이 될 것입니다. 저에게 지역의 차별은 결코 있을 수 없다는 것을 국민 여러분에게 굳게 다짐하는 바입니다.

나아가 모든 정당이 전국적으로 고르게 국정에 참여할 수 있도록 하기 위하여 정당명부식 비례대표제를 도입하겠습니다. 저효율·고비용의 국회제도도 크게 개혁되어야 합니다. 인사청문회제도도 공약한 대로 실시하겠습니다. 각 자치단체별로 중요한 문제에 대한 주민투표제의 도입도 추진하겠습니다. 언론도 스스로의 노력과 국민의 여론에 따라 개혁을 단행해야 할 것이라고 믿습니다.

21세기는 참여정치의 시대입니다. 국민이 모든 국정 분야에 참여할 수 있는 기회가 최대한 보장되어야 합니다. 이것이 '제2 건국'의 정치적 기본목표입니다.

둘째는 관치로부터 경제를 해방시켜 시장경제의 자율성을 높이는 구조개혁에 전력을 다하겠습니다. 불필요한 정부규제를 과감히 줄이고, 기업, 금융, 노동, 공공부문 등 4대 분야의 구조조정을 신속하고 효율적으로 해낼 것입니다. 앞으로는 기업을 성공적으로 운영하여 흑자를 내고 세계와의 경쟁에서 승리하여 외화를 많이 벌어들인 기업인만이 애국적 기업인으로서 존경받고 발전할 수 있도록 할 것입니다.

한편, 수출을 늘리고 외국인 투자를 적극 유치하고자 합니다. 이를 위하여 수출금융을 과감하게 지원하고 「외국인투자 촉진법」을 연내에 입법하겠습니다. '제2의 건국' 아래서는 무엇보다도 정보와 첨단기술 중심의 지식기반 산업 국가를 건설하는 데 심혈을 기울일 것입니다. 유망한 중소기업과 벤처기업을 전략산업으로 육성하겠습니다. 또한 농어민의 생산물이 제값을 받을 수 있도록 물류체제를 바꾸기 위해 농업정책을 획기적으로 전환하겠습니다.

이렇듯 관치경제의 폐습을 일소하고 모든 경제활동이 시장경제의 원리에 따라 이루어지도록 여건을 마련하는 것이, '제2의 건국'이 지향하는 경제적 목표라는 것을 다시 한 번 강조하고자 합니다.

셋째는 독선적 민족주의와 같은 폐쇄적 사고에서 벗어나 보편적 세계주의로 나아가는 새로운 가치관을 가져야 합니다. 이미 시작된 WTO 체제는 앞으로 수년 내에 경제적 국경을 없앨 것입니다. 이제는 세계와 더불어 경쟁하고 협력하는 가운데 같이 생존하고 같이 번영해 나가야 합니다. 그런데 세계에는 아직도 우리 한국을 '접근하기 힘든 나라'라고 생각하는 사람이 많습니다. 이래서는 안 됩니다. 세계를 친구 삼아 우리나라의 이미지를 적극 개선하는 데 힘써야 합니다. 좋은 이미지야말로 수출과 관광 그리고 투자유치를 위한 필수조건입니다. 저는 세계주의 시대에 적응할 수 있도록 각종 국제교류를 촉진하고, 인재의 양성에도 적극 힘쓸 것입니다. 열린 마음으로 세계를 받아들이고 세계로 나아가는 세계주의야말로 '제2의 건국' 아래서 우리 민족이 나아갈 길인 것입니다.

넷째는 물질 위주의 공업국가를 창조적 지식과 정보 중심의 지식기반 국가로 바꾸어야 합니다. 민족의 운명을 좌우할 정보와 과학기술의 수준을 획기적으로 향상시켜야 합니다. 이를 위해 '국민의 정부'는 교육입국(教育立國)의 이상 아래 오늘의 소모적인 교육을 창의적인 교육으로 바꾸는 데 앞장설 것입니다.

무엇보다 지, 덕, 체, 삼위일체의 전인교육을 실시해야 합니다. 입시지옥이 없는 대학입시제도를 실현하며 학부모의 과외부담을 대폭 줄이겠습니다. 실력 있는 학생만을 졸업시키고, 학벌주의도 타파할 것입니다. 그리고 교직자의 수준을 획기적으로 향상시키는 조치를 추진하겠습니다. 학교 가는 것이 즐거운 교육을 실현함으로써, 어린이와 청소년 스스로가 미래에 대한 꿈과 희망을 마음껏 가꿀 수 있도록 할 것입니다. 이러한 교육개혁을 위한 종합적인 실천방안을, 이제 활동을 시작한 '새교육공동체위원회'가 수립하고 추진할 것입니다.

창의적이고 다양한 교육과 더불어 21세기의 기간산업인 문화산업을 획기적으로 발전시켜야 합니다. 교육과 문화의 창달을 통한 지식기반 국가의 건설이 곧 '제2 건국'의 이상인 것입니다.

다섯째는 노사 간의 대립과 갈등의 시대에 종지부를 찍고, 화합과 협력의 시대를 향한 신노사문화를 창출하는 역사적 대전환을 이룩해야 합니다. 고통과 성과의 공정한 분담에 바탕을 둔 신뢰는 '제2 건국'의 기초입니다. 특히 저는 종업원지주제와 사회보장제도의 강화 등으로 경제성장의 성과를 공평하게 나누겠습니다.

세계적 추세에 따라 우리도 노사 쌍방 간에 화해와 협력의 관계를 이룩하는 것이야말로 국제적 무한경쟁 속에서 함께 살아남는 길이라는 것을 명심해야 합니다. 이러한 신노사문화 창조의 사명을 띠고 노사정위원회가 탄생하였습니다. 공정한 여건 속에 서로에 대한 믿음과 양보로 노사 간에 대타협을 이루어야 합니다. 그래서 적어도 1999년 말까지 쟁의가 없는 노사협력 체제를 성사시킬 수 있게 되기를 기대해 마지않습니다.

이와 더불어 정부는 지금 10조 원에 달하는 거액을 투입해서 실업대책에 모든 힘을 기울이고 있습니다. 내년에도 이를 더욱 강화시켜 나가겠습니다. 앞으로 모든 근로자는 예외 없이 고용보험의 혜택을 받게 됩니다. 일용근로자에게도 공공취로사업 또는 생계비 보조금을 지급합니다.

저는 이 자리를 빌려 국민 여러분에게 확실히 약속합니다. 앞으로 모든 실업자에 대해 먹을 것과 입을 것, 그리고 의료혜택과 초중등학교 교육비에 대한 최소한의 보장을 반드시 실현하여, 직업을 갖지 못한 국민의 삶을 지키는 데 전력을 다하겠습니다. 이러한 노력이야말로 '제2의 건국'이 추구하는 신노사문화 창조를 위한 뒷받침이 될 것입니다.

여섯째는 지난 50년간 한반도를 지배해온 남북대결주의를 넘어서, 확고한 안보의 기반 위에 남북 간 교류협력의 시대를 열어 나가고자 합니다. '제2 건국'의 기치 아래 '국민의 정부'는 남북 간의 오랜 불신을 해소하고, 정경분리의 원칙에 따라 남북 간의 경제적 교류와 협력을 증진하고자 합니다. 아울러 남북 간에 문화, 종교 등 여러 분야의 교류도 촉진할 것입니다.

한편, 이미 천명한 대북정책의 3대 원칙, 즉 "북의 어떠한 무력도발도 용납하지 않는다. 북한에 대한 흡수통일을 원하지 않는다. 남북은 상호 교류협력을 실현한다"는 입장을 일관되게 견지할 것입니다. 이를 통해 우리는 한반도에 전쟁의 위험을 없애고 평화통일의 기반을 쌓아 나갈 것입니다.

저는 오늘 8·15 광복절을 맞이하여 북한 당국에게 말합니다. 오늘의 냉엄한 국제현실에서 우리 민족이 살아남으려면 무엇보다 한반도에 화해와 교류협력의 새로운 장을 열어야 합니다. 우리는 이미 체결된 남북기본합의서의 틀 안에서 서로에게 이익이 되는 공존공영의 관계를 얼마든지 실현할 수 있습니다.

'국민의 정부'는 남북기본합의서의 정신에 입각하여 북한의 안정과 발전을 지원할 용의가 있습니다. 우리는 금강산 개발과 농업 개발을 포함한 모든 경제협력을 지원하고 권장할 것입니다. 특별히 강조할 것은 남북 양측이 모두 인도적 정신과 동포애로서 이산가족 상봉을 위한 조치를 취해야 한다는 것입니다. 그리하여 혈육에 대한 그리움 속에 애태우고 있는 그들의 고통을 덜어 주어야겠습니다.

이렇듯 지금 남북 간에는 서로 협의하고 논의할 일들이 너무도 많습니다. 이미 남북 간 합의로 구성되어 있는 분야별 공동위원회들을 하루속히 가동시켜야 합니다. 공동위원회의 정상운영에 앞서 우리는 장차관급을 대표로 하는 남북 상설대화기구를 창설하여 성실한 대화의 장을 갖기를 제안하는 바입니다. 저는 북한이 원한다면 이 모든 문제를 협의하기 위하여 대통령 특사를 평양에 보낼 용의가 있습니다.

친애하는 국민 여러분!

'국민의 정부'는 민주주의와 시장경제라는 기본 철학과 자유, 정의, 효율의 3대 원리 아래, 참여민주주의와 시장경제의 완성, 세계주의와 지식기반 국가의 실현, 신노사문화의 창조와 남북 간의 교류협력 촉진 등 앞서 말씀드린 6대 국정 과제의 실천을 '제2 건국'의 나아갈 길로 삼고자 합니다. 이를 위한 종합적인 정책과 프로그램의 개발 그리고 그 실천을 위해 '제2의 건국'을 위한 국민운동이 국민적 참여 속에서 이루어지기를 바라 마지않습니다.

'제2 건국'의 기치 아래 세계 속의 선진 한국을 건설하는 과정에는 많은 지식인과 전문가, 그리고 깨어 있는 국민의 참여가 요망됩니다. 국민 여러분, 이에 적극적으로 동참하여 국난을 타개하고, 다시 일어서는 민족의 내일을 힘차게 열어 나갑시다.

존경하고 사랑하는 국민 여러분!

이제 우리는 '제2의 건국'을 위한 힘찬 출발을 시작합니다. 고생도 같이하고, 기쁨도 같이하는 '제2의 건국'을 이룩합시다. 저는 일생을 국민 여러분 곁에서 자유와 정의를 위해 살아왔습니다. 그 때문에 이루 말할 수 없는 고난의 세월을 40년 넘게 감내해왔습니다. 저는 반드시 국민 여러분의 기대에 부응할 것을 굳게 다짐합니다.

수많은 시련과 고통 속에서도 산업화와 민주화의 위업을 이룩한 우리 국민의 저력을 저는 굳게 믿고 있습니다. 21세기가 지식과 문화의 시대라면, 조상으로부터 유별난 교육열과 유구한 문화유산을 물려받은 우리 민족이야말로 21세기를 위해 준비된 민족이라고 저는 믿습니다.

저는 한때의 인기보다 후세의 평가를 더욱 소중하게 생각하면서, 21세기를 향한 '제2의 건국'에 혼신의 노력을 경주할 것입니다. 그리하여 국민 여러분과 같이 1998년은 전면적인 개혁에 총력을 다하고, 1999년 말까지는 IMF 관리 체제를 종결할 수 있도록 하겠습니다. 그리고 2000년부터는 우리 한국이 세계 일류국가의 대열에 참여하는 민족의 재도약을 반드시 실현시키겠습니다.

국민 여러분, 희망과 용기를 가집시다. 우리는 해낼 수 있습니다. 조국의 광복과 민주 대한의 수호를 위하여, 그리고 이 땅에 민주주의를 실현하기 위하여 몸 바쳐 싸우다가 먼저 가신 애국 영령들이 우리를 지켜 주실 것입니다.

우리 모두 손에 손을 잡고 하나가 되어 '제2의 건국'을 향해 힘차게 나아갑시다. 이 시대의 영광된 주인이 됩시다. 후손들에게 자랑스러운 내일을 물려줍시다.

1998년 12월 18일, 김대중은 너무 큰 짐을 진 채 대통령으로 당선했다. 당시 나라살림이 완전히 거덜 난 상태, 대한민국은 말 그대로 국난을 맞았다. 당선한 날 현재 외환보유고가 고작 38억 7천만 달러에 불과했다. 국제통화기금(IMF) 구제금융으로도 국가부도 위기 극복을 장담하기 어려웠다. 미국은 우리가 IMF와 맺은 협약에 더해서 '정리해고제 도입'과 '외환관리법 개정', '적대적 인수합병 허용', '집단소송제 도입' 등을 요구했다. 대통령 당선인 김대중은 노동계 반발을 무릅쓰고 노동 유연성을 받아들였다. IMF와 미국 등 선진국은 100억 달러 조기지원을 통보했고, 우리나라는 겨우 급한 불을 끌 수 있었다.

1999년 새해, 우리 국민은 목걸이와 가락지, 아이들 돌반지까지 금붙이를 찾아 내놓았다. '금 모으기 운동'에 세계가 놀랐다. 취임한 김대중 대통령은 해외자본을 유치하고 개혁에 착수했다. 기업, 금융, 공공, 노동 부문을 쇄신하는 이른바 '4대 부문 개혁'이었다. 공기업들을 잇따라 민영으로 전환하고 인력을 줄였다. 민간기업들도 명예퇴직과 희망퇴직 제도를 도입해 대규모 해고를 단행했다. 부실은행은 밀려나 사라졌고 시중은행 금리는 뛰어올랐다. 떠밀려 어쩔 도리가 없었다고 해도 공기업 민영화나 노동유연화는 우리 사회에 큰 그늘을 남기는 선택이었다. 경험하지 못했던 쓰리고 아린 고통이었다.

위 연설은 온 국민이 외환위기에서 벗어나려고 안간힘을 쓰던 1998년 8월 15일, 광복절 경축사이다. 대한민국 정부수립 50년이 되는 날이었다. 김대중 대통령은 이 경축사에서 그동안 해온 개혁작업을 점검하고 앞으로 추진할 개혁방향을 종합해 내놓았다. 김 대통령은 이 경축사 제목을 "제2의 건국에 동참합시다"로 정했다. '제2의 건국'을 국민운동으로 제안했다.

다수당인 한나라당은 그 시점까지 김종필 총리를 인준해 주지 않았다. 김 대통령이 경제회생에 전념하겠다며 도와달라고 호소했지만 외면했다. 견제와 저항이 끈질겼다. 그러자 김대중 대통령은 같은 해 5월 10일 "국민과의 TV 대화"에서 "저는 결코 간단한 사람이 아닙니다"라면서 정계 개편 추진을 공언했다. 6·4 지방선거 이후 한나라당이 분열하리라는 기대가 깔려 있었는데, 정국은 그렇게 펼쳐지지 않았다. 7·27 재보선 후에도 상황이 바뀌지 않았다. 기득권을 가진 야당이 협조하지 않았고, 정계개편을 뜻대로 시도하지 못했으며, 개혁을 지지하는 진보층에서는 성과가 미흡하다는 비판이 나오기 시작했다. 결국 김 대통령이 한 선택이 '제2의 건국' 운동이었다. 믿을 구석은 국민밖에 없다고 판단한 셈이다. 취임 뒤 반년 동안 추진해온 개혁동력을 더 끌어올리려는 수였다.

김 대통령은 '제2의 건국' 운동이 '민주주의와 시장경제를 완성하기 위한 국민운동'이라고 밝혔다. 온 국민이 깨어 참여하는 개혁운동이기를 바랐다. 그해 말, '대한민국 제2의 건국 범국민추진위원회'가 대통령 직속 자문기구로 탄생했다. 지방자치단체마다 추진위원회를 구성했다. 공청회를 열고 다짐대회를 개최해가며 분위기를 끌어올리려고 했다. 그러나 관이 앞장선 운동이 잘될 리 없었다.

지방자치단체의 제2의 건국운동 추진위원회가 전혀 제 몫을 못하고 있어 행정낭비만 초래하고 있다는 지적이 일고 있다.

17일 경남 창원시에 따르면 정부가 IMF 사태의 극복을 위해 총체적 국민운동으로 추진하고 있는 제2의 건국운동에 동참하기 위해 지난해 11월 시 차원의 범국민추진위원회를 설립하고 올해부터 본격적인 활동에 들어갔다.

그러나 부시장, 시의회 부의장 등 29명의 위원과 시장, 시의회 의장 등 5명의 고문으로 구성된 위원회는 설립 당시와 지난 6월 초 두 차례의 정기회의만 열었을 뿐 별다른 활동을 하지 않는 등 유명무실한 기구로 전락했다.

특히 시는 설립 당시 배치한 상근직원 3명 중 2명을 지난 1일 다른 부서로 배치, 현재는 7급 공무원 1명만 남아 사무실을 지키고 있는 실정이다.[1]

'제2의 건국' 운동은 실패했다. 관변단체를 앞세운 운동에 국민 대부분은 냉소했다. 개그맨 출신 영화감독 심형래 씨를 '신지식인' 1호로 홍보하면서 이른바 '신지식인 운동'을 펼치기도 했지만 그뿐이었다. 별다른 성과 없이 김대중 정부 내내 명맥만 유지하다가 흐지부지 끝나 버렸다. 목적과 의도가 아무리 좋다한들 관이 주도한 운동은 성공하지 못한다는 당연한 교훈을 새삼 남겼다. 대중운동은 대중 스스로 깨치고 움직여야만 굴러갈 힘이 생긴다.

김대중 대통령도 나중에 실패를 자인하고 아쉬워했다.

제2 건국 운동은 실패로 끝났다. 시민사회가 지원하고 국민들의 적극적인 참여를 기대했지만 기대에 미치지 못했다. 그러다 보니 관 주도로 변질되어 버렸

1 이승관, "할 일 없는 지자체 제2건국 추진위", 〈연합뉴스〉, 1999. 9. 17.

음을 부인할 수 없다. 이는 국민을 이해시키는 데 실패했음이다. 명분만을 너무 믿고 민심 속으로 파고들지 않았으니 성공할 수 없었다.[2]

이 연설을 곱씹어 보자고 고른 이유는 실패한 관변운동이 남긴 교훈 때문만이 아니다. 김대중 대통령이 제2 건국을 추진하기 위해 제시한 국정운영 과제에 주목하기 위해서이다. 김 대통령이 말한 6대 과제는 참여민주주의와 쌍방통행 정치, 시장경제 완성과 구조개혁, 세계주의 가치관 형성, 지식기반 국가 건설, 신노사문화와 공생시민사회, 그리고 남북 화해와 협력이다. 과제마다 큰 구상과 세부목표를 세워 내놓았다.

당시 야당은 '말잔치'라고 비판했다.

한나라당 김철(金哲) 대변인도 논평을 통해 "세계적인 정보혁명의 시대에 적응하기 위한 국가발전 방안을 전체적으로 재정립하고 있다는 점에서 평가할 만하다"고 말한 뒤 "특히 권위주의로부터 참여민주주의로의 대전환에 찬성한다"고 말했다.

그는 그러나 "신정부 들어 대통령만 동분서주하고 정권과 정부조직은 위의 눈치를 살피는 신종 권위주의에 대해 반성이 있어야 한다"면서 참여민주주의의 강조가 대중주의를 의미해서는 안 된다고 지적했다.

김 대변인은 특히 남북문제에 대해 "무력도발을 하고도 사실 인정도, 사과도, 재발방지 약속도 하지 않고 있는 북한정권에 대해 협력만 강조한 것은 현 상황이나 국민정서와는 거리가 있다"고 꼬집었다.

정형근(鄭亨根) 정세분석실장도 "각 분야별 현안에 대해 파노라마식으로 언급하고 있으나, 21세기에 대비한 통치철학이 제시하는 데는 미흡하다"면서

---

2 김대중, 2010, 《김대중 자서전 2》, 삼인.

"김 대통령은 내년에 우리나라가 IMF 사태를 극복할 수 있을 것이라고 밝혔지만, 현실적이고 구체적인 방법을 제시하지는 못하는 등 현실인식이 결여된 '말잔치'라는 인상을 지울 수 없다"고 평가절하했다.[3]

내용도 없이 허상만 나열했다면 마땅히 비판받아야 한다. 과연 그랬는지 김대중 대통령이 6대 과제 안에 담은 세부내용을 가만히 보자.

먼저, 참여민주주의 대전환이란 과제 아래 지방정부에 권한과 책임을 늘려 주겠다고 했다. 지방경찰제도를 실현하겠다고 했다. 정당명부식 비례대표제와 주민투표제 도입도 약속했다. 국민이 국정에 참여하는 기회를 최대한 보장하기 위함이라고 했다. 지방자치제는 김 대통령이 평생 독재에 맞서 주장해온 신념이다. 야당 총재시절 단식을 하면서까지 관철했다. 1991년 불완전하게나마 부활했고, 1995년 동시 지방선거를 통해 새로이 출발했다. 김 대통령은 위 연설을 통해, 이제 막 걸음마를 뗀 지방자치제가 제대로 정착하도록 보완을 천명한 셈이다.

실제로 김대중 정부는 1999년 7월 29일 「중앙행정 권한의 지방이양 촉진 등에 관한 법률」을 제정했다. 중앙부처 업무를 지방에 넘겨 자치 기반을 넓혔다. 중앙정부가 시도에 예산을 배분할 때 시도 관계자가 참석하도록 했다. 온전하지는 못하나마 지방자치가 제대로 작동하도록 정책을 폈다. 김 대통령이 참여민주주의를 위해 공언한 약속을 다 지키지는 못했다. 자치경찰제와 정당명부식 비례대표제, 주민투표제 같은 제도는 김대중 정부를 한참 지나서야 정착했거나 아직도 미완이다. 김대중 정부 이후에도 정치권이 그 제도들을 꾸준히 요구하고 시행착오를

3 김현재·이강원·김병수, "8·15 경축사 정치권 반응", 〈연합뉴스〉, 1998. 8. 14.

거쳐 시도한 과정은, 그만큼 그 제도들이 우리나라 정치·사회에 유용함을 반증한다. 김 대통령이 임기 안에 다 실현하지는 못했으나 반드시 필요한 정책을 제시하고 추진한 사실만은 분명하다.

다음으로, 시장경제 자율성을 높이는 구조개혁과 세계주의 가치관 형성, 신노사문화 창출에 따른 과제들을 보자. 4대 분야 구조조정과 외국인 투자 유치, 세계와 경쟁하고 협력하는 태도, 그리고 새로운 노사문화 등은 외환위기를 극복하기 위한 몸부림이자 세계 흐름에 따른 변화들이었다. 이른바 '글로벌 스탠더드'를 앞세워 노동자에게만 더 과한 부담을 지운다는 비판을 알면서도 감수하지 않을 도리가 없었을 형편이었다.

그 그늘이 짙었지만, 김대중 정부는 출범 1년 만에 이미 눈에 띄는 성과를 이루었다. 출범 당시 38억 7천만 달러이던 외환보유고를 490억 달러로 늘렸다. 부실 금융기관 52개를 퇴출했다. 적자이던 무역수지를 399억 달러 흑자로 바꿔 놓았다. 외국인 직접투자도 88억 5천만 달러 유치했다. 부활하는 대한민국 경제를 세계가 주목했다. 세계 신용평가기관은 대한민국 국가신용등급을 잇따라 올렸다. 2000년 12월 4일 김대중 대통령은 외환위기로부터 완전히 벗어났다고 공식 발표했다. 2001년 8월 23일, 구제액 195억 달러를 모두 갚고 IMF 관리체제를 완전히 끝냈다.

김대중 정부에 대한 평가가 엇갈리지만 외환위기를 서둘러 극복한 성과에서만큼은 이견이 없다.

DJ 노믹스는 '민주적 시장경제론'이란 말로 요약된다. 사회형평과 시장질서 확립을 위해 정부 개입을 허용하는 이원화된 지향이다. 대중경제론에서 주장했던 '생산적 복지론'(경제성장과 복지를 동시에 추구)의 세련된 버전이라 할 수 있다.

DJ 노믹스는 미국 중심의 국제 경제·정치 질서에 편입돼 성장을 찾는 '신자유주의적 전략' 쪽으로 많이 기울어졌고, 급진·진보진영의 거센 반발에 부딪히기도 했다. 하지만 재벌의 독과점 폐해 견제, 재무구조 건전성 강화, 순환출자 및 상호지급보증 해소, 부실 금융기관 퇴출 등 재벌·금융 구조조정은 기대 이상의 효과를 발휘하며 IMF를 4년 만에 공식 졸업하는 밑거름이 됐다. 대우그룹 해체, 빅딜로 대표되는 사상 초유의 기업 구조조정 등 어려움에도 불구하고 한국 경제가 새롭게 도약하는 계기를 마련했다.[4]

외환위기를 최단기에 극복한 DJ 노믹스의 중심에는 김 전 대통령이 있다. 김 전 대통령은 국민과의 대화에서 "금고가 비었다"며 도움을 요청했다. 과거 정권에서는 상상도 못할 일이었다. 재벌개혁이 미적거리자 5대 재벌총수를 직접 만나 압박하기도 했다. 대선 후보자 시절 'IMF 재협상론'을 들고 나왔던 DJ가 맞느냐는 말을 들을 정도였다.

김 전 대통령의 위기극복 의지는 인사에도 나타났다. 대선 당시 이회창 한나라당 후보를 도왔던 이헌재 당시 비상경제대책위 기획단장을 금융감독위원장에 앉혔고, 과거 인사인 이규성 전 재무부 장관을 재정경제부 장관으로 기용했다. 계파나 자기 인맥보다는 경제 극복을 위한 능력을 우선시했다는 평가다.[5]

지식기반 국가로 바꾸기 위한 과제들도 보자. 입시지옥 없는 대학입시제도 실현은, 안타깝지만 지금도 공염불이다. 그러나 여기서 김 대

---

4 이승제, "치열한 현장정치가, 탁월한 정치·경제이론가", 〈머니투데이〉, 2009. 8. 18.
5 김현수, "DJ 서거: 외환위기 최단기간 내 극복", 〈서울경제〉, 2009. 8. 18.

통령이 강조한 정보와 과학기술, 문화산업은 이후 우리나라 미래를 좌우하게 되었다.

그 시절 본격 구축한 초고속 통신망은 대한민국을 정보통신 선진국으로 만드는 토대가 되었다. 코로나19 K-방역을 가능하게 한 기틀이기도 하다. 감염자를 실시간으로 추적하고 관리하며 정보를 전파하는 일, 백신접종을 예약하고 남은 물량을 확인해 대응하는 일, 누구나 스마트폰으로 접종정보를 인증해 방역에 동참하는 일, 어느 하나 IT 기반이 충분하지 않으면 시도조차 못할 정책이다. 웬만한 나라에서는 꿈도 못 꿀 조치들을 대한민국은 일상에서 해냈다. IT와 벤처기업 육성정책은 우리나라 경제가 미래로 탈바꿈하는 마중물이었다.

김대중 대통령이 문화예술 분야에 "지원은 하되 간섭은 하지 않는다"고 밝힌 소신은 유명하다. 정부 예산에서 문화산업이 차지하는 비중을 처음으로 1%를 넘겨 늘렸다. 「문화산업진흥 기본법」을 제정해 여러 분야 지원기관을 만들고 진흥기금도 조성했다. 우려 섞인 일부 시선에도 과감히 일본 대중문화를 개방했다. 다양성을 살리고, 대중문화가 산업으로 발전하는 계기를 마련했다. 이러한 정부 지원이 한국 대중문화 열풍, 한류를 만든 전부는 아니다. 그러나 만약 당시 이 정책들이 없었다면 지금 BTS와 〈미나리〉와 〈오징어 게임〉이 나오기도 어려웠을 듯하다.

김대중 대통령이 위 연설에서 밝힌 남북 화해와 협력 관련 과제들도 허황하지 않았다. 머지않아 베를린 선언과 남북정상회담, 6·15 공동선언으로 결과를 보여 주었다. 이 분야는 다음에 살펴볼 연설을 통해 따로 다룬다.

이 연설에서 김대중 대통령은 당시 대한민국을 어떻게 진단하는지를 분명히 말한다. 대한민국이 위기에서 벗어나 한 단계 도약하기 위해 지도자로서 어떤 구상을 하고 있는지를 폭넓고도 상세히 설명한다. 그리고 국민에게 호소한다. 대통령 김대중, 정치인 김대중, 이론가 김대중이 가진 세계관과 식견, 혜안을 한눈에 파악하기에 충분한 연설이다. 그 방법론으로 제안한 '제2의 건국' 운동이 실패할 수밖에 없던 한계와 교훈도 무겁다.

이 연설은 광복절 경축사가 대통령이 하는 여러 연설 중 가장 중요한 하나로 자리 잡은 출발이기도 하다. 이전 대통령들은 광복절 경축사에 남북관계 위주 내용만을 주로 담았다. 이 연설부터 국정 전반에 걸친 성과와 과제를 정리하기 시작했다. 이후 광복절 경축사는 신년연설, 3·1절 기념사와 함께 가장 주목해야 할 대통령 연설이 되었다. 어느 대통령이든 꼼꼼히 준비하고 세심히 공들인다.

2장

화해와 협력, 한반도 평화를 선언하다

존경하는 피터 궤트겐스 총장, 존경하는 교수 및 내외 귀빈, 그리고 친애하는 학생 여러분!

나는 먼저 이 자리를 빌려 폐허와 분단을 딛고 일어서서 오늘의 번영과 통일의 위대한 역사를 창조한 독일 국민에게 마음으로부터 경의와 축하를 드리고자 합니다. 이러한 심정을 간직하면서 오늘 이 유서 깊은 베를린자유대학의 교수 및 학생 여러분과 더불어 "독일 통일의 교훈과 한반도 문제"라는 주제 아래 대화를 갖게 된 것을 매우 뜻깊게 생각합니다. 그리고 여러분의 우정 어린 환영에 대하여 깊이 감사드립니다.

나는 베를린자유대학과 이 대학 출신들이 지난 1948년 개교한 이래 동서독 간의 화해와 협력, 그리고 독일 통일을 앞장서 이끌어온 역사적 사실을 잘 알고 있기 때문에 여러분으로부터 많은 것을 배우기 위해 이 대학을 찾았습니다. 분단국인 한국의 대통령으로서 독일 통일의 교훈을 배운다는 것은 더없이 중요한 일이라고 생각합니다.

독일과 한국 양국은 전쟁과 민족분단의 쓰라린 고통과 경험을 함께 가지고 있습니다. 또한 이러한 시련 속에서도 여러분은 '라인강의 기적'을, 우리는 '한강의 기적'을 이룩했습니다.

한국은 지난 2년 동안 아시아 지역을 휩쓴 경제적 위기를 국민과 정부의 헌신, 그리고 독일을 포함한 국제사회의 협력에 힘입어 성공적으로 극복했습니다. 1997년 말 39억 달러에 불과했던 외환보유고는 이제 800억 달러에 도달했습니다. 1998년도 마이너스 5.8%였던 경제성장률이 작년에는 10.2%로 상승했습니다. 물가·금리·외환·증시 등이 모두 전례 없이 안정되어 있습니다. 실업률도 금년 내에 4%까지 내릴 수 있을 것입니다.

또한 한국과 독일은 이러한 경제발전과 더불어 자유와 민주주의를 수호하고 발전시킨 공통의 역사를 가지고 있습니다. 따라서 우리 한국 국민은 비록 독일과 지리적으로는 멀리 떨어져 있지만 역사적이고 현실적인 유사성 때문에 독일과 독일 국민에 대해 남다른 애정과 연대감을 가지고 있습니다.

존경하는 교수 및 학생 여러분!

세계는 이제 대립과 갈등의 20세기를 뒤로하고 화해와 협력을 통한 공동번영의 뉴밀레니엄의 시대로 접어들었습니다.

여러분도 잘 아시는 바와 같이 지난 20세기 말 소련과 동구권이 붕괴되고 독일이 통일됨으로써 50여 년간 지속되어 온 냉전구조가 해체되었습니다. 뿐만 아니라 공산주의 이념을 고수해온 중국·베트남도 시장경제 체제를 도입하여 새로운 변화와 개혁을 시도하고 있습니다. 이제 중국이나 베트남은 우리에게 더 이상 위험한 경계의 대상이 아니라 좋은 친구이자 가장 유망한 경제협력의 상대입니다.

그러나 한반도는 아직도 이러한 세계사적 변화를 수용하지 못한 채 지구상의 유일한 냉전지역으로 남아 있습니다. 북한의 완고한 폐쇄정책 때문입니다. 이러한 북한의 태도에도 불구하고 대립과 갈등의 냉전구조를 해체하고 한반도에 평화를 정착시키기 위해 우리 한국은 최선의 노력을 다하고 있습니다.

한반도의 평화는 우리를 위해서는 물론 동북아의 안정과 세계의 평화를 위해서도 매우 중요한 과제입니다. 이를 위해 여러분이 먼저 성공적으로 이룩한 동서독 관계와 통일의 경험은 우리가 대북정책을 추진함에 있어서 매우 소중한 교훈이 되고 있습니다.

우리가 독일로부터 얻은 교훈은 첫째, 독일의 통일은 민주주의와 시장경제를 함께 발전시켜 온 서독 국민의 저력이 있었기에 가능했다는 사실입니다. 동서독의 대결은 민주주의와 공산주의, 시장경제와 사회주의 경제의 대결이기도 했던 것입니다.

둘째, 서독은 '접촉을 통한 변화'로 요약되는 동방정책을 일관되게 추진해 동서독 간의 상호공존과 긴장완화의 틀을 구축했습니다. 이러한 지속적인 교류와 협력을 통하여 동독 주민들의 서독에 대한 의혹과 불신을 해소하고, 이데올로기적 반목을 완화시켰습니다.

셋째, 서독은 진지하고 성의 있는 노력으로 통일독일에 대한 주변국들의 우려를 사전에 불식시켰으며, 놀랍게도 소련과 동구 공산권의 이해와 협력을 얻을 수 있을 만큼 적극적이고 성공적인 외교를 전개했습니다.

넷째, 서독 정부는 여러 가지 현실적인 어려움과 제약이 있었음에도 불구하고 인내심과 성의를 가지고 동서독 간의 화해와 교류·협력 정책을 일관되게 추진했습니다.

이러한 서독의 대동독 정책은 우리 한국의 햇볕정책 추진에 매우 귀중한 교훈이 되고 있습니다. 나는 지난 수십 년 동안 평화공존, 평화교류, 평화통일의 단계적 통일을 주장해왔습니다. 이러한 가운데 나의 가장 존경하는 친구인 빌리 브란트(Willy Brandt) 전 총리, 폰 바이체커(Richard von Weizsacker) 전 대통령, 그리고 겐셔(Hans-Dietrich Genscher) 전 외무장관 같은 지도자들과도 여러 차례 귀중한 의견을 교환한 바 있습니다.

서독의 동독에 대한 정책, 통일 이후의 상황 모두가 우리에게는 매우 소중한 교훈이 되어 왔습니다. 또 하나 간과할 수 없는 교훈은 독일 통일 이후에 동서독 간의 경제적 격차의 해소와 특히 심리적 갈등을 극복하는 것이 얼마나 어려운 과정인가를 심각하게 배운 것입니다.

우리는 독일 통일을 보고 한없는 부러움을 느꼈습니다. 그러나 동시에 충격도 컸습니다. 그것은 첫째, 엄청난 자금의 소요입니다. 2천억 마르크면 된다던 통일 비용이 10배나 들었다는 점이 바로 그것입니다. 그리고 양독 간의 경제적 격차의 해소는 아직도 남아 있는 숙제라고 합니다. 둘째, 구 동서독인 사이의 심리적 갈등이 아직도 많은 문제를 제기하고 있다는 것도 큰 과제가 아닐 수 없습니다.

서독은 경제규모 면에서 보더라도 한국보다 훨씬 더 크고 부유한 위치에 있었습니다. 동독과 전쟁을 한 일도 없고, 통일 전에 많은 교류도 있었습니다. 그럼에도 불구하고 그 같은 어려움을 겪고 있다는 것을 생각할 때 우리는 통일문제에 대해서 깊이 생각하지 않을 수 없었습니다.

우리의 경제는 북한을 떠안을 능력이 없습니다. 우리는 전쟁을 겪었고 극도의 무장대립 속에 있습니다. 동독 국민은 바이마르공화국 시대에서 만개했던 민주주의의 경험이 있었습니다. 그러나 북한 주민은 자유에 대한 어떠한 경험도 없을 뿐만 아니라 오랫동안의 고립으로 북한 밖의 외부세계를 전혀 모르고 있습니다. 이러한 문제들을 그대로 둔 채 통일을 서두른다는 것은 현실적으로 무리인 것입니다.

따라서 가장 현실적이고 합리적인 정책은 당장 통일을 추구하기보다는 한반도에 아직도 상존하고 있는 상호위협을 해소하고 남북한이 화해·협력하면서 공존·공영을 추구하는 것입니다. 통일은 그다음의 문제입니다.

나는 1995년에 한반도 3단계 통일론을 저술한 바 있습니다. 1단계는 일종의 독립국가연합의 단계이고, 2단계는 연방체제 아래 남북이 광범위한 지방자치를 실시하는 것이요, 3단계는 완전통일의 단계인 것입니다. 나의 이러한 통일방식은 앞서 말한 빌리 브란트 전 총리 등 독일의 지도자들로부터도 많은 찬성과 격려를 받은 바 있습니다.

존경하는 자유대학 교수 및 학생 여러분!

나는 대통령에 취임한 이래 아직까지도 개방과 변화를 망설이고 있는 북한을 상대로 세 가지 원칙을 제시했습니다.

"첫째, 북한의 무력도발을 절대 용납하지 않는다. 둘째, 우리도 북한을 해치거나 흡수통일을 추구하지 않는다. 셋째, 남북이 화해·협력하자"는 것입니다. 이것이 바로 우리가 추구하는 햇볕정책의 핵심이며 냉전종식을 위한 주장입니다. 우리는 확고한 안보를 유지하지만, 그것은 어디까지나 평화와 화해·협력이 목적입니다.

이와 같은 햇볕정책의 기조 위에서 우리는 북한에게 세 가지를 보장하고 있습니다. "첫째, 우리는 북한의 안전을 보장한다. 둘째, 북한의 경제회복을 돕는다. 셋째, 북한의 국제적 진출에 협력한다."

그 대신 북한도 세 가지를 보장해야 한다고 우리는 주장하고 있습니다. "첫째, 대남 무력도발을 절대 포기해야 한다. 둘째, 핵무기 포기에 대한 약속을 준수해야 한다. 셋째, 장거리 미사일에 대한 야망을 버려야 한다"는 것입니다.

즉, 이는 줄 것은 주고 받을 것은 받자고 하는 상호주의에 입각한 포괄적 접근 방안입니다. 우리는 이를 한미일 3국의 긴밀한 공조 속에 북한에 제시했습니다. 이러한 제안은 북한에도 도움이 되고 우리에게도 이익이 되는 윈윈(win-win) 정책인 것입니다.

이에 대해서는 독일을 포함해 전 세계가 지지해 주고 있습니다. 북한의 전통적 우방인 중국·러시아·베트남도 적극 지지하고 있습니다. 이러한 세계적인 지지는 한반도의 평화와 안정을 위협하는 불안 요인을 크게 감소시키고 있습니다.

우리는 북한과의 전쟁을 결코 원치 않습니다. 우리는 북한과 평화적으로 공존하고 교류하는 가운데 북한을 도와주고 싶습니다. 저 역시 북한의 굶주린 동포들의 참상을 TV 화면으로 보면서 눈물을 금치 못할 때가 한두 번이 아닙니다. 북한이 피폐한 경제를 회복하여 굶주린 북한동포들이 배불리 먹을 수 있고, 주민들의 생활을 향상시킬 수 있도록 협력할 것을 우리는 열망하고 있습니다. 북한의 거부로 비록 정부 간의 대화는 하지 못하고 있지만, 민간 차원의 교류·협력은 적극 지원하고 있습니다. 우리는 국제적인 대북한 교류나 협력을 환영하며 필요한 협력을 아끼지 않을 것입니다.

지난 2년 동안 이와 같은 노력의 결과로 경제·문화·체육 등 여러 분야에 걸쳐 남북 간 교류·협력이 어느 정도 활발하게 추진되고 있습니다. 이미 18만 명이 넘는 우리 국민이 북한에 있는 금강산 관광을 다녀왔습니다. 남북 간의 교역도 작년에는 사상 최고인 3억 4천만 달러를 기록했습니다. 100개가 넘는 남한의 중소기업이 북한에서 활동하고 있습니다. 대기업의 투자도 시작되거나 협상 중입니다. 금년에는 서해공단의 건설, 전자제품 공장과 자동차조립 공장 등이 남한의 대기업의 투자에 의해서 이루어질 전망입니다. 문화·스포츠의 교류도 활발합니다.

한편 국제적으로는 작년에 여러분이 계신 이곳 베를린에서 미국과 북한이 회담을 갖고 관계개선을 위한 고위급 회담을 머지않아 열기로 합의했습니다. 일본도 북한과의 관계개선을 추진하고 있습니다. 이탈리아도 북한과의 국교 개시에 합의한 바 있습니다. 우리 정부는 세계 어느 나라든 북한과의 관계를 개선하기를 희망하고 있습니다. 이렇게 함으로써 북한이 국제사회의 책임 있는 일원이 되어 한반도의 안정에 기여하고 자신을 위한 경제개방에 성공하기를 기대하고 있기 때문입니다.

존경하는 교수 및 학생 여러분!

나는 오늘 뜻깊은 베를린자유대학을 방문한 이 자리를 빌려 지구상에 마지막으로 남아 있는 한반도 냉전구조를 해체하고 항구적인 평화와 남북 간의 화해·협력을 이루고자 다음과 같이 선언하고자 합니다.

첫째, 우리 대한민국 정부는 북한이 경제적 어려움을 극복할 수 있도록 도와줄 수 있는 준비가 되어 있습니다. 지금까지 남북한 간에는 정경분리 원칙에 의한 민간경협이 이루어지고 있습니다. 그러나 본격적인 경제협력을 실현하기 위해서는 도로·항만·철도·전력·통신 등 사회간접자본이 확충되어야 합니다. 또 정부 당국에 의한 투자보장 협정과 이중과세방지 협정 등 민간기업이 안심하고 투자할 수 있는 환경도 조성되어야 합니다. 뿐만 아니라 현재 북한이 겪고 있는 식량난은 단순한 식량지원만으로 해결될 수 있는 것이 아닙니다. 비료, 농기구 개량, 관개시설 개선 등 근본적인 농업구조 개혁이 필요한 것입니다. 이와 같은 사회간접자본의 확충과 안정된 투자환경 조성, 그리고 농업구조 개혁은 민간경협 방식만으로는 한계가 있습니다. 따라서 이제는 정부 당국 간의 협력이 필요한 때입니다. 우리 정부는 북한 당국의 요청이 있을 때에는 이를 적극적으로 검토할 준비가 되어 있습니다.

둘째, 현 단계에서 우리의 당면 목표는 통일보다는 냉전종식과 평화정착입니다. 따라서 우리 정부는 진정한 화해와 협력의 정신으로 힘이 닿는 대로 북한을 도와주려고 합니다. 북한은 우리의 참뜻을 조금도 의심하지 말고 우리의 화해와 협력 제안에 적극 호응하기를 바랍니다.

셋째, 북한은 무엇보다도 인도적 차원의 이산가족 문제 해결에 적극 응해야 합니다. 노령으로 계속 세상을 뜨고 있는 이산가족의 상봉을 더 이상 막을 수는 없는 것입니다.

넷째, 이러한 모든 문제를 효과적으로 해결하기 위하여 남북한 당국 간의 대화가 필요합니다. 나는 이미 2년 전 대통령 취임사에서 1991년 체결된 남북기본합의서의 이행을 위해 특사를 교환할 것을 제의한 바 있습니다. 북한은 우리의 특사 교환 제의를 수락할 것을 촉구합니다.

우리 대한민국 정부는 한반도 문제는 궁극적으로 남북한 당국자만이 해결할 수 있다고 확신하며 앞으로도 이와 같은 정책을 성의와 인내심을 가지고 일관되게 추진할 것입니다. 독일을 위시한 국제사회도 한반도에서 냉전을 종식시키고 남북한 간 화해와 협력이 조속한 시일 내에 결실을 맺을 수 있도록 더욱더 적극적인 성원과 지지를 계속해 주시기 바랍니다.

존경하는 베를린자유대학 교수 및 학생 여러분!

한국에는 '동병상련'(同病相憐)이라는 말이 있습니다. 같은 병을 앓는 사람끼리는 서로 연민의 정을 가진다는 뜻입니다. 독일과 우리 대한민국은 민족의 분단이라는 크나큰 아픔을 같이 경험한 인간적인 연대감을 가지고 있습니다.

아울러 우리 한국 국민은 이러한 아픔을 슬기롭게 극복하고 민족 통일의 위업을 먼저 이룩한 독일 국민에 대해 깊은 존경심을 표시하며, 여러분으로부터 많은 교훈을 배우고자 열망하고 있습니다.

그뿐만이 아닙니다. 우리가 군사독재자의 억압 속에 신음할 때 독일 국민은 세계 어느 나라 국민보다 우리를 성원해 주었습니다. 나는 독재자와 싸우다 다섯 번의 죽음의 고비와 6년의 감옥살이, 30년의 망명·연금·감시하의 생활을 강요당했습니다. 그럴 때마다 독일 국민과 독일의 지도자들은 내 일과 같이 나와 한국의 민주인사들을 적극 지원해 주었습니다. 이 자리를 빌려 내 깊은 마음으로부터 뜨거운 감사를 드리고자 합니다.

이제 한국의 민주화는 이루어졌습니다. 이제 남은 과제는 한반도의 통일입니다. 한반도의 통일이 이루어지는 그날까지 여러분의 성원은 계속될 것으로 확신합니다.

우리 한국민은 언제까지나 가장 충실하고 우정이 넘치는 친구로서 독일 국민과 베를린자유대학 여러분과 함께 새천년 평화의 시대를 열어 나갈 것입니다.

감사합니다.

대한민국 대통령은 취임 때 통일을 위해 노력한다고 맹세한다. "나는 헌법을 준수하고 국가를 보위하며 조국의 평화적 통일과 국민의 자유와 복리의 증진 및 민족문화의 창달에 노력하여 대통령으로서의 직책을 성실히 수행할 것을 국민 앞에 엄숙히 선서합니다." 헌법 제69조가 정한 대통령 취임 선서다. 우리 헌법은 제4조에서도 "대한민국은 통일을 지향"한다고 못 박고 있다. "자유민주적 기본질서에 입각한 평화적 통일 정책을 수립하고 이를 추진한다"고도 적시했다. 역대 대통령 모두가 통일을 이야기하고 나름대로 노력했지만, 김대중 대통령만큼 민족공존과 평화유지 차원에서 남북 화해와 통일을 진심으로 열망하고 노력한 이는 없다.

　김대중 대통령은 대북 포용정책, 이른바 '햇볕정책'을 꾸준히 추진했다. 취임사에서부터 화해협력을 적극 추진하겠다고 밝혔다. 남북 간 경쟁과 대립 대신 공존·공영할 수 있는 다양한 협력을 추구했다. 1998년 4월에는 '남북경협 활성화 조치'를 발표해 민간기업 대북투자를 사실상 전면 허용했다. 남북교류 문호를 완전히 개방했다. 정주영 현대그룹 회장은 그해 6월과 10월 두 차례 소떼를 이끌고 방북했다. 정 회장은 김정일 국방위원장을 만나 남북경협사업에 새 기틀을 마련했다. 11월에는 금강산 관광을 시작했다. 남북관계에 훈풍이 돌았지만 마냥 평화롭지는 않았다. 한반도에서 군사긴장은 멈추지 않았다. 1999년 6월에는 서해에서 남북 해군이 맞싸우는 교전이 일어났다. 나중에 1차 연평해전으로 불린 군사충돌이었다.

위 연설은 이처럼 남북 간에 교류협력이 늘고 군사긴장은 지속하는 상황에서 나왔다. 2000년 3월 9일 김대중 대통령이 독일 베를린자유대학에서 한 연설, 이른바 '베를린 선언'이다. 제목은 "독일 통일의 교훈과 한반도 문제"이다. 김 대통령은 이 연설에서 민간 차원에서 해온 교류협력 성과를 바탕으로 정부 차원에서도 협력을 이끌어내 남북을 평화공존의 관계로 발전시키겠다는 의지를 밝혔다. 지구상 유일하게 남은 냉전지역 한반도에서 냉전질서를 끝내겠다는 선언이자 남북이 함께 화해와 협력을 통해 공동번영을 추구하는 시대로 나아가자는 호소였다.

베를린 선언의 배경에는 다음과 같은 사항들이 고려되었다. 첫째, 1980년대 후반부터 세계적 차원에서 냉전구조가 해체되고 사회주의 국가들이 시장경제체제로 전환되는 등 변화와 개혁의 탈냉전 국제질서가 성숙함에 따라 한반도 냉전종식에 긍정적인 외부환경이 조성되었다. 둘째, 대북화해협력정책의 일관성을 견지함으로써 남북 간 인적·물적 교류의 증가 추세가 지속되고, 경협이 활성화되는 등 단절과 대결의 남북관계가 화해·협력 방향으로 접근하는 추세이다. 셋째, 북한도 대결의 한계를 인식하고 경제난 극복을 위해 실용주의 정책을 추진하고 있는 상황이다. 넷째, 남북 간 평화와 화해협력에 대해 국제사회가 적극 지지하고 있다.[6]

이런 배경에서 김대중 대통령이 제시한 과제는 네 가지이다. ① 남북 경협을 통한 북한 경제회복 지원, ② 한반도 냉전종식과 남북 평화공존, ③ 이산가족문제 해결, ④ 남북 당국 간 대화추진이다. 통일 독일 한복판, 수도 베를린에서 국제사회에 이를 천명하고 북한에 동참을 촉구했다.

이런 의미를 지닌 연설이었으니 준비도 어느 때보다 훨씬 꼼꼼하고 철저했다.

나는 연설에서 이른바 '베를린 선언'을 했다. 연설문에 심혈을 기울였다. 박준영 대변인이 산고를 대신 설명했다.

"대통령께서 보름 동안 고심하여 완성한 것입니다. 혼과 의지, 정성이 담겨 있습니다."

---

6 손기웅, 2001, 〈베를린 선언의 의의와 과제〉, 통일연구원.

실제로 수없이 손질했다. 유럽순방 중에도 고쳤다. 북한의 입장을 고려하면서 생각을 거듭했다. 취임한 지 2년이 지났으니 이제는 서로 솔직해질 필요가 있었다. 이제까지는 '정경분리 원칙' 아래 민간 위주의 경협을 펼쳤다면 앞으로는 정부가 나서서 대북관계를 적극적으로 열어 나가겠다는 의지를 담았다.[7]

야당인 한나라당은 4·13 총선을 겨냥한 선언 아니냐며 의혹을 제기했다. 북한은 평양방송을 통해 "허튼소리"라고 했다. 그러면서도 "(남측이) 행동으로 변화를 보이면 민족의 운명을 놓고 협상할 것"이라고 여지를 남겼다. 비밀스런 대화가 바로 오가기 시작했다. 남쪽에서는 박지원 당시 문화관광부 장관이 특사로 움직였다. 송호경 조선아시아태평양평화위원회 부위원장을 같은 해 3월 17일부터 4월 8일까지 중국 상하이, 베이징에서 세 차례 만났다. 그리고 4월 10일, 남북은 정상회담을 열기로 합의했다고 발표했다

김대중 대통령은 2000년 6월 13일[8]부터 15일까지 김정일 국방위원장 초청으로 평양을 방문했다. 분단 55년 만에 첫 남북정상회담이었다. 그리고 6·15 남북공동선언을 이끌어냈다.

---

7 김대중, 2010, 《김대중 자서전 2》, 삼인.

8 남북은 애초 6월 12일 김 대통령이 방북하는 일정에 합의했지만, 회담 이틀 전 북한이 하루 연기하자고 요청했다. 임동원 당시 국가정보원장은 회고록 《피스메이커》(창비, 2015)에서 이렇게 술회했다. "북측은 '기술적 준비관계'로 불가피하게 하루 연기하자는 요청을 해왔고, 우리는 이를 수용했다. 그리고 우리는 이것을 '김정일 위원장이 공항 영접을 하겠다'는 신호로 받아들였다. 사실상 북한이 가장 신경 쓰는 것은 김정일 위원장의 신변 안전이었다. 김 위원장과 관련된 일정은 북한 내부에서도 끝까지 보안이 유지되는 것이 상례였고, 북측의 갑작스러운 일정 변경은 이례적인 것도 아니었다. 어쨌든 우리는 북측의 이러한 조심성을 존중하기로 했다."

조국의 평화적 통일을 염원하는 온 겨레의 숭고한 뜻에 따라 대한민국 김대중 대통령과 조선민주주의인민공화국 김정일 국방위원장은 2000년 6월 13일부터 6월 15일까지 평양에서 역사적인 상봉을 하였으며 정상회담을 가졌다. 남북 정상은 분단 역사상 최초로 열린 이번 상봉과 회담이 서로 이해를 증진시키고 남북관계를 발전시키며 평화통일을 실현하는 데 중대한 의의를 갖는다고 평가하고 다음과 같이 선언한다.

1. 남과 북은 나라의 통일문제를 그 주인인 우리 민족끼리 서로 힘을 합쳐 자주적으로 해결해 나가기로 하였다.

2. 남과 북은 나라의 통일을 위한 남측의 연합제 안과 북측의 낮은 단계의 연방제 안이 서로 공통성이 있다고 인정하고, 앞으로 이 방향에서 통일을 지향시켜 나가기로 하였다.

3. 남과 북은 올해 8·15에 즈음하여 흩어진 가족, 친척 방문단을 교환하며 비전향 장기수 문제를 해결하는 등 인도적 문제를 조속히 풀어 나가기로 하였다.

4. 남과 북은 경제협력을 통하여 민족 경제를 균형적으로 발전시키고 사회·문화·체육·보건·환경 등 제반 분야의 협력과 교류를 활성화하여 서로의 신뢰를 다져 나가기로 하였다.

5. 남과 북은 이상과 같은 합의 사항을 조속히 실천에 옮기기 위하여 빠른 시일 안에 당국 사이의 대화를 개최하기로 하였다.

김대중 대통령은 김정일 국방위원장이 서울을 방문하도록 정중히 초청하였으며, 김정일 국방위원장은 앞으로 적절한 시기에 서울을 방문하기로 하였다.

2000년 6월 15일
대한민국 대통령 김대중
조선민주주의인민공화국 국방위원장 김정일

통일문제를 스스로 해결하자고 선언했다. 남북이 내세운 통일방안에 공통성이 있음을 인정했다. 경제협력을 비롯한 교류 활성화에 합의했다. 통일이 성큼 다가오는 듯한 분위기였다. 어쩌면 우리 세대가 통일을 이룰 수 있겠다는 희망을 품었다. 물론 모두가 반기지는 않았다. 보수성향 전문가들은 특히 "우리 민족끼리 서로 힘을 합쳐 자주적으로" 통일문제를 해결하기로 한 합의내용을 문제 삼는다. 김대중 정부가 북한 통일전선정책에 말려들었다고 간주했다. 통일방안을 놓고도 김대중 정부가 북한 연방제 안을 수용했다고 비난했다.

그러나 정작 6·15 공동선언 2항은 남북이 서로 다르게 주장하던 통일방안을 처음으로 합의했다는 의미가 크다.

분단 이후 남북한은 통일문제의 정통성 확보를 위해 통일방안에 대해 치열한 공방전을 벌였다. 남한의 통일방안인 '민족공동체 통일방안'과 북한의 통일방안인 '고려연방제'는 통일 철학, 비전, 목표, 과정 등에 대해서 상이한 내용을 담고 있다. 6·15 공동선언 2항은 통일방안에 대해 남북한이 최초로 공식적으로 접합점을 모색했다는 점에서 의의가 있다. 남북한이 통일방안의 차이를 극복하고 공존과 협력을 제도화하는 방안을 모색한 것이다.

6·15 공동선언 2항은 "남측의 연합제 안과 북측의 낮은 단계의 연방제 안이 서로 공통성이 있다고 인정하고, 앞으로 이 방향에서 통일을 지향시켜 나가기로 하였다"고 명시하였다. 남북한이 최종 목표인 통일보다는 남북한의 이질성을 감안하여 현실적으로 중간 단계가 필요하다는 점을 공식적으로 인정한 것이다. [9]

---

9 박종철, "6·15 남북공동선언 20주년: 현재적 함의와 남북관계 개선 모색", 〈세종논평〉, 2020. 6. 12.

일부 이견이 있었음에도, 남북정상회담과 6·15 선언은 세상을 분명히 바꾸어 놓았다. 그해 8월 15일, 서울과 평양에서 이산가족이 만났다. 남북은 금강산 관광을 확대하고 개성공단 개발에 합의하는 등 경제협력을 확대해 나갔다. 경의선과 동해선 연결, 민간 통일운동 활성화 등을 통해 화해와 협력 체제를 갖춰 나갔다. 북미공동선언도 이어졌다. 울브라이트(Madeleine Albright) 미 국무장관이 방북해 김정일 위원장과 미사일 문제 등을 협의했다. 한반도에 위기가 걷히고 훈풍이 분 시기였다.

　　6·15 공동선언 정신은 2007년 제2차 남북정상회담에서 노무현 대통령과 김정일 위원장이 서명한 10·4 남북정상 선언으로 이어졌다. 이명박·박근혜 정부는 6·15 선언과 10·4 선언을 이어받지 않았으나, 문재인 정부가 2018년 4·27 판문점 선언과 9·19 평양공동선언으로 다시 계승했다.

　　문재인 정부에서 통일부 장관을 지낸 김연철 한반도평화포럼 이사장은 남북관계가 6·15 선언을 기준으로 '접촉이 없던 시대'와 '접촉의 시대'로 나뉜다고 평가했다. 1985년 한 번뿐이었던 이산가족 상봉이 6·15 정상회담 이후 꾸준히 이루어졌고, 장관급 회담을 비롯한 분야별 당국 간 대화가 체계로 자리 잡았음을 높이 샀다. 1989년 남북교역을 시작한 초기 2천만 달러에 못 미치던 남북교역 규모가 2002년 6억 달러에 이를 정도로 경제협력이 성장한 점도 큰 성과로 꼽았다. 또한 김대중 정부가 추진한 '대북 포용정책'은 대북정책이면서 '사실상의 통일'을 지향한다는 점에서 통일정책이라고 규정했다. 서독 브란트 정권이 추진했던 동방정책이 품은 기본 개념, 즉 '접근을 통한 변화'와 같은 개념

이라고 보았다.[10]

베를린 선언과 6·15 남북공동선언 뒤 20년 이상이 흐른 지금, 남북 관계와 한반도 정세는 순탄치 않다. 김대중 대통령이 추진한 햇볕정책이 무분별한 퍼주기였다는 비판도 있다. 북한을 변화하게 하고 평화와 공존을 유도하기는커녕 도리어 한반도에 위험을 키웠다는 지적까지 나온다. 김 대통령의 햇볕정책이 한반도 운명에 어떤 영향을 끼쳤는지, 정확한 평가는 먼 뒷날 몫으로 남기자. 다만 이것만은 분명하다. 김 대통령이 베를린에서 한 위 연설은 남북이 뜻을 모아 평화와 공존을 이룰 수 있음을 현실에서 보여 준 변화를 이끌어냈다. 우리 민족이 언젠가 이룰 평화통일로 가는 힘찬 첫걸음이 되었다.

---

10 김연철, "6·15 남북공동선언의 의미와 과제", 김대중 포럼 토론회, 2017. 6. 14.

3장

가 보지 않은 길, 대연정을 내비치다

존경하는 국회의장, 그리고 국회의원 여러분,

이 자리를 지켜보고 계신 국민 여러분.

이곳 민의의 전당에서 국민의 대표이신 국회의원 여러분을 모시고 국정운영에 관한 저의 소견을 말씀드리게 된 것을 영광스럽게 생각합니다.

사실 제가 운이 좋은 대통령이었다면 보다 많은 의원들을 여당으로 모시고, 첫 번째 국회 국정연설을 할 수 있었을 것입니다. 그것도 미래의 국가 청사진에 관해 말씀드릴 수 있었을 것입니다. 그러나 오늘 우리가 처한 상황은 그렇지 못합니다.

저는 이라크전 파병문제부터 말씀드리지 않을 수 없습니다. 많은 의원님들과 국민들이 파병을 반대하고 계십니다. 가장 큰 이유는 이번 전쟁이 명분이 없다는 것입니다. 명분이 있고 없음에 대해서 논쟁하고 싶은 생각은 없습니다. 또한 반대 명분 중에는 이번 전쟁에 우리가 파병을 할 경우 장차 미국이 북한을 공격하려 할 때 이를 반대할 명분이 없어진다는 주장도 있습니다. 이것은 명분론을 전제로 한 현실론인 것같이 보입니다.

그렇습니다. 명분은 중요합니다. 앞으로 세계질서도 힘이 아닌 명분에 의해서 움직여져야 합니다. 명분에 의해서 움직여 가는 시대가 와야 합니다. 그러나 유감스럽게도 아직은 명분이 아니라 현실의 힘이 국제정치 질서를 좌우하고 있습니다. 국내 정치에서도 명분론보다는 현실론이 더 큰 힘을 발휘하는 경우가 더 많습니다.

저는 명분을 중시해온 정치인입니다. 정치역정의 중요한 고비마다 불이익을 감수하면서도 명분을 선택해왔습니다. 그래서 때로는 지나치게 이상을 추구한다는 비판을 듣기도 했습니다. 심지어는 정치인으로서의 자질에 의심을 받기도 했습니다. 1990년 '3당 합당' 때도 그랬고, 1995년 통합민주당이 분당될 때도 그랬습니다.

지난 대통령 선거 때 정몽준 후보와 단일화가 이루어진 이후 정 후보는 공동정부를 요구해왔습니다. 그 당시 저를 돕던 많은 분들은 그 제안을 수용하라고 강력히 권고했습니다. 그렇게 하지 않으면 선거에 진다는 것이 그 이유였습니다. 그러나 저는 받아들이지 않았습니다. 차라리 저는 패배를 택하겠다고 대답했습니다. 목전에 승패가 갈라질 수 있는 절박한 상황이었지만 저는 명분을 선택했습니다.

그런 제가 이번에는 파병을 결정하고 여러분의 동의를 요청하고 있습니다. 저의 결정에 나라와 국민의 운명이 달려 있기 때문입니다. 저에게는 국민 여러분의 안전을 지켜야 할 책임이 있습니다.

대통령 선거에서 낙선하는 것은 제 개인의 문제이고, 더 나가더라도 동지들의 문제일 뿐입니다. 그러나 대통령이 된 지금 저의 선택은 제 개인의 선택일 수 없습니다. 그 결정에 나라의 운명이 달려 있기 때문입니다.

제가 대통령에 당선되었을 즈음, 미국의 여러 사람들이 수시로 대북공격 가능성을 언급하고 있었습니다. 그중에는 책임 있는 당국자들도 있었습니다. 제가 대북공격에 반대하면 한미공조가 흔들리고, 제가 한미공조를 위하여 대북공격을 찬성하면 곧 전쟁이 기정사실화될 수 있을 것만 같은 상황이었습니다.

전쟁만은 막아야 했습니다. 그래서 저는 공개적으로 반대 의사를 표명했습니다. 과거에도 여러 차례 한미 간에는 이견과 갈등이 있었지만 대화를 통해 이를 회복해온 경험이 있기 때문에 저는 이번에도 이견은 해소될 수 있는 것이라고 믿었습니다. 다행히 이견은 해소되었거나, 해소되어 가고 있습니다. 지금은 미국의 책임 있는 당국자 그 누구도 대북공격 가능성을 말하지 않습니다. 오히려 적극적으로 평화적 해결을 거듭 강조하고 있습니다.

지난 3월 29일 외교통상부 장관이 미국을 방문하였을 때, 콜린 파월(Colin Powell) 미 국무장관과 라이스(Condoleezza Rice) 안보보좌관은 "북한과 이라크는 상황과 조건이 다르기 때문에 북핵문제도 군사적인 수단을 사용하지 않고 외교적인 방법을 통해 평화적으로 해결하겠다"는 것을 재차 확인했습니다. 그러나 이제 겨우 발등의 불을 껐을 뿐이라고 생각합니다. 아직 위험은 남아 있습니다.

저는 생각하고 또 생각했습니다. 많은 전문가들의 조언도 들었습니다. 명분에 발목이 잡혀 한미관계를 갈등관계로 몰아가는 것보다, 오랜 동안의 우호관계와 동맹의 도리를 존중하여 어려울 때 미국을 도와주고 한미관계를 돈독히 하는 것이 북핵문제를 평화적으로 해결하는 길이 될 것이라는 결론을 내렸습니다.

존경하는 의원 여러분, 그리고 국민 여러분.

우리가 원하지 않는 한 한반도에서는 어떤 전쟁도 없을 것입니다. 우리와의 합의가 없는 한 미국은 북핵문제를 일방적으로 처리하지 않을 것입니다. 이 약속은 반드시 지켜질 것입니다.

저는 그동안 대등한 한미관계를 여러 차례 강조해 왔습니다. 그러나 대등한 한미관계는 국민의 생존이 안전하게 보장되었을 때 비로소 가능한 것입니다. 대등한 한미관계를 위하여 국민의 생존을 위협하는 결정을 한다면, 그것은 무모한 결정이 될 수도 있는 것입니다. 그래서 저는 당선자 시절부터 '선(先) 북핵 해결, 후(後) SOFA 개정'을 말해 왔습니다. 앞으로 대등한 한미관계를 위해서 지속적으로 노력해 나가겠습니다.

이라크 사태도 그 명분을 두고 많은 논란이 있습니다. 마찬가지로 북핵문제의 해결과정에서도 명분상의 논란이 있을 수 있습니다. 미국이나 국제사회도 명분에 따라서만 태도를 결정하지는 않을 수도 있습니다. 북핵문제의 평화적인 해결을 위해서는 무엇보다 굳건한 한미 공조가 중요한 것입니다.

저는 어려운 우리 경제도 생각했습니다. 저는 전쟁 가능성에 대한 불안이 우리 경제를 어렵게 하는 것이라고 생각하여 미국의 대북공격을 공개적으로 반대하기도 하고, 한반도에 전쟁이 없을 것임을 국제투자가들에게 누누이 강조했습니다. 그러나 많은 투자자들을 만나 본 결과, 그들은 제 생각과는 달랐습니다. 전쟁의 위험에 대한 현실적 가능성보다는 한미관계의 갈등요소를 더 큰 불안 요인으로 인식하고 있었습니다. 우리의 파병 결정은 이들의 불안을 해소하는 데 크게 기여하고 있습니다.

존경하는 국민 여러분.

마음을 하나로 모아 주십시오. 저를 믿고, 또 우리 국회를 믿고 힘을 모아 주십시오. 한반도의 평화는 반드시 지켜내겠습니다. 그리고 평화와 번영의 동북아 시대를 반드시 성공시켜 내겠습니다.

존경하는 의원 여러분.

결단을 내려 주시기 바랍니다. 용기 있는 결단을 내려 주시기 바랍니다. 여러분의 선택에 우리의 운명이 달려 있습니다. 대통령의 성의를 보고 결정할 문제가 아닙니다. 바로 여러분들이 국민의 대표로서 당당하게 소신을 가지고 국민의 운명을 결정해 주셔야 합니다.

존경하는 의원 여러분, 그리고 국민 여러분.

이제 경제문제에 대해서 말씀드리겠습니다. 우리 경제가 어렵습니다. 힘을 모읍시다. 우리가 합심하면 우리는 이 어려움을 충분히 이겨낼 수 있습니다. 우리는 이보다 더 큰 어려움도 여러 차례 이겨낸 경험을 가지고 있습니다.

저와 정부도 최선을 다하고 있습니다. 반드시 극복해 내겠습니다. 어렵다고 단기부양책을 쓰지는 않겠습니다. 1989년 말 6공 정부는 경기부양을 위해 막

대한 돈을 증권시장에 쏟아부었습니다. 이로 인해 집값, 전셋값이 폭등했습니다. 많은 직장인들이 서울에서 지방으로 밀려났습니다. 그마저도 감당할 수 없었던 사람들은 스스로 목숨을 끊기도 했습니다. 그리고 우리 경제의 체질은 나빠져 버렸습니다. 1993년 문민정부는 '신경제 100일 계획'이라는 이름을 내세우고 또다시 돈을 푸는 정책을 썼습니다. 그리고 5년 후 우리 경제는 IMF 위기라는 파탄을 맞고 말았습니다.

반면에, 1997년 외환위기 이후 국민의 정부는 구조조정과 개혁을 추진했습니다. 그 결과 우리 경제의 체질은 훨씬 더 튼튼해진 것이 사실입니다. 기업의 재무구조는 획기적으로 개선되었고, 상호지급보증의 고리도 끊어졌습니다. 더 이상 청와대나 실력자의 전화를 받고 대출해 주는 은행도 없어졌습니다.

바꿔진 체질을 바탕으로 우리 경제는, 지난해까지 중국 다음으로 세계에서 가장 높은 경제성장을 이룩해왔습니다. 불경기로 아우성쳤던 2001년조차도 3.1%의 성장을 기록했습니다. 이것은 우리와 경쟁하고 있는 동아시아 국가들이 마이너스 성장을 기록한 것에 비하면 괄목할 만한 성과입니다. 무역수지 흑자 행진도 계속되었습니다.

경제의 건강성도 상당히 좋아졌습니다. 'SK글로벌 회계부정 사건'이 발생했음에도, 큰 충격 없이 극복해 나가고 있습니다. 만일 그렇지 않은 상황에서 'SK글로벌 사건'과 같은 일이 일어났다면 또다시 우리 경제를 주저앉게 했을지도 모릅니다. 경제는 원칙과 일관성이 중요합니다. 개혁은 계속되어야 합니다.

세계 경제의 침체와 이라크전쟁이 우리 경제를 어렵게 하고 있습니다. 북핵 문제도 어려운 경제를 더욱 어렵게 하고 있습니다. 국내적으로도 가계부채의 부실로 인한 금융불안과, 소비위축으로 인한 수요부족이 우리 경제를 어렵게 하고 있습니다. 국민의 정부가 2001년 불경기를 극복하기 위하여 개혁의 고삐를 늦추고, 심지어 부동산 경기를 부추기기도 하고, 무분별한 가계대출의 확대를 방치했던 결과입니다.

그러나 국민 여러분, 너무 걱정하지 마십시오. 정부는 이미 대책을 세워 놓고 있습니다. 부동산시장은 안정돼 가고 있습니다. 'SK글로벌 사건'이 큰 충격을 주었지만, 금융기관과 정부가 협력하여 대처한 결과, 금융시장은 이제 안정돼 가고 있습니다. 그래도 혹시 있을지 모르는 금융시장의 위기에 대비하여 정부는 제2, 제3의 방어벽도 마련해 두고 있습니다. 어려움은 반드시 극복될 것입니다.

존경하는 의원 여러분.

앞서 말씀드린 대로, 그동안 우리 경제는 많은 개혁을 이루어왔습니다. 그러나 'SK글로벌 사건'에서 보듯이 아직 충분하지 않습니다.

무엇보다도 투명성을 더욱 높여야 합니다. 이제는 '이중장부'의 시대는 아닙니다. 시장이 이를 용납하지 않습니다. '이중장부'를 가지고는 세계시장에서 경쟁할 수 없습니다. 증권 관련 집단소송제를 조기에 도입하고, 기업회계제도를 국제기준에 맞게 개선해 나가야 합니다.

지배구조의 개선도 필요합니다. 지금과 같은 불합리한 지배구조로는 합리적인 의사결정이 어렵습니다. 비효율적인 투자를 유발하고 종국에는 경제를 위험에 빠뜨릴 수도 있습니다. 사외이사제도의 내실화를 기하는 방안을 강구할 필요가 있습니다. 불공정한 거래관행도 아직 남아 있습니다. 시장지배력이 남용되거나 약자와 이해관계자의 권익이 부당하게 침해되어서는 안 됩니다. 부당내부거래를 지속적으로 시정해 나가겠습니다.

참여정부는 지속적인 개혁을 통해서 투명하고 공정한 시장을 만들어 나갈 것입니다. 제도를 개혁하고, 또 현실과 제도에 괴리가 있을 때는 현실을 제도에 맞춰 나가야 합니다. 이러한 개혁은 지속되어야 합니다. 다만, 몰아치기 수사나 특정 기업에 대한 표적 수사는 하지 않겠습니다.

경제계와 학계의 의견을 충분히 수렴하고 향후 3년 정도의 계획을 세워서 시장개혁을 차근차근 추진해 나가겠습니다. 보통의 기업이 성의 있게 노력하면 감당할 수 있는 속도로 개혁을 추진해 나가겠습니다. 다만, 'SK글로벌 사건'과 같이 시장에서, 또는 일상 업무의 과정에서 적발된 위법 사실에 대해서는 법과 원칙대로 처리해 나가겠습니다. 자연스럽게 노출된 사건을 억지로 덮을 수는 없는 것입니다.

저의 임기 말에는 선진국 수준의 투명하고 공정한 시장을 만들겠습니다. 현재 40위인 투명성지수(TI) 순위를 아시아 최고 수준인 20위권으로 반드시 올려놓겠습니다.

우리 경제가 지속적으로 발전하기 위해서는 투자가 지속적으로 늘어나야 합니다. 투자가 늘어나기 위해서는 시장이 넓어져야 하고, 시장을 넓히기 위해서는 우리 상품의 기술경쟁력이 높아져야 합니다. 시장은 상품의 경쟁력에 의해서 만들어지는 것입니다. 핵심은 기술혁신입니다.

이제 제2의 과학기술 입국이 필요합니다. 저는 이 같은 신념으로 산업기술과 원천기술, 기반기술은 물론, 기초과학에 이르기까지 과학기술을 골고루 발전시켜 나가겠습니다. 이를 토대로 세계 10위권의 경제강국을 반드시 이루어내겠습니다. 기술개발의 주체는 곧 사람입니다. 인재양성이 기술개발의 핵심입니다. 고급 과학기술 연구인력은 물론, 산업현장에 바로 투입할 수 있는 기술인력 양성을 적극 추진해 나가겠습니다.

산학연 연계체제도 더욱 내실 있게 갖춰 가겠습니다. 그래서 과학과 기술이 그 자체의 발전에 머물지 않고 산업경쟁력을 높이는 동력이 될 수 있도록 하겠습니다.

노사문화도 이제 달라져야 합니다. 불신과 대결의 노사관계를 가지고는 더 이상 앞으로 나아갈 수 없습니다. 대화와 타협의 노사문화를 가꾸어 나가야 합니다. 이제는 노동조합도 파업과 투쟁을 결정하기 전에, 먼저 대화와 타협을 위해 노력해야 합니다. 대화와 타협을 위해서는 노사 간의 신뢰가 중요합니다. 신뢰의 첫 번째 조건은 투명성입니다. 기업은 경영정보를 투명하게 공개하고 대화에 나서야 합니다.

정부도 노력하겠습니다. 공권력으로 문제를 해결하기 전에, 대화와 타협이 이루어지도록 적극적으로 중재하고 조정해 나가겠습니다. 갈등을 조정하는 것은 정부가 해야 할 본연의 임무입니다. 정치가 해야 할 의무입니다.

경제가 어려워지면 맨 먼저 서민들이 고통을 받게 됩니다. 집값, 전셋값은 반드시 안정시키겠습니다. 이 문제만큼은 대통령인 제가 의지를 가지고 직접 챙겨 나가겠습니다. 사교육비 문제도 해결해 나가겠습니다. 학교에서 열심히 공부하면 좋은 대학에 갈 수 있도록, 공교육의 질을 높이겠습니다. 또 어느 대학을 나와도 성공할 수 있도록 우리 사회를 개혁해 나가겠습니다.

저는 앞서, 시장개혁을 말씀드렸습니다. 그러나 시장개혁만으로 시장은 개혁되지 않습니다. 시장은 우리의 일상생활 속에 있습니다. 일상생활 속의 생각과 행동이 달라져야 시장이 달라지는 것입니다. 투명하고 공정한 시장을 위해서는 투명하고 공정한 사회문화가 먼저 정착되어야 합니다.

반칙과 뒷거래가 성공하고, 특혜와 이권이 통하는 사회에서는 시장이 바로 설 수 없습니다. '원칙과 신뢰', '투명과 공정', '분권과 자율', '대화와 타협'을 저는 국정원리로 강조하고 있습니다. 이러한 가치들이 우리의 일상생활 속에 뿌리내릴 때, 비로소 진정한 시장개혁이 이루어질 것입니다.

건강한 사회, 상식이 통하는 사회가 되어야 합니다. 건강한 사회가 되기 위해서는 먼저 정부와 정치가 개혁되어야 합니다.

존경하는 의원 여러분

저는 정치개혁을 말하기 전에 대통령인 저부터 솔선수범 하겠습니다.

이제 대통령의 초법적인 권력행사는 더 이상 없을 것입니다. 국가정보원, 검찰, 경찰, 국세청, 이른바 '권력기관'을 더 이상 정치권력의 도구로 이용하지 않겠습니다. 저는 이들 권력기관을 국민 여러분께 돌려드리겠습니다. 더 이상 정치사찰은 없을 것입니다. 표적수사도 없을 것입니다. 도청도 물론 없을 것입니다. 야당을 탄압하기 위한 세무사찰도 없을 것입니다. 이제 권력을 위한 권력기관은, 국민을 위한 봉사기관으로 거듭날 것입니다.

또 이미 밝혔듯이, 감사원의 회계감사 기능을 국회로 이양하겠습니다. 그렇게 하면 국회의 감사기능와 정책역량이 향상될 것입니다. 국회의 감사역량이 더욱 개선되면 결국 행정의 투명성도 제고될 것입니다.

권력기관뿐 아니라 일반 공직사회도 개혁하겠습니다. 개혁의 전담기구를 두고 일상적인 개혁이 이루어지도록 해 나가겠습니다. 공직사회의 효율성을 높여 국민에 대한 봉사 수준을 높여 나가겠습니다. 재정제도도 투명성과 효율성을 높여 나가겠습니다.

공직사회의 개혁을 말하면 사람들은 부처의 통폐합과 구조조정을 머릿속에 떠올립니다. 그러나 저는 작은 정부를 말하지 않았습니다. 저는 작은 정부가 아니라 효율적인 정부라야 한다고 생각하고, 또 그렇게 말해 왔습니다. 효율성을 높여 공무원들이 이전보다 두 배 더 국민들에게 봉사하도록 하겠습니다. 저는 공무원이 개혁의 주체가 돼서 공직사회를 스스로 개혁하도록 유도해 나가겠습니다. 공무원 스스로 무엇을 개혁할 것인가를 찾고 개혁을 주도해 나가시기 바랍니다. 개혁을 위해 적극적으로 노력하는 공무원에게는 더 많은 기회가 주어질 것입니다. 낡은 기득권에 안주하는 공무원은 낙오할 것입니다.

존경하는 의원 여러분.

우리 정치는 많이 달라지고 있습니다. 지난 대통령 선거에서 여야 모두 이전과는 비교할 수 없을 만큼 적은 비용으로 선거를 치렀습니다. 그것도 비교적 투명하게 치러냈습니다. 놀라운 변화가 아닐 수 없습니다.

이젠 정당이 달라질 차례입니다. 정당을 당원들에게 돌려줘야 합니다. 이미 각 정당들이 상향식 공천제도를 채택했습니다. 그러나 지구당 위원장 스스로가 임명한 대의원들이 다시 자신을 선출하는 시스템으로는 진정한 의미의 상향식 공천이라고 말하기 어려울 것입니다.

권리와 의무를 다하고 적극적으로 참여하는, 자발적인 당원들을 확보하고 그 당원들에 의해서 상향식 공천이 이루어져야 합니다. 그러나 그렇게 되기까지는 상당한 시간이 필요할 것입니다. 그동안에는 국민들이 참여하는 국민공천제도의 도입을 제안드립니다. 의원 여러분들께서 결심하시면 할 수 있는 일입니다.

　정치자금은 더 투명해져야 합니다. 아울러 제도는 합리적으로 보완되어야 합니다. 현행 정치자금 제도로는 누구도 합법적으로 정치를 하기 어렵게 되어 있습니다. 예를 들면, 당대표나 후보경선을 위한 선거자금 제도, 그리고 지방자치선거에 나서는 후보자를 위한 정치자금 제도는 마련되어 있지 않습니다. 이렇게 부실한 제도를 만들어 놓고는 투명한 정치를 할 수 없습니다.

　아울러 뜻있는 젊은이들이 친구나 친지들로부터 도움을 받아 떳떳하게 정치에 입문하고 출발할 수 있는 길도 열어 줘야 합니다. 현역 의원이나 지구당위원장이 아니면 후원금을 모금할 수 없는 현행 제도로는 합법적으로 정치자금을 마련할 길이 없습니다.

　따라서 현역 의원이나 지구당위원장이 아닌 사람도 상식에 벗어나지 않는 수준에서 후원금을 모을 수 있고, 또 그 일부를 최소한의 생계자금으로 사용하는 것까지도 허용해야 합니다. 정치하는 사람에게 '뭐 먹고사느냐?'고 물었을 때, 확실한 부업을 가진 경우 말고는 답변하기가 난감합니다. 그것이 우리 정치 현실 아닙니까, 국민들께 솔직히 말씀드리고 제도를 개선해 나가야 합니다.

　지역구도는 반드시 해소되어야 합니다. 지역구도를 이대로 두고는 우리 정치가 한 발짝도 앞으로 나갈 수 없습니다. 내년 총선부터는 특정 정당이 특정 지역에서 3분의 2 이상의 의석을 독차지할 수 없도록 여야가 합의하셔서 선거법을 개정해 주시기 바랍니다. 이러한 저의 제안이 내년 17대 총선에서 현실화되면, 저는 과반수 의석을 차지한 정당 또는 정치연합에 내각의 구성 권한을 이양하겠습니다.

　이는 대통령이 가진 권한의 절반, 아니 그 이상을 내놓는 결과가 될 것입니다. 많은 국민들이 요구하는 분권적 대통령제에 걸맞은 일이기도 합니다. 헌법에 배치된다는 지적도 있습니다만, 국무총리의 제청을 받아 대통령이 국무위원을 임명하는 현행 제도 아래서, 국무총리의 제청권을 존중하면 가능한 일입니다.

나라의 장래를 위해서 충심으로 드리는, 저의 간곡한 제안입니다. 받아들여 주시면 좋겠습니다.

존경하는 의원 여러분, 그리고 국민 여러분.
많은 사람들이 언론개혁을 얘기하고 있습니다. 그러나 정부가 나서서 할 수 있는 일은 없습니다. 할 수 있는 일이 있다면 오로지 언론과의 부당한 유착관계를 끊는 일뿐입니다. 물론 언론개혁과는 별개의 문제입니다. 정부가 하는 일은 사실 그대로 국민들에게 전달되어야 합니다. 정부가 한 일이 잘못 전달되었을 때 정부는 이것을 바로잡아야 합니다. 이것은 권리이자 의무입니다.

정부는 부당한 왜곡보도에 대해서는 원칙에 따라 대응해 나갈 것입니다. 오보에 대해서는 정정보도와 반론보도 청구로 대응하고, 경우에 따라서는 민형사상의 책임도 물어나갈 것입니다. 거듭 말씀드리지만, 이것은 정부의 정당한 권리입니다. 결코 쉬운 일이 아니고 어려운 일입니다. 그러나 반드시 해내겠습니다.

정부 부처의 사무실 방문취재를 제한한 것에 대해서도 논란이 있습니다. 국민의 알 권리와 언론의 취재 권리도 중요하지만 공무원들이 안정되게 일할 권리도 보호되어야 합니다. 열심히 일하고 있던 공무원들이 사무실에 들어오는 기자를 보고 허겁지겁 서류를 감추는 모습은 자연스럽지 않습니다. 결코 보기 좋은 모습도 아닙니다. 어느 선진국도 사무실 출입을 무제한으로 허용하는 경우는 없습니다. 또한 아직 정책으로 확정되지 않은 서류나 문건이 유출되어 그것이 마치 국가의 정책인 양 국민들을 혼란스럽게 하는 일도 되풀이되어서는 안 됩니다.

그러나 그렇다고 하여 자유로운 취재활동을 제한하지는 않도록 하겠습니다. 언제라도 취재를 위하여 요청하면 업무에 지장이 없는 범위 안에서 자유롭게 공무원을 만날 수 있도록 하겠습니다. 취재 시에 반드시 공보관을 거쳐야 한다거나, 공무원이 이를 일일이 신고해야 하는 제한은 두지 않겠습니다. 그것은 공무원의 자율에 맡기겠습니다. 새로 시작하는 일이라 약간의 시행착오도 있을 것입니다. 그러나 선의를 가지고 원칙대로 해 나가겠습니다.

이러한 조치는 언론개혁도, 언론탄압도 아닙니다. 굳이 설명한다면, 정부와 언론관계, 그리고 불합리한 취재관행을 정상화하는 것이라고 말씀드릴 수 있을 것입니다. 앞으로 정부는 정도를 걸어갈 것입니다. 간곡히 부탁드립니다. 언론도 정도로 가 주시기 바랍니다.

언론은 또 하나의 권력입니다. 견제받지 않는 권력입니다. 견제받지 않는 권력은 위험합니다. 더욱이 몇몇 언론사가 시장을 독과점하고 있는 상황에서는 더더욱 그렇습니다. 저는 여기서 지난날 몇몇 족벌언론들의 횡포를 다시 말씀드리지는 않겠습니다. 일제강점기와 군사정권 시대의 언론행태를 거듭 들추지도 않겠습니다. 그러나 그동안 대통령 선거 때마다 되풀이되었던 언론의 편파적인 보도에 대해서는 한마디 하지 않을 수 없습니다. 군사정권이 끝난 이후에도 몇몇 족벌언론은 김대중 대통령과 국민의 정부를 끊임없이 박해했습니다.

저 또한 부당한 공격을 받아왔습니다. 그 피해는 이루 다 말할 수가 없습니다. 그리고 그 고통은 아직 끝나지 않았습니다. 많은 사람들이 '5년 뒤에 국민의 칭송을 받는 성공한 대통령이 되라'고 저에게 당부합니다. 그러나 이러한 언론 환경하에서 과연 그것이 가능한 일일까 스스로 회의하고 있습니다.

저는 이 자리에서 그 언론들에게 간곡히 제안합니다. 개인이나 집단이나 생각이 다를 수 있습니다. 진보도 있을 수 있고, 보수도 있을 수 있습니다. 그러나 이제 세상은 달라지고 있습니다. 공존할 줄 아는 보수, 공존할 줄 아는 진보의 시대로 가야 합니다.

더 이상 생각이 다른 사람이나 집단을 타도의 대상으로 삼아서는 안 됩니다. 더 이상 불행한 역사가 계속되어서는 안 됩니다. 서로 반대하고 싸우더라도 민주주의 규범과 원칙에 따라서 정정당당하게 싸우고 경쟁해야 합니다. 결코 지나친 요구가 아닐 것입니다. 정도로 갈 것을 요구하는 것일 뿐입니다.

존경하는 의원 여러분!

요즈음 파병문제를 놓고 국회가 논란을 거듭하는 것을 보고, 많은 국민들은 대통령이 장악력이 없는 것 아니냐는 우려를 하고 있습니다. 이제 대통령이 국회의원에게 지시하던 시대는 지났습니다. 그런 시대가 계속되어서도 안 됩니다. 저는 국회를 존중하고 의원 개개인을 존중하는 대통령이 되겠습니다. 설사 힘없는 대통령이란 말을 듣더라도 국회를 장악하거나 지시하는 대통령이 되려는 시도도 하지 않겠습니다.

국회의원 여러분께서도 비판할 때는 비판하고 힘을 모아야 할 때는 힘을 모아 주시는, 성숙한 모습으로 협력해 주시기 바랍니다. 대통령의 권력을 제한하는 문제에 있어서는 신식 기준을 제시하고, 어려운 문제를 처리하는 과정에서는 과거 대통령이 막강한 권력으로 국회를 지배하던 때로 회귀하려는 듯한, 이중의 잣대가 적용돼서는 안 될 것입니다.

파병문제로 여야 간 특검법안 개정 협상이 지연되고 있습니다. 조속히 마무리지어 주시길 간곡히 부탁드립니다. 상대가 누구이든 외교상의 신뢰와 약속은 지켜져야 합니다. 남북 대화가 우리 측 사정으로 지장을 받아서도 안 됩니다. 한·칠레 FTA 비준과, 「자유무역협정 체결에 따른 농어업인 등의 지원에 관한 특별법」의 제정에도 각별한 관심을 가져 주실 것을 당부드립니다.

우리 함께 협력해서 국민들에게 봉사합시다.

경청해 주셔서 감사합니다.

2003년 봄, 참 시끄러웠다. 기적 같은 경선승리와 후보사퇴 압력, 야권후보 단일화와 선거직전 단일화 철회파동, 어느 하나 순탄치 않았다. 난관은 노무현 대통령 당선과 취임 뒤에도 그치지 않았다. 야당인 한나라당이 국회 과반의석을 차지한 상황이었다. 한나라당은 대통령 취임 바로 다음 날 대북송금 특검법안을 단독 처리했다. 거부권을 행사해야 한다는 의견도 많았지만 노 대통령은 거부권을 행사하지 않았다. 김대중 정부 햇볕정책을 계승한다면서도 그 대북정책을 정면으로 겨눈 특검을 수용했으니 파장이 당연했다. 노 대통령이 속한 여당 민주당 안에서도 반발이 컸다. 노무현 대통령에게는 우군이 별로 없었다.

이런 와중에 미국은 이라크에 군대를 보내라고 요청했다. 미국은 이라크가 알카에다와 연계되었고 대량살상무기를 숨기고 있음을 내세워 전쟁을 일으켰다. 조지 W. 부시(George W. Bush) 대통령이 노무현 대통령에게 직접 전화를 걸어 파병을 요청했다. 찬반이 격하게 맞섰다. 보수세력은 한미동맹과 우호를 위해 파병이 당연하다고 주장했다. 노 대통령 우군이라 할 진보세력은 명분 없는 전쟁에 참여해서는 안 된다고 파병에 반대했다. 노무현 대통령은 파병하기로 결정했다.

위 연설문은 노무현 대통령이 이라크 파병동의안 처리를 앞둔 국회 본회의에서 한 연설 전문이다. "임기 첫해, 대통령이 고통스러워했던 결정"[1]이었음이 잘 드러난다. 가뜩이나 '반미 대통령'이란 공격을 받던 터였다. 미국이 북한을 폭격할 우려가 있다는 말이 나오던 상황이었다. 여러 상황 속에서 다른 수가 없는, 그 시점에서는 그나마 가장 현명한 결정이었을지 모른다. 그랬음에도 나중엔 노 대통령 스스로도 옳지 않았다며 이렇게 회고했다.

이라크 파병은 옳지 않은 선택으로 역사에 기록될 것이다. 당시에도 그렇게 생각했고 지금도 그렇게 생각한다. 옳다고 믿어서가 아니라 대통령을 맡은 사

---

1 문재인, 2011, 《문재인의 운명》, 가교.

람으로서는 회피할 수 없는 선택이라서 파병한 것이다. 때로는 뻔히 알면서도 오류의 기록을 역사에 남겨야 하는 대통령 자리, 참으로 어렵고 무거웠다.[2]

노 대통령은 이 연설에서 급선무인 파병문제 말고도 여러 현안을 거론했다. 그중에서도 선거법 개정을 촉구하면서 대통령 권한을 나누겠다는 언급에 특히 주목할 필요가 있다. 이 연설을 노 대통령 연설 가운데 가장 주목할 만하다고 꼽은 이유가 바로 이것이다.

노무현 대통령이 내세운 주요 가치 중 하나는 지역주의 타파다. 특정 정당이 특정 지역을 기반으로 강력한 힘을 발휘하는 지역정당 구도를 없애야 한다는 소신이 있었다. 서울 종로를 떠나 부산으로 지역구를 옮겨 '바보 같은' 도전을 할 때부터 문제의식이 분명했다. 우리 정치발전을 위해 1등만 살아남고 나머지 표는 모두 무용지물이 되는 소선거구제를 깨트려야 한다고 보았다. 대통령 당선 이후 고민이 더 깊어진 듯하다. 야당이 과반인 국회와 더불어 국정을 어떻게 이끌어갈지도 힘겨운 과제였다. 노 대통령은 그래서 프랑스식 동거(同居) 정부를 공부하고 생각했다고 한다.

이 연설은 그 결과를 드러낸 첫 발언이다. 뒷날 다시 내놓는 '대연정' 구상이 여기서 비롯한다. 다시 보자.

내년 총선부터는 특정 정당이 특정 지역에서 3분의 2 이상의 의석을 독차지할 수 없도록 여야가 합의하셔서 선거법을 개정해 주시기 바랍니다. 이러한 저의 제안이 내년 17대 총선에서 현실화되면, 저는 과반수 의석을 차지한 정당 또는 정치연합에 내각의 구성권한을 이양하겠습니다.

---

2 노무현재단 엮음·유시민 정리, 2010, 《운명이다: 노무현 자서전》, 돌베개.

여야 상관없이 다수 정당이 내각을 구성하도록 자기가 가진 대통령 권한을 대폭 나누겠다는 말이다. 그 대신 국회가 독일식 권역별 비례대표제나 중대선거구제로 선거구제를 바꿔 달라는 조건을 붙였다. 선거제도 개혁이라는 목적을 위해 대통령 권력을 수단으로 내놓은 셈이다. 취임한 지 두 달도 채 되지 않은 시점에서 권한을 넘기겠다고 제안할 정도로 노무현 대통령에게는 선거제도 개편이 중요하고 소중한 문제였다. 하지만 별다른 반향이 없었다. 당시 이 제안을 주목한 이가 거의 없었다. 흘러듣고 넘겼다.

그래도 노 대통령은 이 구상을 더 벼리고 틈나는 대로 실행하려 했다. 원래 이듬해인 2004년 총선 이후에도 공식 제안할 생각이었다고 한다.

그런데 총선을 불과 한 달 앞두고 예기치 못했던 탄핵을 당했다. 탄핵 이야기는 취임 직후부터 나왔다. 그래서 야당들이 대통령을 압박하려고 그런 말을 하는 것이지 정말로 탄핵을 발의하고 의결할 생각이 있다고 보지는 않았다. 그런데 실제 그 일이 일어났다. 탄핵사건이 없었다면 2004년 제17대 총선은 야당이 이겼을 것이다. 열린우리당이 100석을 확보하기도 어려웠을 것이다. 그랬다면 나는 선거구제 변경과 권력 분점을 두고 야당에 협상을 제안했을 것이다. 야당 다수연합이 총리를 세우고 내각을 구성해 내치(內治) 분야를 맡고 대통령은 외교와 국방 분야만 맡는 프랑스식 동거정부가 만들어질 수도 있었다고 생각했다.[3]

---

3 위와 같은 책.

협상할 기회를 잃은 노무현 대통령은 1년 뒤 다시 구상을 가다듬는다. 2005년 4월 재보궐선거에서 열린우리당이 참패해 국회가 다시 여소야대로 뒤집힌 뒤였다. 노무현 대통령은 국면 극복을 위해 '대연정' 구상을 내놓았다. 지역구도를 해소하고 대화와 타협의 정치문화를 만드는 데 필요하다면 권력을 통째로 내놓겠다고 했다. 대연정 제안은 실패했다. 야당인 한나라당과 민주당은 무슨 술수, 투명하지 않은 노림수라고 보았다. 대응조차 하지 않았다. 여당인 열린우리당 의원들과 지지자들도 어리둥절했다. 지지하지 않았다.

노 대통령에 이어 열린우리당 문희상 의장도 한나라당과 연정 가능성을 언급한 뒤 여당 의원들은 혼란스러워하는 모습이었다.

노 대통령과 문 의장에 대한 우리당 의원들의 불만은 여러 각도에서 터져 나오고 있다. 우선 우리당 의원들은 실현가능성이 없는 연정, 특히 한나라당과의 연정 제안이 민심과 거리가 먼 정치공학적 접근이라는 점에서 노 대통령과 문 의장 발언의 의도를 파악하기 어렵다는 반응이다.

원내 주요직을 맡고 있는 한 재선의원은 "솔직히 말해 뭐가 어떻게 돌아가는지 모르겠다"면서 고개를 저었고, 한 초선의원은 "정치를 장난으로 하려는 건지 의심스럽다"고 했다. 다른 초선의원은 "정말로 문 의장이 한나라당과의 연정을 구체적으로 얘기했느냐?"며 반문했다. 한 의원은 "연정의 이유로 여소야대를 얘기하는데 146석이 적은 의석인가?"라며 "지난해 과반의석을 갖고 있을 때도, 민심과 멀어지면 아무것도 못한다는 것을 느꼈지 않느냐?"고 했다.

'한나라당과의 연정' 제안 이후 야당의 반응은 더욱 싸늘해졌다. 한나라당 박근혜 대표는 12일 "지금은 경제 살리기에 매진해야 할 때다. 그런데 (여당은) 연정이니 권력구조 개편이니 이런 얘기만 매일 하고 있다"고 했다. 고민을 거듭하던 민노당도 12일 "대통령의 연정 제안은 검토할 가치가 없다. 연정은 정치적 수사에 불과하다"며 싸늘하게 돌아섰다.[4]

연정 제안과 시도는 무참히 실패했다. 말을 꺼낸 노무현 대통령은 속된 말로 본전도 못 찾고 그냥 접어야 했다. 선거제도 개편을 미래 과제로 남긴 셈이 되었다. 우리 정치권은 그 숙제를 지금까지도 마치지 못했다. 지역을 기반으로 한 양당 구도가 끼치는 폐해를 부정하는 이는 없다. 그 두 거대 정당도 겉으로는 개편 필요에 공감한다. 그러면서도 실천은 하지 않는다. 기득권을 내려놓지 않는다. 국회는 문재인 정부 때에 이르러서야 겨우 선거법 관련 내용을 바꿨다. 연동형 비례대표제도 아닌 준연동형 비례대표제라는 누더기 선거제도를 폭력을 주고받는 소동을 거치고서야 겨우 처리했다.

그마저도 두 거대 정당이 앞서거니 뒤서거니 위성정당을 만들어 무력화했다. 꼼수를 쓰고도 사과 한마디, 미안한 기색 하나 없었다. 양당제는 오히려 더 강력해졌다.

거대 양당이 더불어시민당과 미래한국당이라는 위성정당을 만들지 않았다면 제21대 총선(2020년) 결과는 어땠을까. 실제 선거에서는 비례대표 후보를 내지 않은 민주당과 미래통합당(현 국민의힘)이 위성정당을 만들지 않고 비례대표 후보를 직접 낸 것으로 가정하고, 21대 총선 결과를 토대로 시뮬레이션을 해봤다.

---

4 신창훈, "문희상 의장 '한나라당과도 연정' 제안에 여 의원들 심리적 공황 상태", 〈내일신문〉, 2005. 7. 13.

결과는 민주당 169석(실제 의석수 180석), 미래통합당 99석(103석), 정의당 13석(6석), 국민의당 8석(3석), 열린민주당 6석(3석)으로 나왔다. 비례 의석 47석을 모두 준연동형으로 배분하는 것이 아니라 30석만 준연동형으로 배분하고(30석 '캡' 조항) 나머지 17석은 기존처럼 병립형으로 배분하는 '한계'가 있는 방식이었지만, 기존 제도보다 비례성이 개선되는 결과가 나왔다. '위성정당 효과'로 거대 양당(더불어시민당 +11석, 미래한국당 +4석)이 소수정당(정의당 -7석, 국민의당 -5석, 열린민주당 -3석)에 돌아갈 비례 의석이자, 준연동형 배분 의석(30석) 중 절반인 15석을 가져간 셈이다.[5]

이런 결과에 대해 원조 친노로 꼽히는 유인태 전 국회 사무총장은 "그나마 어렵게 만들었던 연동형 비례대표제가 양당이 (위성정당을 만드는) 천벌 받을 짓을 해서 개차반이 됐었다"라고 호되게 평했다.

민의를 제대로 반영하고, 지역이 맞서는 구도에서 벗어나 정책이 중심인 대화하고 타협하는 정치. 노무현 대통령이 꾸었던 꿈을 대한민국 정치에서 언제나 현실로 보게 될까.

---

5 김규남, "위성정당 효과 시뮬레이션해 보니 민주·국힘 '+15석'", 〈한겨레 21〉, 2021. 11. 19.

4장

행정수도, 역부족이었나 미숙함이었나

1975년 사법연수원에 다니던 시절이었습니다. 어느 날 서울시 도시계획국장을 지냈던 손정목 씨가 도시학이라는 생소한 이름의 강의를 한 일이 있습니다. 도시의 내력에 관한 여러 가지 새로운 이야기에 걸쭉한 입담까지 곁들여진 재미있는 강의였습니다. 그중 아직까지 잊히지 않고 무슨 일이 있을 때마다 떠오르는 인상적 이야기 하나가 있습니다.

"많은 사람들이 '서울은 만원이다. 서울 집중은 막아야 한다. 서울의 인구 집중을 유발하는 중요 기관은 지방으로 보내야 한다'고 말하지만, 막상 '당신이 가겠느냐?'고 물으면 이야기는 달라진다. 말하는 사람 대부분이 힘깨나 쓰는 사람들이고 그 사람들의 생각은 '나는 빼고 다른 사람들이나 보내라'는 것이다."

대강 이런 내용이었습니다. 당시 그 말의 취지가 서울의 분산을 찬성하는 것이었는지 반대하는 것이었는지는 잘 알 수 없었지만, 어쩐지 나는 그 말이 오랫동안 잊히지 않았습니다.

1977년 대전지방법원에 초임판사로 발령을 받았을 때 대전은 행정수도 바람으로 들떠 있다가 거품이 빠지면서 해약소송이 물밀 듯 밀려들어 계약해제에 관한 법리공부를 열심히 했던 기억이 있습니다. 그리고 1978년 초 연두 기자회견에서 박정희 대통령이 행정수도 건설계획을 발표했습니다.

이 당시 나는 행정수도에 그다지 큰 관심을 갖고 있지 않았지만, 서울 집중의 폐해에 관해서 훨씬 이전부터 많은 문제제기가 있었으므로 그저 좋은 일로만 생각했습니다. 여론도 별로 반대가 없었던 것으로 알고 있습니다.

그때 나는 주말이 되면 경남 진영에 살고 계시는 어머니를 뵈러 대전과 부산을 자주 왕래하던 터라 기차를 탈 때마다 행정수도가 대전 부근에 오면 가까워져서 좋겠다는 생각을 하며 은근한 기대를 갖기도 했습니다.

1978년 부산에서 변호사 개업을 하고, 1980년 초 사회운동에 참여하면서부터 어려운 사람들에 대한 관심과 더불어 공해문제에도 눈을 돌리게 되었습니다. 1983년에는 젊은 청년들에 이끌려 공해문제연구소에 참여했었는데, 얼마 안 있어 이 연구소가 내 사무실 한켠을 차지하고 들어오는 바람에 자연스럽게 공해문제에 관해 이런저런 생각을 많이 하게 되었습니다.

공해문제에 관심을 가지면서 대도시 문제가 보이기 시작했습니다. 1980년대 중반, 부산 문현동 산비탈 마을에 산사태가 나서 수십 명이 사망하는 사고가 일어났습니다. 그때 산비탈에 판잣집을 짓고 기대어 살다가 흙더미에 깔려 참변을 당한 피해자들은 대부분 '무작정 대도시로 몰려 들어온' 그야말로 가난하고 힘없는 서민들이었습니다. 이미 연탄가스 사고에 관한 보도가 사라져가던 시절이었으나 그들은 여전히 연탄가스의 공포와 더불어 살고 있었습니다.

도시문제에 대해 공부하기 시작한 것도 이 무렵입니다. 〈부산일보〉 도서실에 가서 스크랩을 뒤지고 일본어로 된 다섯 권짜리 도시학 시리즈를 뒤적여 보기도 했습니다.

정부는 1972년 국토기본계획에서부터 대도시 집중을 억제하기 위한 여러 정책을 마련해 두고 있었으나, 권력의 집중과 집중된 권력의 서울 집중으로 아무런 실효를 거두지 못하고 오히려 집중과 과밀 현상은 더욱 악화되고 있다는 사실을 확인할 수 있었습니다. 나아가 대도시 집중은 단순히 공해와 비용의 문제만이 아니라 정신병, 마약, 청소년 범죄문제에 이르기까지 인간의 삶을 뿌리째 황폐화시킬 수 있다는 사실도 그때 알게 되었습니다. 이즈음부터 나는 부산의 인구를 늘려야 한다는 정책이나 운동에 반대하는 입장에 서왔고 지금까지 이 생각을 변함없이 지켜오고 있습니다.

도시가 클수록 건강하고 쾌적한 삶을 누리기에는 적합하지 않습니다. 덩치만 크다고 일류도시가 아닙니다. 인구가 많고 땅값이 비싸다고 살기 좋은 도시가 되는 것은 더더욱 아닙니다. 최근 세계 유수의 컨설팅업체가 조사한 살기 좋은 도시 순서에서도 서울은 세계 215개 도시 중 90위에 머물고 있습니다.

1991년부터 지방선거가 시작되었고, 나는 1993년에 지방자치연구소를 열었습니다. 1987년 대선을 앞두고 야당이 분열하였으나 통합의 희망은 있었습니다. 그러나 1990년 3당 합당은 야당과 지역의 분열을 돌이킬 수 없는 상태로 만들어 버렸습니다. 김정길 의원과 나, 그리고 몇 사람이 통합의 깃발을 지키고 있었으나 역부족이었습니다. 다시 시작해야 했습니다. 분열의 원인이 된 정치사회의 토대를 바꾸어야 했습니다.

관치경제라는 이름에서 알 수 있듯이, 당시에는 사업자금 몇억 원 빌리는 것도 본점 승인이 있어야 했고, 승인을 좌우하는 힘은 권력이 가지고 있었습니다. 이처럼 모든 결정권을 권력이 가지고 있으니 권력을 둘러싼 투쟁은 사생결단이 될 수밖에 없었고, 이러한 권력의 편중과 소외가 지역으로 갈려서 장기화됨으로써 이른바 정치의 지역대결이 된 것입니다.

'지금부터라도 권력을 지역으로 분산하자. 다행히 1991년부터 지방자치가 시작되었으니 지방자치를 통하여 권력을 지방으로 분산하면 지역대결도 좀 누그러질 것이다. 더욱이 지방자치는 민주주의의 풀뿌리라고 하지 않는가.'

이것이 내가 지방자치연구소를 세운 이유입니다.

그다음은 돈 문제입니다. 지방자치 그냥 되는가, 예산이 있어야 합니다. 국세를 지방으로 넘겨주는 것도 생각해 볼 수 있을 것입니다. 그런데 어느 세금을 넘겨주어도 걷히는 세금의 절반 이상은 서울의 몫이 될 수밖에 없습니다. 지금도 세금을 지방으로 넘겨줘야 한다는 주장을 하는 사람들이 있는데 이것은 사정을 모르는 이야기입니다.

국가가 거두어서 지방으로 나누어 주기 전에는 세금도 지역편중을 벗어날 길이 없습니다. 말하자면 수도권에서 거둔 세금을 다른 지방으로 더 많이 나누어 주어야 하는 것입니다. 거의 모든 선진국들이 그렇게 하고 있습니다. 심지어 유럽연합은 개발기금을 조성해서 낙후된 신규 회원국을 지원하는 형태로 국가 간에도 유사한 일을 하고 있습니다.

그런데 문제는 우리나라가 이 일을 할 수 있을까 하는 것입니다. 결론은 불가능할 수도 있다는 것입니다. 몇 년 전 서울의 각 구청에서 재산세를 걷으니 강남은 세금이 넘치고 강북 여러 구는 돈이 없어 구청 살림이 말이 아니었습니다. 그래서 이 세금을 서울시가 걷어서 나누어 주는 방향으로 법 개정을 시도하였으나 결국 실패하고 말았습니다. 물론 강남 사람들의 강력한 반대 때문이었습니다. 같은 서울시 안에서도 일이 이렇게 돌아가는데 전국 단위에서야 오죽하겠습니까? 당연히 어려울 것입니다.

그러나 해답이 그렇게 나와서는 안 됩니다. 해답이 그렇게 나오면 미래를 기약할 수가 없습니다. 격차는 갈등을 불러오고, 갈등은 분열과 대립으로 이어집니다. 역사의 모든 분열이 그렇게 생겨났고, 분열한 역사는 모두 망하거나 엄청난 불행을 초래했습니다.

앞으로 이 문제의 해결은 국회의 입법권에 달려 있습니다. 국회가 잘하면 될 일입니다. 그런데 여기에도 걱정이 있습니다. 지금까지는 지방 출신이 수도권의 국회의원을 많이 했습니다. 유권자도 지방에서 태어나고 자란 사람이 많습니다.

그러나 앞으로 10년이 지나면 어떻게 될까요? 서울만 아는 서울 유권자와 서울 출신 국회의원이 지배하는 국회가 생산하는 지방정책, 지방자치정책 아래서 지방의 삶이 어떻게 보장될 수 있겠습니까? 나아가 국토와 생태계, 지방공동체의 전통은 또 어떻게 보장되겠습니까? 그래서 나는 그동안 각 지방이 균등한 숫자로 선출하는 상원을 만들어 지방과 다양성, 국토와 생태계를 보호해야 한다는 사견을 여러 차례 제시하기도 했습니다.

결국 지방자치연구소를 운영하는 동안 동서갈등을 해소하고, 또 장차 수도권과 지방의 갈등과 대립을 예방하기 위해서는 지방자치의 발전, 지방분권, 재원배분, 균형발전, 이런 정책을 통해서 지방을 살려 나가야 한다는 생각을 확고하게 가지게 되었습니다. 그래서 강력한 분권주의자, 균형발전주의자가 되었고, 이 생각은 지금도 변함이 없습니다.

그러나 결정적으로 행정수도 이전을 생각하게 된 것은 대통령 후보가 되고 난 후의 일입니다. 2002년 3월 대통령 후보가 되고 곧이어 6월 지방선거가 있었는데, 이 선거에서 진념 전 부총리가 민주당 경기도지사 후보가 되었고 나는 진념 후보를 지원했습니다.

당시 수도권 선거에서 가장 뜨거운 쟁점은 수도권 규제 문제였습니다. 이미 선거가 다가오기 전부터 '수도권 규제 때문에 투자를 하려던 외국 기업이 다른 나라로 간다. 한국 기업도 확장을 하려면 수도권을 떠나야 하는데 지방으로 가지 않고 중국으로 건너가니 제조업이 공동화되고 그에 따라 일자리가 줄어든다. 수도권 규제를 해제해야 한다'는 목소리가 높았고, 수도권을 제외한 전국의 지방자치단체는 이에 반대하여 연일 강경한 성명과 시위를 쏟아내고 있었습니다.

그런 한편 용인 지역을 비롯한 수도권 지역은 난개발로 인해 많은 문제들이 야기되고 있어서 수도권 규제를 강화하지 않고는 규제의 실효를 거둘 수 없는 상황이 되어 있었습니다. 물론 수도권 규제를 더 강화할 수 있는 상황은 아니었습니다. 그런 가운데 나라는 날로 큰 소용돌이로 빠져들고 있었습니다.

나는 진념 후보에게 수도권 규제해제 대신에 수도권의 계획적 관리 개념을 제시했습니다. 그리고 당 정책실에 행정수도 이전계획을 주문했습니다. 행정수도 충청 이전, 공공기관 지방 이전, 국가균형발전정책으로 지방을 발전시키고, 수도권은 계획적 관리를 통하여 동북아 경제 중심도시로 발전시킨다는 계획이었습니다.

당시는 행정 각부 지방분산 이전 주장이 여러 곳에서 나와 있던 터라 행정수도 이전도 그리 생소한 개념은 아니었고, 행정수도 이전을 포함한 과감한 분권·분산 정책과 수도권의 계획적 관리 개념을 통한 규제개선은 수도권과 지방의 정치적 빅딜로, 함께 윈윈할 수 있는 정책으로 보았습니다.

그 이후부터 당 정책위는 이 정책을 적극적으로 검토하기 시작했습니다. 다만 최종적 검증과 발표 시기의 전략적 선택을 위하여 대외비로 유지하다가 선거대책본부 발대식과 더불어 발표했습니다. 당시 한나라당은 이 정책을 강력하게 비판하다가 나중에는 행정 각부를 전국 각지로 분산하는 정책을 내놓았고, 나는 행정 각부 분산은 국정의 원활한 통합·조정에 지장이 생긴다는 주장을 했습니다.

결국 지금 와서 보면 한나라당의 반대로 정부 기능의 일부가 찢어지게 되었으니, 결과적으로 양쪽의 주장이 다 받아들여진 셈이 되었습니다. 이제 이대로 해보고 결과에 대한 평가는 훗날 국민들의 판단에 맡기면 될 것입니다.

지금 평가해 보니, 나는 강력한 분권주의자, 분산주의자이기는 하나 행정수도 이전계획은 분권전략이라기보다는 수도권 문제를 해결하기 위한 전략적 성격이 더 강했다고 생각합니다.

많은 사람들이 캐나다 밴쿠버같이 쾌적한 도시를 꿈꿉니다. 그러면서도 서울로, 서울로만 올라오고 있습니다. 수도권이 사람답게 사는 도시가 되게 하려면 더 이상의 인구증가는 막아야 합니다. 그것이 수십 년간 지속되어온 수도권 규제의 이유입니다.

그러나 그동안의 수도권 규제정책은 수도권의 집중과 기형적 비대를 막지도 못하면서 오히려 수도권의 성장을 왜곡시켜 왔습니다. 그리고 이제는 경쟁력의 논리와 난개발에 밀려 더 이상 유지하기도 어려운 정책이 되어 버렸습니다.

풀어야 합니다. 그러나 함부로 풀려고 하다가는 지방이 들고일어나 나라가 결딴날 것 같은 싸움만 벌어지고 결국 규제를 풀기도 어려울 것입니다. 어찌어찌 밀어붙여 규제를 푼다고 해도 싸움의 와중에 제대로 된 준비도 없이 규제만 덜컥 풀어 버리면, 수도권은 그날로 난개발에 밀려 말 그대로 난장판이 되어 버릴 것입니다. 행정수도와 균형발전, 새로운 비전과 계획에 따른 수도권 규제

개혁, 이것이 후보 시절 수도권 문제 해결을 위한 나의 정책대안이었습니다.

실제로 대통령이 된 이후 바로 파주 LCD 단지 건설허가를 내주었고, 그해 연말 삼성전자의 기흥공장과 쌍용자동차의 평택공장 확장을 승인했습니다. 나는 행정수도 이전과 강력한 균형발전 정책의 추진으로 지방을 설득하지 않았다면 이러한 허가가 불가능했을 것이라고 생각합니다. 말하자면 수도권은 행정수도 이전의 일부 대가를 미리 받았다고 볼 수도 있을 것입니다.

그리고 정부는 현재 동북아 경제허브 도시, 국제적 비즈니스 도시로서의 수도권 관리계획을 세우고 있습니다. 그것은 양적으로 더 비대해져 교통, 공해, 과외와 학교폭력, 끝없이 올라가는 집값에 시달리는 도시가 아니라 질적으로 더 쾌적하고 경쟁력 있는 첨단 지식서비스 도시를 지향하는 계획입니다.

후보 시절, 그리고 당선자 시절, 행정수도 이전과 관련한 국민투표를 하겠다고 약속했습니다. 그런데 2003년에는 다른 사안으로 국민투표 문제가 큰 시빗거리가 되어 있어 이야기를 꺼낼 형편이 아니었습니다. 연말에는 국회에서 여야 합의로 법이 통과되었으니 국민투표를 붙이자 할 일도 없어져 버렸습니다. 정부로서는 수십 번의 토론회와 공청회를 열었으나 여야 간 큰 충돌이 없었기 때문에 언론의 주목을 받지 못했고, 따라서 토론과 설득이 부족한 결과로 비쳐지게 되었습니다.

행정중심복합도시 건설, 공공기관 지방이전으로 손해를 보게 되어 있는 분들에 대해서는 손해를 최대한 줄일 수 있는 대책을 세워 설득할 일입니다. 그렇지만 본인의 이해관계가 아니고 명분으로 반대하는 분들에게는 꼭 물어보고 싶은 말이 있습니다. 수도권 규제는 어떻게 해야 한다고 생각하는가? 행정수도 이전도 안 하고, 공공기관 이전도 안 하고 수도권 규제만 덜렁 풀자는 것인가? 그것이 타당한 일인가? 가능하기는 한 일인가? 아니라면 수도권 규제는 그대로 두자는 말인가? 그러면 수도권의 미래는 무엇인가?

나는 대한민국의 균형발전과 수도권의 새로운 비전은 우리들의 꿈의 크기이자 미래에 대한 상상력의 문제라고 생각합니다. 지금 행정수도를 반대하는 사람이라도 그가 국가적 지도자의 자리에 서게 되고 선거에서 표를 모을 일이 없다면 그 역시 이만한 꿈을 가질 것이라고 생각합니다.

나는 박정희 전 대통령의 독재를 지지하지는 않지만, 그분이 행정수도 이전을 시도한 것은 사리사욕이 아니라 국가의 장래에 대한 지도자로서의 안목을 가지고 한 것이라는 믿음을 가지고 있습니다.

이제 여야 합의로 국회에서 통과된 행정중심복합도시 특별법이 공포되었습니다. 앞으로 국회의 논의와 국민 여러분의 의견을 존중해서 수도권과 지방이 더불어 잘사는 나라를 만들어 나가도록 하겠습니다. 원칙을 가지고 차근차근 추진해 나갈 것입니다.

2019년 12월 말, 외국인을 뺀 전국 주민등록 인구는 5,184만 9,861명이다. 50%인 2,592만 5,799명이 서울·인천·경기 세 지역, 수도권에 산다. 나머지 14개 시도 인구보다 1,737명 많다. 수도권은 넓이로는 11.8%에 불과하다. 불균형이 심하다. 전국 지역내총생산(GRDP) 통계를 봐도 그렇다. 2020년에 수도권이 전국 생산에서 차지하는 비중은 52.5%나 된다. 1985년 통계를 내기 시작한 뒤로 가장 높다. 1985년에는 수도권 비중이 43.7%였다.

지방소멸은 언젠가 일어날 미래 위기가 아니다. 눈앞에 닥친 현실이다. 감사원이 고용정보원에 의뢰한 조사를 보면, 전국 228개 시군구 중 2021년 소멸위험지역이 46.5%인 106곳에 이른다. 소멸위험지수가 0.5 미만인 지역이다. 소멸위험지수는 '한 지역 20~39세 여성인구 수를 해당 지역 65세 이상 고령인구 수로 나눈 값'이다. 이 지수가 0.2를 밑도는 소멸고위험지역도 해마다 급증한다. 2017년 7곳, 2018년 11곳, 2019년 16곳, 2020년 23곳, 2021년엔 36곳으로 늘었다. 부산, 대구, 대전, 광주, 울산 등 5대 광역시마저 인구감소를 넘어 소멸을 걱정하는 지경에 이르렀다. 지방소멸은 국가공멸이다.

'대한민국은 서울공화국', '서울제국', '지방은 내부 식민지'라는 말이 낯설지 않다. 새삼스러운 현상은 아니다. 오랫동안 서울 편중을 비판하며 지방 살리기를 역설하고 실천해온 강준만 전북대 명예교수는 이 불균형한 역사를 이렇게 짚었다.

아무래도 한국은 쏠림을 위해 기획된 나라였나 보다. 인류 역사에서 그 유례를 찾아보기 어려운 초강력 중앙집권체제가 그걸 잘 말해 준다. 조선시대 때부터 그랬다. 다산 정약용(1762~1836)은 자녀들에게 "무슨 일이 있어도 사대문 밖으로 이사 가지 말고 버텨라"는 유언을 남겼다. "멀리 서울을 벗어나는 순간 기회는 사라지며 사회적으로 재기하기 어렵다"는 경고도 했다. …

노회찬은 당시의 인구조사가 주로 세금을 거두고 군역을 부과하기 위해 실시된 것이라 조세와 군역이 면제되는 유아와 여성, 노령인구의 누락이 적지 않았다는 점을 감안할 때에 18세기 말의 서울 인구는 30만 명을 넘었고, 19세기 중반에는 50만 명에 육박했을 것이라고 추산했다. 산업혁명으로 빠르게 도시화해 근대 자본주의의 세계적인 수도로 일컬어졌던 영국 런던도 18세기 말에 가서야 50만 명 정도였던바, 이미 200년 전에도 '서울은 만원'이었다는 것이다.

이호철의 소설《서울은 만원이다》가 나온 건 1966년이었다. 66년 말 서울 인구는 380만 명에 이르렀다. 60년대의 서울 인구 증가율은 매년 10%대를 기록했다. 그레고리 헨더슨(Gregory Henderson)은 60년대의 서울에 대해 "서울은 단순히 한국의 최대 도시가 아니라 서울이 곧 한국이다"라고 했다.[1]

---

1 강준만, 2008, 《지방은 식민지다》, 개마고원.

노무현 대통령은 국가불균형을 전면으로 문제 삼은 사실상 첫 대통령이다. 그가 2002년 대통령 선거 때 내세운 공약 제1호도 '지역 균형발전'이다. 충청권에 행정수도를 건설하겠다고 공약했다. 위 글은 노무현 대통령이 2005년 3월 22일 청와대 누리집에 올린 담화문이다. 대중 앞에서한 연설은 아니지만, 국민에게 직접 생각과 의지를 밝힌 글이니 연설문으로 봐도 좋다. 정부 대통령기록관도 연설문으로 분류해 놓았다. 제목은 "국민 여러분께 드리는 글: 행정수도 건설을 결심하게 된 사연"이다.

같은 달 초 국회는 공주·연기 지역에 정부부처 12부 4처 2청을 옮기는 내용을 담은 「행정중심복합도시 건설을 위한 특별법」을 통과시켰다. 여당인 열린우리당은 본회의에 참석한 모두가 찬성했다. 야당인 한나라당과 민주노동당, 자민련 의원들은 의견이 엇갈렸다. 특히 한나라당 일부 의원은 본회의 의사진행을 몸으로 막으려다 여당 의원들과 몸싸움을 벌이기도 했다. 법 통과 이후에도 갈등은 여전했다. 정치권뿐 아니라 국민도 여전히 의견이 갈렸다. 논쟁이 끊이지 않았다.

노무현 대통령은 이 글에서 자신이 가진 소신을 담담하게 털어놓았다. 과거 경험담부터 시작해 왜 행정수도 건설을 꿈꿨는지를 차분히 설명했다. 박정희 대통령까지 언급하며 국가장래를 위한 결심임을 강조했다. 노 대통령이 행정수도 이전과 국가 균형발전을 언급한 이전 어떤 연설보다도 솔직했다. 이것으로 그만 갈등을 끝내자는 바람, 새 도시 건설에 매진하겠다는 의지도 보였다. 울림이 있었다. 그러나 당시 상황은 이 정도로 봉합이 가능하지 않았다.

차기 대선주자 중 한 명이던 이명박 당시 서울시장은 곧바로 "행정수도에 관해 저 이명박이 말씀드립니다"라는 제목으로 글을 공개했다. 노 대통령 글에 답하는 형식이자 정면으로 반박하는 내용이었다.

대통령께서 인터넷에 띄우신 "행정수도 건설을 결심하게 된 사연"은 잘 읽어 보았습니다. 그 글에서 "행정수도 건설을 반대하는 사람도 꿈이 있을 것"이라고 말씀하셨습니다.

그렇습니다. 저 이명박에게는 꿈이 있습니다. 저의 꿈은 통일수도입니다. 대통령께서는 '분할된 수도'를 꿈꾸고 계시지만, 저는 '통합된 수도'를 꿈꾸고 있습니다. 충청권과 수도권뿐만 아니라 온 나라가 함께 잘사는 나라, 남한과 북한이 하나 되고 함께 잘사는 나라, 남북한 7천만 겨레가 합의하는 통일수도를 꿈꾸고 있습니다.

대통령께서 개혁과 국가발전을 위해 애쓰고 계신 것에는 힘찬 박수를 보냅니다. 하지만 수도분할은 아닙니다. 개혁도 아니고, 균형발전도 아닙니다. … 정치적 담합으로 수도분할을 기정사실화해 놓고, "후속 대책을 마련한다"는 빌미로 사후적으로 지방정부를 불러 무조건 따르라고 요구하는 것은 '참여민주주의'가 아닙니다. 민주주의가 아니라 권위주의의 부활이며, 참여를 가장하여 지방자치를 억누르는 '참여권위주의'라고 해야 할 것입니다.

이제는 지방자치의 헌법정신을 존중하는 진정한 '민주주의'를 해야 합니다. 시대에 역행하는 '권위주의' 방식의 모양 갖추기에는 결코 승복할 수 없습니다. 수도분할 반대는 수도권 기득권을 지키기 위한 지역이기주의가 아니라 통일 한국의 미래를 위한 것입니다.

여기에 이르기까지 많은 사달을 겪었다. 2002년 9월 노무현 당시 대통령 후보가 충청권 행정수도 공약을 발표한 뒤부터 소용돌이가 시작되었다. 찬반 논란 속에 2004년 1월 「신행정수도의 건설을 위한 특별조치법」이 제정되었고, 4월에 특별법과 시행령이 시행되었다. 야당에서는 찬반을 묻는 국민투표를 해 결정하자는 요구가 나왔다. 6월 9일 김안제 신행정수도추진위원장이 "국회와 사법부가 모두 다 옮기면 그것은 수도 이전이라고 볼 수 있다"고 국회에서 답변하자 국민투표 주장이 더 거세졌다. 이명박 서울시장과 손학규 경기지사가 목소리를 높였다. 이석연 변호사 등은 「신행정수도의 건설을 위한 특별조치법」이 헌법에 어긋난다고 헌법소원심판을 청구했다. 행정수도 이전 반대 시위를 서울시가 지원한 문제, 이에 대해 이명박 시장이 위증한 문제가 큰 쟁점이 되기도 했다. 사업비용이 얼마인가를 놓고도 부풀렸네, 아니네, 말이 많았다.

2004년 10월 21일, 헌법재판소는 "서울이 수도라는 점은 우리의 제정 헌법이 있기 전부터 전통적으로 존재해온 헌법적 관습"이라면서 행정수도 건설이 위헌이라고 결정했다. 노 대통령과 열린우리당, 지지자들은 헌법재판소 결정을 흔쾌히 받아들이지 않았다. '관습헌법'이란 근거에 법학자들마저 의견이 엇갈렸고, 국론은 더 극단으로 나뉘었다. 사업은 중단되었다. 정부 여당이 그다음 내놓은 수가 '행정중심복합도시'였다. 수도를 옮기거나 새로 만들지 않고 행정기능만 일부 옮긴 자족도시를 건설하겠다고 대안을 삼았다. 그래도 '수도분할'이란 비판과 반대가 여전했다.

반대한 쪽만 잘못이라고 말하기 어렵다. 노무현 대통령과 열린우리당이 행정수도 이전을 선거에 이용하면서 정쟁이 되어 버린 면이 크다. 노 대통령 스스로 "수도 이전 공약으로 재미 좀 봤다"고 고백했다. 대선 이후 추진과정도 오로지 순수한 목적만 있었다고 하기는 어렵다. 만약 계산속만이 아니라 나라 미래를 위한 충정이었다고 한다면, 일처리가 너무 거칠고 서툴렀다. 수도를 옮기는 또는 나누는 엄청난 일에 국력을 온전히 모으지 못했다. 도리어 국론이 나뉘어 대립하는 결과를 불렀다. 정치가 존재하지 않은, 한계를 드러냈다.

강준만 명예교수는 이렇게 평가한다.

노 정권은 행정수도 이전 건으로 몇 차례 선거에서 많은 충청도 표를 얻었다. 문제의 핵심은 바로 여기에 있었다. 충청권은 열린우리당에 쏠려도 너무 쏠렸다. 한나라당이 무슨 생각을 했을까? 한나라당이 처음에 행정수도 이전에 대해 찬성을 했던 건 충청권 유권자들을 의식한 것이었는데, 그 유권자들이 모두 열렬한 열린우리당 지지자로 변해 버리면 한나라당은 어떻게 하느냐는 말이다. 한나라당은 차마 그 말을 할 수 없었다. 게다가 충청권을 완전히 포기할 수는 없었기 때문에 한나라당은 계속 확실한 당론을 미룬 채 엉거주춤한 자세를 보이면서 방식만 문제 삼는 반대투쟁에 임하고 있었다.

노 정권은 그런 반대투쟁을 탄핵사태에 비유하면서 양분법 공세를 폈다. 이게 정치인가? 아니다. 그건 비생산적인 파괴였다. 행정수도 이전 문제는 열린우리당의 성공보다 더 중요한 문제일 수 있었다. 그러므로 한나라당의 합의는 물론 한나라당의 적극적인 참여 속에 이루어져야 했다. 그렇게 하려면 노 정권은 행정수도 이전 건으로 충청권에서 계속 재미를 보려는 선거전략을 포기해야 했다. 충청도민들이 각자 색깔에 따라 표를 던지게끔 해 줘야 했다. 여러 방안이 있었을 것이나, 우선 행정수도 이전을 추진하는 팀에 한나라당 인사들을 참여시켜야 했다. '거국팀'을 구성해야 했다는 것이다. 그래서 다음 대선에서 한나라당이 승리하더라도 행정수도 이전은 계속 진행될 것이라는 확신을 충청권 유권자들에게 심어 줘야 했다. …

현상을 타파하겠다는 강한 열망은 국가와 민중을 위해 필요한 경우에 무릎도

꿇을 수 있는 겸허와 헌신도 포함하는 것이어야 했다. 아무리 옳고 정당하더라도 높은 곳에서 손가락질하며 꾸짖는 것만이 능사일 수는 없다.[2]

위 담화문에서 노 대통령은 손가락질하고 꾸짖는 자세를 보이지는 않았다. 어쩌면 앞선 여러 우여곡절이 태도 변화를 이끌었는지도 모른다. 이 변화는 만시지탄이었을까, 이미 갈가리 찢긴 정치권과 국론, 민심은 쉽사리 하나가 되지 못했다. 서울과 과천시의원, 대학교수 등이 「신행정수도의 건설을 위한 특별조치법」도 위헌이라고 문제 삼았다. 2005년 11월, 헌법재판소는 이 헌법소원을 기각했다. 정부는 2006년 행정도시 건설기본계획을 확정한 뒤 '세종시' 명칭을 붙여 2007년 7월 공사를 시작했지만 논란은 끊이지 않았다.

이명박 대통령으로 정권이 바뀐 뒤에도 사정이 나아지지 않았다. 2009년 9월, 정운찬 국무총리 후보자가 세종시 계획을 수정해야 한다고 말하면서 도리어 혼돈이 커졌다. 야당이 된 민주당이 펄쩍 뛰었다. 여당인 한나라당 박근혜 전 대표도 수정론에 반대하면서 오히려 원안에 알파를 더해야 한다고 주장했다. 정치세력마다 지역마다 이해득실에 따라 의견이 제각각 맞섰다. 2010년 초 이명박 정부는 끝내 세종시를 행정중심복합도시가 아닌 교육과 과학중심 경제도시로 바꾸겠다고 수정안을 발표했다. 행정중심도시 건설계획을 백지화하겠다는 소리나 마찬가지였다. 또 공방이 뜨거웠다. 노무현 대통령이 대선 후보시절 꺼내든 공약에서 비롯한 갈등은 2010년 6월 국회가 정부 수정안을 부결하고서야 겨우 봉합되었다. 2012년 7월, 세종특별자치시가 출범했다.

2 강준만, 2011, 《한국 현대사 산책 2000년대 편 3권》, 인물과사상사.

세종시는 여전히 미완성이다. 2012년 국무총리실 등을 시작으로 2016년 40개 중앙행정기관과 15개 국책연구기관이 세종시로 이전을 끝냈다. 국회와 청와대, 일부 행정부처는 서울에 그대로 있다. 의회와 행정기능이 나뉜 데 따른 부작용이 만만치 않다. 2016년 한국행정학회가 연구한 결과를 보면, 비효율 비용이 연간 2조 8천 원에서 4조 8,800억 원에 이른다. 2016~2018년 3년 동안 세종청사 공무원이 관외 출장비로 쓴 비용만 917억 원, 출장횟수는 86만 9,255번이다. 국회는 2021년에야 세종의사당 건립을 확정했다. 2027년까지 11개 상임위원회와 예결위원회를 옮기겠다고 한다.

계획대로 한다고 해도 끝이 아니다. 온전한 행정수도로 기능하지 못한다면 세종시는 끝내 어정쩡한 상태일 공산이 크다. 선거 때가 되면 명실상부한 행정수도로 만들겠다는 약속, 헌법에 세종시를 행정수도로 명시하겠다는 공약이 넘실댄다. 그럼에도 국토 균형발전을 거스르는 흐름은 오히려 더 거세졌다. 20대 대선에서 유력 후보자들은 집값 폭등을 빌미 삼아 수도권에 아파트를 몰아 짓겠다는 공약을 경쟁하듯 쏟아냈다. 거대 정당이 추진하는 정책에서 균형발전은 한참 뒤 순위로 밀려난 본새이다.

여느 정치인이 아닌 '바보 노무현'이었기에 시작이 가능했을지 모른다. 국토 균형발전에 대한 신념과 자기 확신이 있었기에 그만큼이나마 밀어붙였으리라. 그렇다고 해도 상처가 너무 크고 깊었다. 이해관계가 얽힌 국가사업에 다른 의견과 주장은 당연하나, 겪지 말았어야 하고 어쩌면 겪지 않아야만 하는 혼란과 시행착오가 많았다.

결국 정치다. 갈등을 조정하고 국론을 모아 추진하는, 정치가 문제였다. 세종시도 국토 균형발전도 현재진행형이다.

5장

아침 이슬 … 민심은 거스를 수 없다

존경하는 국민 여러분!

지난 6월 10일, 광화문 일대가 촛불로 밝혀졌던 그 밤에 저는 청와대 뒷산에 올라가 끝없이 이어진 촛불을 바라보았습니다. 시위대의 함성과 함께 제가 오래전부터 즐겨 부르던 〈아침 이슬〉 노랫소리도 들었습니다.

캄캄한 산중턱에 홀로 앉아 시가지를 가득 메운 촛불의 행렬을 보면서, 국민들을 편안하게 모시지 못한 제 자신을 자책했습니다. 늦은 밤까지 생각하고 또 생각했습니다. 수없이 제 자신을 돌이켜 보았습니다.

저는 최근 각계각층의 지도자 여러분을 만나 말씀을 들을 기회를 가졌습니다. 그분들께서는 이렇게 충고해 주셨습니다. "혼자서 고민하지 말고, 국민들께 털어놓고 이해를 구하라"라고 하였습니다.

제가 오늘 이 자리에 선 것은 그분들의 말씀대로 국민들께 저간의 사정을 솔직히 설명드리고 이해를 구하고 또 사과를 드리고자 한 것입니다. 그리고 앞으로의 국정운영 방향을 말씀드리고 새 출발을 다짐하려고 합니다.

돌이켜 보면 대통령에 당선된 뒤 저는 마음이 급했습니다. 역대 정권의 경험에 비추어 볼 때 취임 1년 내에 변화와 개혁을 이루어내지 못하면 성공할 수 없다고 생각했습니다. 더욱이 제가 취임하던 때를 전후해 세계 경제의 여건은 급속히 악화되고 있었습니다. 국제금융위기에 겹쳐 유가와 원자재 값마저 치솟았습니다. 이러한 어려움을 극복하고 선진국으로 도약하기 위해서는 우리 경제의 경쟁력을 높이는 일이 시급했습니다.

한미 FTA 비준이야말로 성장잠재력을 높이는 지름길의 하나라고 판단했습니다. 미국산 쇠고기 수입을 계속 거부하면 한미 FTA가 연내에 처리될 가능성은 거의 없다고 보았습니다. 미국과의 통상마찰도 예상됐습니다. 싫든 좋든 쇠고기 협상은 피할 수 없다고 생각했습니다. 한미 FTA가 체결되면 34만 개의 좋은 일자리가 새로이 생기고, GDP(국내총생산)도 10년간 6% 이상 늘어날 것으로 예측됩니다.

대통령으로서 이런 절호의 기회를 놓치고 싶지 않았습니다. 아무 노력도 하지 않고 기회의 문이 닫히는 것을 그냥 바라보고만 있을 수는 없었습니다. 우리나라는 4대 강국에 둘러싸인 세계 유일의 분단국입니다. 거기다 북한 핵의 위험을 머리 위에 이고 있습니다. 안보의 측면에서도 미국과의 관계 회복은 더 늦출 수 없었습니다.

그러다 보니 식탁 안전에 대한 국민의 요구를 꼼꼼하게 헤아리지 못했습니다. 자신보다도 자녀의 건강을 더 걱정하는 어머니의 마음을 세심히 살피지 못했습니다. 아무리 시급히 해결해야 할 국가적 현안이라 하더라도, 국민들이 결과를 어떻게 받아들일지, 또 국민들이 무엇을 바라는지 잘 챙겨 봤어야 했습니다. 저와 정부는 이 점에 대해 뼈저린 반성을 하고 있습니다.

정부는 지금 모든 외교력을 동원해서 최선의 노력을 하고 있습니다. 국제 기준과 충돌되지 않고 통상마찰을 일으키지 않으면서도 식품 안전에 관한 국민들의 염려를 해소하기 위해서입니다. 저는 미국 부시 대통령에게 우리의 요구사항을 구체적으로 분명히 밝혔습니다. 이를 계기로 지금 이 시각에도 양국 대표들이 모여 협상을 하고 있습니다.

국민들이 원하지 않는 한 30개월령 이상의 미국산 쇠고기가 우리 식탁에 오르는 일이 결코 없도록 할 것입니다. 미국 정부의 확고한 보장을 받아내겠습니다. 미국도 동맹국인 한국 국민의 뜻을 존중할 것으로 기대하고 있습니다. 정부는 이번 일을 계기로 모든 식품의 안전성을 담보하기 위해 철저한 조치를 취하도록 하겠습니다.

존경하는 국민 여러분!

그동안 국민 여러분께서는 미국과의 재협상을 요구했습니다. 그런데 정부는 재협상의 어려움만 설명하려고 했습니다. 이런 태도가 국민 여러분께는 정부가 국민의 뜻을 따르지 않는 것으로 비친 것 같습니다.

이러한 국민들의 요구가 커지자 야당은 물론 여당 내에서도 저에게 "일단 재협상 요구를 수용하고 보자"는 이야기도 하였습니다. "통상마찰이나 국익에 손해가 있더라도 당장 이 사태를 진정시켜야 한다"고 받아들이라고 했습니다.

저도 이것이 국내 문제라면 벌써 그렇게 했을 것입니다. 저의 정치적 입장만을 고려했다면 주저하지 않고 받아들였을 것입니다. 제가 '재협상한다'고 선언했다면 당장은 어려움을 모면할 수도 있었을 것입니다. 그래서 저 자신, 많은 갈등을 한 것도 사실입니다. 대통령의 국정 지지도가 급격히 떨어지고 온갖 비난의 소리가 들리는데 제가 무엇을 위해 고집을 부리겠습니까? 그러나 저는 대통령으로서 국익을 지키고 미래를 생각하지 않을 수 없었습니다. 엄청난 후유증이 있을 것을 뻔히 알면서 그렇게 할 수는 없었습니다.

국민 여러분께서는 2000년에 벌어진 마늘 파동을 기억하실 겁니다. 중국산 마늘이 대거 들어오면서 국산 마늘 값이 폭락하자 정부는 여론 무마용으로 긴급관세를 부과했습니다. 그러자 중국은 한국 휴대폰 수입을 중단시켰습니다. 결국 이 문제는 한국이 일방적으로 양보하는 것으로 끝이 났습니다.

기름 한 방울 나지 않고, 변변한 자원조차 없는 우리나라가 살아남을 길은 통상밖에 없습니다. 우리 경제의 통상 의존도는 70%가 넘습니다. 통상대국 일본이 20%대라는 점을 감안하면 대단히 높습니다. 그런 우리가 국제사회에서 신뢰마저 잃으면 미래가 없습니다. 때문에 국민의 건강권을 지키면서 경제에 악영향을 미치지 않을 방법으로 정부는 추가 협상을 선택한 것입니다. 국민 여러분께서 이런 사정을 깊이 이해해 주셨으면 감사하겠습니다.

존경하는 국민 여러분!

저는 취임 두 달 만에 맞은 이번 일을 통해 얻은 교훈을 재임 기간 내내 되새기면서 국정에 임하겠습니다. 국민과 소통하면서, 국민과 함께 가겠습니다. 국민의 뜻을 받들겠습니다. 반대 의견에 귀를 기울이겠습니다.

청와대 비서진은 처음 시작하는 마음으로 대폭 개편하겠습니다. 내각도 개편하겠습니다. 첫 인사에 대한 국민의 따가운 지적을 겸허히 받아들여서 국민의 눈높이에 모자람이 없도록 인선에 최선을 다하겠습니다. 대선 공약이었던 대운하 사업도 국민이 반대한다면 추진하지 않겠습니다. 어떤 정책도 민심과 함께해야 성공할 수 있다는 것을 다시 한 번 절실히 느꼈습니다.

존경하는 국민 여러분!

국제 경제 여건이 대단히 어렵습니다. 원자재, 곡물 값은 엄청나게 오르고 국제 유가는 작년보다 두 배나 올랐습니다. 앞으로 계속 오를 것이라는 우려 섞인 예측도 있습니다. 이렇게 되면 세계 경제가 위기에 처하게 될 것입니다. 우리도 그 위기에서 자유로울 수 없습니다. 이에 대한 대비를 지금부터 철저히 해야 합니다.

지금 국내에서도 유가 인상으로 인한 생계형 파업으로 물류가 끊기고 공장 가동이 멈추는 사태가 일어나고 있습니다. 생존권을 지키기 위해 행동에 나선 근로자들을 무조건 탓할 수는 없는 일입니다. 하지만 파업이 오래가 경제에 결정적 타격을 준다면 그 피해는 근로자를 포함해 국민 모두에게 고스란히 돌아가게 됩니다. 지금은 기업도 정부도 근로자도 모두 한 걸음씩 양보하고 고통을 분담해야 할 때인 것 같습니다.

우리는 이미 1970년대 석유파동과 1990년대 금융위기 등 여러 차례의 위기를 국민 모두가 힘을 합쳐 훌륭히 극복한 경험을 갖고 있습니다. 이번 일도 서로 고통을 나누면서 손잡고 협력할 때 세계 어느 나라보다 훨씬 더 빠르게 이 위기를 극복할 수 있습니다.

경제 상황이 나빠지면 가장 고통을 받는 이들은 서민입니다. 물가를 안정시키고 서민의 민생을 살피는 일을 국정 최우선으로 하겠습니다. 반드시 경제를 살리겠습니다. 국내외 기업이 마음 놓고 투자할 수 있는 환경을 조성해 좋은 일자리를 많이 만들어내겠습니다. 공기업 선진화, 규제 개혁, 교육제도 개선 등 선진국으로 도약하기 위해서 꼭 해야 할 일들은 철저히 준비해 차질 없이 추진해 나가겠습니다.

이제 새롭게 다시 시작하겠습니다. 두려운 마음으로 겸손하게 다시 국민 여러분께 다가가겠습니다. 국민 여러분께서도 새로 출발하는 저와 정부를 믿고 지켜봐 주시기를 바랍니다. 촛불로 뒤덮였던 거리에 희망의 빛이 넘치게 하겠습니다.

최선을 다하겠습니다. 감사합니다.

2008년 2월 취임한 이명박 대통령에게는 이전 정부가 풀지 못한 과제가 있었다. 한미 쇠고기 협상 문제였다. 전임 노무현 대통령은 취임 초기부터 마음먹고 한미 자유무역협정(FTA) 체결을 추진했다. 이미 김대중 정부가 칠레와 맺은 FTA 비준동의 문제로 나라가 호되게 홍역을 치른 뒤였다. 2006년 초, 한미 FTA 협상개시를 선언하자 여론이 들끓었다. 이른바 진보·개혁 진영이 노 대통령에게 등을 돌렸다.

참여정부 초기 청와대에서 일한 정태인 전 비서관은 당시 여러 언론 인터뷰에서 한미 FTA 추진 방침을 신랄하게 비판했다.

"한미 자유무역협정 졸속 추진은 전형적인 한건주의며, 남은 임기 안에 무엇인가 업적을 남겨 보려는 노무현 대통령의 조급증이 원인"이라고 정태인 전 청와대 국민경제비서관이 비판했다.

정 전 비서관은 지난달 31일 〈오마이뉴스〉와의 인터뷰에서 이같이 말하면서 "YS 하면 금융실명제와 하나회 척결, DJ 하면 6·15 정상회담 등이 떠오르는데, 노 대통령은 이것이 없다"며 조급증을 갖게 된 배경을 지적했다.

정 전 비서관은 청와대 재직시절 동북아시대위원회 기조실장과 국민경제비
서관을 지내면서 지난해 5월까지 FTA 로드맵을 챙겼다. 그는 지난해 행담도
개발 의혹에 연루돼 기소됐다가 올 2월 1심에서 무죄판결을 받았다.

"10개월 안에 한미 FTA를 한다는 것은 미국이 써 준 문서를 번역해서 그대로
인정하는 것에 불과하다"는 비판에 대해 정 전 비서관은 "맞다. 현재 정부는 조
급증에 걸려 제정신이 아니다. 미쳤다고 볼 수 있는 수준"이라고 인정했다.[1]

노무현 대통령도 개방에 따른 위험과 부작용을 모르지 않았다. 반대
의견을 존중하면서도 미국과 FTA를 추진한 이유를 노 대통령은 이렇게
회고했다.

경제정책적 판단 말고 다른 이유가 더 있었다. 나는 국민들에게 새로운 도전
을 권하고 싶었다. 의욕이 지나쳤는지는 모르겠지만, 나는 우리나라가 세계
사의 흐름을 타고 과감한 도전을 할 필요가 있다고 생각했다.

개방전략은 아무리 정밀하게 연구하고 분석해도 위험과 불확실성을 완전
히 제거할 수 없다. 선택의 폭도 좁다. 불확실한 미래를 향해 위험을 안고 뛰
어들거나, 불확실하기 때문에 위험을 회피하는 것, 이것 둘뿐이다. 세계 경제
의 흐름을 보면 장기적으로 FTA를 회피하기는 어려울 것 같았다. 적어도 낙
오를 면하려면 그 불확실성을 안고 뛰어들어야 하는 것 아닌가, 어차피 뛰어
들 것이라면 남보다 먼저 해야 앞서갈 수 있는 기회를 포착할 수 있지 않겠는
가, 그렇게 생각했다.

---

1   김태영·구영식, "한미 FTA는 참여정부 업적조급증 탓 대연정 제안에 이어 제2의 패착 될
    것", 〈오마이뉴스〉, 2006. 4. 3.

나는 우리 국민의 역량을 믿었다. 산업화와 민주화를 다 이루어낸 우리의 현대사를 볼 때 국민들이 FTA에 내포된 위험과 불확실성을 감당해갈 수 있다고 믿었다. 이런 믿음이 없었다면 한미 FTA를 추진하기로 결심하지 못했을 것이다.[2]

한미 두 나라가 협상을 시작한 2006년 초, 한국은 네 가지 통상현안을 수용했다. 미국산 쇠고기 수입재개와 스크린쿼터 축소, 약값 재평가 개선안 추진, 자동차 배기가스 기준완화였다. 우리에게 불리한 '4대 선결조건'을 수용하면서까지 미국과 FTA 협상을 추진하려는 태도라는 비판이 일었다.

노무현 대통령은 부정했다. 그 네 가지 사안은 FTA와 관계없이 논의해온 통상현안이었고, FTA 협상개시를 조건으로 양보한 내용이 아니라고 했다. '4대 선결조건'이라는 용어는 받아들였다. 부당한 양보였든 정당한 통상이었든, 광우병 우려 때문에 금지한 미국산 쇠고기 수입을 다시 하게 되었다. 30개월 미만 뼈 없는 살코기만 수입했다가 검역에서 뼛조각이 나오자 모두 돌려보내는 소동이 있었다. 진통이었다. FTA 협상이 진행되는 동안 쇠고기 수입문제도 두 나라 사이에서, 또 우리나라 안에서 계속 갈등을 빚었다.

문제를 넘겨받은 이명박 대통령도 한미 FTA 체결을 원했다. 일자리 창출과 성장을 위해 꼭 필요하다고 보았다. 걸림돌로 작용하는 쇠고기 문제를 해결하고 싶어 했다. 2008년 4월, 취임 뒤 첫 미국 방문 때 쇠고기 협상을 타결했다. 이명박다운, '불도저' 같은 일처리였다. 30개월 미만

---

2 노무현재단 엮음 · 유시민 정리, 2010, 《운명이다: 노무현 자서전》, 돌베개.

과 내장 같은 특정 위험물질 부위를 뺀 30개월 이상을 수입하기로 했다. 사실상 전면 개방이었다. 미국의 무리한 요구를 다 받아들였다. 혹시나 건강을 해치면 어쩌나, 염려하는 국민정서는 전혀 고려하지 않았다.

그 내막은 나중에 드러났다.

최근 드러난 위키리크스 내용은 그간 소문으로만 나돌던 한미 쇠고기 협상의 이면을 명쾌하게 정리해 준다. 이명박 당선자와 측근 최시중·현인택 등을 통해 쇠고기 시장 개방을 약속받은 버시바우 주한 미국대사는 2008년 3월 25일 라이스 미 국무장관에게 2급 비밀전문을 보낸다.

"한국 협상팀은 이 대통령 방미 전까지 '우리 요구에 맞춰' 결과를 발표할 수 있도록 물밑에서 열심히 작업하고 있다."(Korea's trade team is working hard behind the scenes to tee up a deal that will meet our needs and can be announced by President Lee's visit.)

한국 협상단은 위키리크스에서 드러난 시나리오대로 '4월 총선 이후' 한미 정상회담 하루 전인 4월 18일 '미국의 요구에 맞춰' 30개월령 이상, 위험물질 부위까지 수입하기로 합의함으로써 미국과의 약속을 충실히 이행했다.[3]

거센 반발은 뻔한 결과였다. 시민들이 촛불을 들었다. MBC 〈PD 수첩〉 보도[4]는 불에 기름을 부은 격이었다. 특히 제 발로 서지 못하고

---

3 김이택, "조용환·피디수첩 사건이 말하는 것", 〈한겨레〉, 2011. 9. 20.

4 MBC 〈PD 수첩〉은 2008년 4월 29일 "미국산 쇠고기, 과연 광우병에서 안전한가?"를 방송했다. 미국산 쇠고기 위험 개연성을 놀랄 만한 영상과 함께 제시했다. 당시 정부와 보수 시민단체들은 괴담을 부추긴 왜곡방송이라며 제작진을 여러 건 고소·고발했으나 법원은 모두 무죄 판결했다. 나중에 광우병에 의한 사망이 아니라고 드러난 아레사 빈슨 사례 등 사실이 아닌 내용을 일부 포함했다. 자극과 선동을 이끈 편집이었다는 비판도 여전하다.

주저앉는 '다우너 소'를 학대하며 도축장으로 끌고 가는 화면이 충격이었다. 촛불시위가 전국으로 번졌다. 성난 시민들은 쇠고기 수입문제뿐 아니라 4대강 사업을 포함한 이명박 정부 정책 전반을 비판하며 정권 퇴진을 주장했다.

불과 몇 년 뒤, "박근혜 탄핵"을 외치는 더 거센 촛불시위가 일어났지만, 그때만 해도 상상하기 힘든 규모로 벌인 저항이었다. 청와대로 향하는 시위대를 막기 위해 이른바 '명박산성'이 등장하기도 했다. 이명박 대통령이 "촛불은 누구 돈으로 샀고, 누가 주도했는지 보고하라"고 말했다는 보도가 나와 민심을 더 자극했다. 청와대가 민의를 읽기는커녕 실체도 없는 배후를 찾는 데 골몰한 셈이다. 실제 국가기관이 움직이기까지 했다.

국군기무사령부(기무사)가 2008년 6월 4일 '비노출 특수 민간팀'을 운용하자고 청와대에 보고한 문건을 10년 뒤 이철희 의원이 〈한겨레〉에 공개했다.

이명박 대통령은 "촛불집회에 나온 1만 명의 촛불은 누구 돈으로 샀고 누가 주도했는지 보고하라"며 배후를 강하게 의심하고 있었다. 또 촛불집회를 통제하지 못하던 국정원과 검찰의 '무능함'을 이 대통령이 강하게 질책했다는 것도 잘 알려진 사실이다.

이런 순간에 기무사는 "좌익세(력)의 반정부 선전·선동에 대응, 정부 지지여론 확산"을 위한 '비노출 특수 민간팀'이라는 아이디어를 청와대에 보고했다. 답답함을 느끼던 이 대통령의 가려운 곳을 긁어 준 셈이다. 기무사는 KBS·MBC 및 좌파매체의 반정부 선동방송 모니터링, 좌파 대응논리 개발, 온·오프라인 확산, 우파매체에 기사·칼럼 게재, 우파단체 명의 자료배포, 각종 미디어(동영상·음악·만화)로 재가공 뒤 확산 등 민간팀의 구체적인 임무도 명시했고 단계별 연간 예산까지 곁들였다.[5]

기무사가 이 문건을 보고한 날 치른 재보궐선거에서 여당인 한나라당은 기초단체장 9곳 중 1곳만 당선자를 냈다. 참패였다.

이명박 대통령으로서는 위기감을 느끼지 않을 도리가 없었다.

집회가 계속되던 어느 날 밤, 나는 청와대 관저 바로 뒤에 있는 산에 올랐다. 촛불을 들고 광화문에 모인 시위대의 모습이 눈에 들어왔다. 당시 집회를 강력하게 진압하고 주동자들을 엄벌해 법치를 세워야 한다는 보수 진영의 압박도 컸다. 그런 주장에도 일리는 있었다. 법치 확립은 내 대선 공약일 뿐만 아니라 선진화를 위한 길이기도 했다.

여러 가지 생각에 머릿속이 복잡했다. 광화문에서는 시위대가 부르는 〈아침 이슬〉 노래가 들려왔다. 나도 좋아하는 노래였다. 내가 서울시장이던 시절 만든 서울광장과 복원된 청계천이 시위대의 집회장소가 돼 있었다. '참 묘한 아이러니구나' 하는 생각에 마음이 착잡했다.

한편으로 대기업 CEO 출신 새 대통령이 취임해 많은 국가들이 한국을 주시하고 있는데, 만일 시위진압 과정에서 불미스러운 일이 생긴다면 과연 한국을 어떻게 볼 것인가 하는 생각도 들었다. 무엇보다도 건강을 염려해 거리로 나온 선량한 시민이 피해를 볼 수 있다는 걱정도 됐다.[6]

5 김태규, "[단독] '광우병 촛불' MB 위기 때 기무사 앞장서 '여론공작' 설계", 〈한겨레〉, 2018. 4. 12.
6 이명박, 2015, 《대통령의 시간 2008-2013》, 알에이치코리아.

2008년 5월 22일 대국민 담화를 통해 송구스럽다고 고개를 숙인 이명박 대통령은, 다시 6월 19일 특별 기자회견을 열었다. 위 연설문은 그 기록이다. 당시 이 대통령이 처한 곤혹스런 상황과 고민이 잘 드러나 있다. 경과를 설명하고 사과하고 이해를 구하려고 애쓴 노력이 엿보인다. 성난 민심에 놀라 떠밀린 후퇴였다. 더 늦지 않아 그나마 다행이다. 다음 날 청와대 참모진 6명이 물러났다. 이튿날 한미 두 나라는 그동안 해온 추가협상을 통해 30개월 이상 쇠고기는 수입하지 않기로 발표했다.

이 연설을 기점으로 '광우병 사태'는 서서히 가라앉았다. 그리고 2012년 3월 15일, 한미 FTA가 발효되었다. 그 뒤 10년, 산업통상자원부 자료를 보면 한미 두 나라 무역규모는 66.1% 늘었다. 2012년 1,018억 달러에서 2021년 1,691억 달러가 되었다. 대미 수출이 61.1%, 수입이 69.0% 증가했다. 대미 무역수지는 해마다 흑자를 유지했다. 2012년 152억 달러에서 2021년 227억 달러로 불었다. 우려와 달리 농축수산물도 수입보다 수출 증가율이 더 높다. 국내 소비자들은 이제 미국산 쇠고기를 별 거부감 없이 믿고 사고 즐겨 먹는다. 미국산 쇠고기 수입이 연평균 13%가량 늘었다. 그동안 국내 소 사육 농가 수는 40%가 줄었다.

당시 촛불시위가 이른바 '광우병 괴담'에서 비롯한 지나친 우려였는지 정당한 문제제기였는지, 평가는 저마다 할 몫이다. 한미 FTA가 국익에 도움을 준 현명한 결정이었는지, 섣부른 개방으로 부작용을 불렀는지도 더 두고 볼 일이다. 지도자는 시대에 앞선 결정을 할 줄 알고, 해야만 하는 사람이다. 때론 반발을 감내하고 뚫고 나가야 한다. 그렇다고 민심을 거슬러서는 안 되는 일이다. 성과를 위해 조바심을 내느라 판단을 흐리게 해서는 안 된다. 사욕까지 섞이면 최악이다.

　위대한 결단은 외로울 수밖에 없지만 민의를 존중하지 않은 결단은 존재할 수가 없다.

6장

포기 아닌 포기, 한반도 대운하

안녕하십니까, 대통령입니다!

근래 저는 많은 분들을 직접 만나 이야기를 듣고 있습니다. 또한 청와대 홈페이지를 통한 의견도 열심히 보고 있습니다. 오늘은 홈페이지에 올라온 의견들에 대해 잠시 말씀드릴까 합니다.

많은 분들이 도대체 언제쯤 경제와 생활이 좀 나아지겠느냐고 묻습니다. 사실 그것 때문에 제가 가슴이 아프고 또한 마음이 무겁습니다. 지난주 OECD와 IMF는 내년도 우리나라 경제성장률이 OECD 국가 가운데 가장 높은 수준이 될 것이라고 발표한 바 있습니다.

하지만 실제 회복이 이루어지기까지는 시간이 걸릴 것이고 서민 생활이 나아지는 데는 더 많은 시간이 필요할 것 같습니다. 하반기에는 경제를 제 궤도에 올리고, 서민 생활을 더더욱 열심히 챙길 각오를 하고 있습니다.

정근영 씨를 포함해 많은 분들은 4대강 살리기에 대해서 이름만 바꾸어 대운하 사업을 추진하려는 것 아니냐고 물으셨습니다. 또 김철우 씨 등 적지 않은 분들은 "20조 원 가까이 들여서 건설사들의 배만 불리는 것 아니냐?"고 따지셨습니다. 이런 글들을 읽으며 정말 가슴이 답답했습니다. '정부에 대한 불신의 벽이 너무 높구나' 하는 안타까움 때문이었습니다.

이 기회에 분명하게 말씀을 드리겠습니다. '대한민국의 미래를 위해 대운하가 필요하다'는 제 믿음에는 지금도 변화가 없습니다. 그것은 정치하기 오래 전 민간기업에 있을 때부터 생각해왔던 것이고, 실은 1996년 15대 국회 때 당시 정부에 운하는 꼭 해야 할 사업이라고 제안한 바 있습니다. 그래서 중심적인 공약으로 내세웠던 것입니다. 그럼에도 불구하고 이 문제가 정치적 쟁점이 되어 국론을 분열시킬 위험이 있었기 때문에 국민적 공감대가 형성되지 않는 한 대운하 사업을 하지 않겠다고 밝힌 바 있습니다.

사실 대운하의 핵심은 한강과 낙동강을 연결하는 것입니다. 그러나 우리 정부에서는 그걸 연결할 계획도 갖고 있지 않고 제 임기 내에는 추진하지 않겠습니다. 그렇다고 21세기의 가장 중요한 자원인 강을 이대로 둘 수는 결코 없습니다.

국민 여러분!

만일 한강을 그냥 놓아두었다면 과연 오늘의 아름다운 한강이 되었을까요? 잠실과 김포에 보를 세우고 수량을 늘리고 오염원을 차단하고 강 주변을 정비하면서 지금의 한강이 된 것입니다. 요즘 한강에서 모래무지를 비롯해 온갖 물고기들이 잡힌다고 하지 않습니까. 울산의 태화강도 마찬가지입니다. 완전히 죽었던 태화강을 준설해서 물을 풍부하게 하고 환경친화적으로 강을 정비하고 나니까 이제는 울산의 보물이 되었습니다. 누가 저에게 태화강에서 요즘 수영을 못 한다고 하기에 왜 못 하냐고 했습니다. 그랬더니 물고기가 너무 많아서 헤엄치기 어렵다고 하기에 우리 모두 함께 웃었습니다.

4대강 살리기도 바로 그런 목적입니다. 지난 5년간 평균을 보면 연간 홍수 피해가 2조 7천억 원이고, 복구비가 4조 3천억 원이나 들었습니다. 물도 풍부하게 확보하고 수질도 개선하고 생태환경과 문화도 살리면서 국토의 젖줄인 강의 부가가치도 높이면, 투입되는 예산의 몇십 배 이상의 가치를 얻을 수 있습니다. 이 문제에 대해서 더 이상 오해가 없으시기를 바랍니다.

저는 청계천도 그런 마음을 가지고 복원했습니다. 그렇게 달라진 청계천을 지금은 사업 초기에 그렇게 반대했던 분들까지 모두 행복하게 즐기고 있지 않습니까.

소통이나 국민 화합과 관련해서도 많은 의견을 주셨습니다. 박재영 씨는 국민을 섬기는 자세로 일하겠다던 취임식 때 선서를 잊지 말아 달라고 간곡히 부탁했습니다. 박정주 씨 등 많은 분들께서도 우리 사회의 분열과 갈등에 대해 걱정하는 글을 남기셨습니다. 정말 저는 고마운 말씀이라고 생각합니다.

얼마 전 삼성경제연구소의 우리나라 사회갈등 비용이 GDP의 27%에 해당된다는 조사 결과를 보고 저도 깜짝 놀랐습니다. 이 정치적·사회적 갈등과 분열상을 극복하지 않고서는 우리나라가 선진화되기 어렵다고 저도 절실하게 느끼고 있습니다. 아마 여러분도 그렇게 생각하실 줄로 압니다.

최근 제가 얘기하는 중도실용도 무슨 거창한 이념을 이야기하는 것은 결코 아닙니다. 갈등하며 분열하지 말고 국가에 도움이 되고, 특히 서민과 중산층에 도움이 되는 방향으로 우리의 마음을 모으자는 것입니다.

힘겨운 서민 생활에 대해 하소연하신 조민정 씨와 이록 씨 등 많은 분들의 글도 잘 읽었습니다. 제안하신 대로 벌점 등으로 면허가 취소된 생계형 직업 운전자들에 대해서는 특별 사면을 적극 검토하도록 하겠습니다. 그렇지만 제 임기 중에 일어난 사회지도층의 권력형 부정과 불법에 대해서는 이미 여러 차례 밝힌 대로 관용을 베풀지 않을 것입니다.

이 밖에도 보육비나 사교육비 걱정을 하지 않아도 되는 나라를 만들어 달라고 하신 송진숙 씨, 서기정 씨 등 많은 분들, 취업준비생의 답답함을 호소하신 김민규 씨, 중동에서 일하던 시절의 가슴 찡한 경험을 일깨워 주신 한태교 씨의 글도 잘 읽었습니다.

국민 여러분의 지적과 제안에 대해서 저는 진심으로 감사를 드립니다. 앞으로도 국민 여러분의 소리에 귀를 기울이며 더욱 열심히 하겠다는 약속을 드리겠습니다.

오늘 하루도 좋은 날이 되시기 바랍니다. 고맙습니다.

인천 부평 철마산과 만월산에서 시작해 경기 김포에서 한강으로 합쳐지는 물길이 있다. 굴포천(堀浦川)이다. 堀은 땅을 판다는 뜻이다. 그 옛날 삼남지방에서 거둔 조세 현물은 바닷길을 통해 조정 왕실로 옮겼다. 그러려면 김포와 강화 사이 손돌목이라는 해협을 지나야 했는데 암초가 많고 물살이 거세 위험이 컸다. 이 물길을 피해 바다와 한강을 직접 연결하려는 시도가 고려 때부터 있었다. 고려 고종 때 최이가 인천 제물포에서 굴포천을 거쳐 한강으로 물길을 잇는 계획을 세웠다고 한다. 우리 역사에 남은 첫 운하 시도였다.

조선 중종 때에는 김인로가 이 계획대로 하천을 팠는데 완성하지 못했다. 도중에 암반 지질을 만나 포기했다고 한다. 《정조실록》에는 이런 기록이 있다.

옛날에 듣건대 김안로는 조수를 40리까지 통하게 하여 원통현에 이르러 그쳤다 하는데, 이곳은 만년토록 감싸 호위하는 땅이니 어찌 인력으로 파고 깨뜨릴 여지가 있겠는가(昔聞金安老通潮四十里, 至圓通峴而止, 此爲萬年拱護之地, 則豈容人力鑿破乎).[1]

당시엔 꼭 필요한 물길이었겠으나 원통현, 즉 원통이고개를 뚫을 기술이 모자랐던 모양이다. 이 수로는 21세기에 열렸다. 1995년 정부는 경인운하 사업계획을 세웠다. 노무현 정부 들어 사업타당성 부족을 이유로 중단했는데 이명박 정부가 다시 추진했다. 2009년 공사를 시작해 2012년 경인아라뱃길을 열었다. 이번엔 기술은 충분했으나 필요가 없었다. 사

---

1 《정조실록 47권》, 정조 21년, 8월 30일, 丙寅 첫 번째 기사.

업을 추진한 쪽에서는 물류와 관광, 치수 분야에서 두루 필요성이 충분하다고 주장했다. 헛꿈이었다.

한국수자원공사는 애초 연간 3조 원 생산유발 효과와 2만 5천 명 고용유발 효과를 내걸었는데 결과는 처참하다.

2조 7천억 원을 투입해 한강과 서해를 잇는 경인아라뱃길이 개통 5년 차를 맞았지만 투자비 회수는커녕 매년 수십억의 혈세가 낭비되고 있다는 지적이 나왔다.

19일 국회 국토교통위원회 소속 윤관석 더불어민주당 의원에 따르면 아라뱃길 화물 이용량은 개통 5년 차(지난해 5월~올해 5월) 목표가 8,537톤이었으나 실적은 762톤(8.9%)에 불과했다. 여객 실적은 13만 명에 불과해 계획(60만 9천 명) 대비 21.3% 수준에 머물렀다. 화물 이용량 실적의 경우 개통 4년 차인 884톤(10.1%)보다도 122톤 저조한 실적을 보였다.

아라뱃길 투자금은 3조 214억 원으로 현재까지 회수금은 1조 6,482억 원(54.6%)에 머무르고 있다. 항만시설관리권 매각 목표는 1조 831억 원이었으나 단 540억 원어치만 매각돼 목표치 대비 이행률이 5.5%에 머물렀다.

현재까지 회수된 투자금은 대부분 국고지원(4,603억 원), 단지분양(1조1,391억 원)에서 실현했다. 항만과 관련된 항목에서는 회수가 거의 이뤄지지 못했다. 마리나도 600억 원 가량 계획했지만 45억 원밖에 회수하지 못했다. 부두임대도 계획의 9% 수준밖에 되지 않았다.[2]

아라뱃길 하천과 항만 관리를 위해서는 해마다 수십억 원씩 쏟아부어야 한다. 건설 투자비는커녕 운영비도 못 건지는 판이다. 이명박 대

---

2 김기중, "2.7조 투입한 아라뱃길 매년 수십억 혈세 낭비", 〈한국일보〉, 2017. 10. 19.

통령이 처음 구상한 대로 경부운하를 만들고 영산강, 낙동강, 금강, 한반도 모든 강줄기를 뱃길로 연결했으면 결과가 어땠을까?

이 대통령은 북한 땅 강줄기까지 다 연결하려고 염두에 두었다.

한반도 대운하는 버려진 하천을 정비하는 수준을 넘어 우리 강의 기능을 복원하고 서로 연결하여 한반도에 하나의 수로 망을 건설하자는 계획이었다.

정책으로 개발하는 일은 국제전략연구원을 중심으로 이루어졌다. 류우익 원장을 비롯하여 장석효 전 서울시 행정2부시장, 박석순 이화여대 교수, 곽승준 고려대 교수 등 10여 명의 전문가들이 연구모임을 만들어 운하를 정책적으로 연구하고 기획했다.

그것은 임기 5년의 단임 대통령이 완성할 수 있는 단기 사업이 아니라 통일 이후까지 지속적으로 추진할 장기발전 구상이었다. 한강과 낙동강을 잇는 경부운하, 영산강의 호남운하, 금강의 충청운하를 우선 건설한 후 나머지 강줄기들도 수로로 연결하고, 장기적으로는 북한운하까지 건설하자는 계획이었다.

그리되면 한반도 전역에 걸쳐 총 17개 노선 3,100km에 이르는 거대한 수로 망이 구축되는 것이다. 나는 이러한 사업구상을 선거공약을 정리하는 과정에서 알기 쉽게 '한반도 대운하'라 명명했다.[3]

참 어마어마하고도 무모한 계획이었다. 사실 운하사업은 일제강점기와 이승만·박정희 정권 때에도 계획했다가 추진하지 않았다. 사업성이 없어서였다. 건설에 드는 비용과 운하로 발생할 물류이득을 따져 봐도 이득이 없었다. 수질관리도 장담하기 어려웠다. 생태계 파괴문제도

3 이명박, 2015, 《대통령의 시간 2008-2013》, 알에이치코리아.

있었다. 번번이 포기한 사업을 이명박 대통령은 더 부풀려서 화끈하게 밀어붙였다.

2006년 9월 한반도대운하연구회가 처음 계획을 발표했다. 한 달 뒤, 당시 대통령 후보이던 이명박 전 서울시장은 직접 유럽에 가 운하를 둘러본 뒤 '한반도 대운하 구상'을 공개했다. 이른바 '한국판 뉴딜정책'이라고 했다. 남북한을 합쳐 17개 노선, 총연장 3,100km에 이르는 물길을 구상했다. 핵심인 경부운하는 문경새재 부근 해발 140m 지점에 20.5km 연장인 조령터널을 건설해 한강과 낙동강을 연결하는 내용이다. 대통령에 당선하자 인수위원회 안에 별도 조직을 꾸렸다. 대형 건설업체 다섯 곳에 사업참여 여부를 검토해 달라고 요청했다. 사실상 참여 지시나 다름없었다.

반대 여론이 들끓기 시작했다. 2008년 1월 말 한반도 대운하 반대 서울대 교수모임이 발족했다. 이 교수모임 토론회를 통해 대운하 구상이 지닌 문제점이 대중에 알려지기 시작했다. 이명박 대통령 취임을 얼마 앞두고는 400개 가까운 시민사회단체가 운하백지화국민행동을 꾸렸다. 3월 25일에는 운하반대 전국교수모임이 발족했다. 2,544명이 참가했다. 1987년 민주화 항쟁 이후 보기 힘든 규모였다.

임기를 시작한 이명박 대통령은 여론을 살피는 태도를 보였다. 4월 24일 국정과제 보고회 의제에서 대운하 사업을 제외했다. 5월에는 한 발 더 물러서는 태도를 보였다. 저항이 적은 '뱃길 정비'부터 시작하고 '연결 공사' 부분은 계속 논의하는, 단계별 분리 추진으로 방향을 잡았다. 이와 관련해서 "(물길의 각 구간을) 잇고 하는 것은 국민이 불안해 하니까 뒤로 미루고 …"라고 말했다. 4대강 유역 재정비만 우선 하겠다고 했다.

하지만 거짓이었다. 한국건설기술연구원 김이태 박사가 다음 아고라에 글을 올려 "4대강 정비계획의 실체는 운하계획"이라고 폭로했다. 정부가 별도 조직(TF)을 만든 뒤 연구원들에게 대운하 반대논리에 대응할 논리를 내놓으라고 강요한다고 주장했다. "아무리 머리를 쥐어짜도 반대논리를 뒤집을 대안이 없다"고도 했다. 이명박 정부는 국책연구기관에 관련 연구용역도 이미 맡긴 상태였다.

정부가 추진하는 4대강 하천정비 사업이 사실상 대운하 사업임이 정부 공식 문서를 통해 확인됐다.

이런 사실은 〈한겨레〉가 27일 단독 입수한 국토해양부의 '친환경적 친문화적 물길 잇기 기본계획 및 5대강 유역 물관리 종합대책 수립을 위한 연구용역 과업지시서'에서 드러났다.

국토부가 지난 4월 작성한 이 문건은 국토연구원 등 5개 국책연구기관에서 올 4월부터 2009년 5월까지 30억 원의 연구비를 들여 수행할 연구의 내용과 지침을 담고 있다. 연구기관 5곳은 이 지침에 따라 현재 연구용역을 진행하고 있다.

국토부는 이 과업의 배경으로 "친환경·친문화적 한반도 대운하 건설 추진이 국정과제의 핵심 과제로 분류"됐음을 들고, 과업 목적이 "대운하와 관련한 각종 쟁점을 심층적으로 검토하고, 이수·치수, 수질개선 및 운하 등 다목적 하천환경 이용 등에 대한 개선대책을 마련"하는 것이라고 밝혔다.

지시서는 과업의 주요 내용을 다섯 가지로 들고 있는데, '물관리 종합대책'을 뺀 네 가지는 물길 잇기 기본계획안, 운하 관련 기본사항 조사·분석, 운하 신설에 따른 지역개발 구상, 운하 관련 법·제도 연구 등 모두 운하와 관련한 것이다.[4]

---

4 조홍섭, "[단독] '강 정비, 운하 눈속임' 국토부 문건서 확인", 〈한겨레〉, 2008. 5. 28.

반대 여론이 갈수록 커졌다. 한반도 대운하와 쇠고기 재협상 문제가 얽혔다. 이명박 대통령은 궁지에 몰렸다. 앞서 살펴본 2008년 6월 19일 특별 기자회견 연설에서 "대운하 사업도 국민이 반대한다면 추진하지 않겠"다고 물러섰다. 끝이 아니었다. 포기는 조건부였다. '국민이 반대한다면'이라는 조건이 있었다. 대운하를 반대하는 쪽에서는 반대여론이 잠잠해지면 다시 추진하겠다는 말 아니냐고 의심했다. 조만간 다시 추진하지 않을지, 내부에서는 여전히 추진 중이지 않은지, 우려가 사그라지지 않았다.

이명박 대통령은 대운하 사업 포기를 다시 명확히 밝혀야 했다. 앞선 연설 뒤 열흘 만에 라디오 연설을 통해서였다. 위 연설문이 그 내용이다.

사실 대운하의 핵심은 한강과 낙동강을 연결하는 것입니다. 그러나 우리 정부에서는 그걸 연결할 계획도 갖고 있지 않고 제 임기 내에는 추진하지 않겠습니다.

조건을 달지 않은 공식 포기였다. 〈동아일보〉는 '소통정치 1탄'이라고 추켜세웠다. "중도실용과 국민통합, 소통의 정치를 위해 자신의 오랜 소신을 접었다"고 높이 평가했다. 〈중앙일보〉도 대운하 논쟁은 끝이라면서 반대를 위한 반대는 접자고 했다. 〈조선일보〉도 이 연설을 계기로 대운하라는 말이 더 나오지 않게 해야 한다고 했다. 한반도 대운하 사업은 이렇게 사라졌다. 아니, 사라진 줄 알았다. 혹시나, 설마, 하는 의심이 남았지만 국민은 그렇게 믿고 싶었다. 대통령이 국민에게 한 약속이니 그랬다. 그러나 거짓말이었다. 이명박 대통령이 한 여러 거짓말 중 꼭 기억해야 할 거짓말이다.

이명박 대통령은 대운하 사업을 하지 않겠다고 약속해 놓고 잠시도 멈추지 않았다. 그해 말 국가균형발전위원회는 '4대강 살리기 프로젝트'를 발표했다. 정부는 운하가 절대 아니라고 했다. 하천 '정비'를 한다고 했다. 강바닥을 파내고 보를 세워 수해를 막고 물을 확보하는 목적이라고 했다. 하지만 아니었다. 대운하 포기는 겉으로 드러난 모습일 뿐이었다.

2018년 감사원이 네 번째로 4대강 사업을 감사한 뒤 내놓은 결과를 보면 이 대통령이 운하를 고집하고 강행한 사실이 명백하다. 수심 6m를 유지하라고 직접 지시했다.

감사원의 이번 감사결과에 따르면, 이명박 전 대통령은 대운하 사업을 포기하겠다고 선언한 뒤에도 4대강 사업에 필요 이상의 수심과 수자원 확보를 밀어붙였다. 대운하의 꿈을 버리지 않은 것이다.

지난 2008년 6월 이 전 대통령은 한반도 대운하 사업 중단을 실시했는데, 약 2개월 뒤인 8월 말쯤 당시 정종환 국토부 장관에게 하천정비사업 추진을 지시해 4대강 사업에 착수하게 됐다.

같은 해 11~12월에 국토부가 홍수방지를 주목적으로 하는 제방보강과 준설 위주의 4대강 사업방안을 보고하자, 이 전 대통령은 "보를 설치해 수자원을 확보하고, 가장 깊은 곳의 수심은 5~6m로 굴착하라"는 취지로 지시한 것으로 나타났다. …

당시 대운하 설계팀은 낙동강의 최소 수심을 6m 수준으로 해야 홍수방어와 물부족 대처가 가능하다는 주장을 내놓았는데, 국토부는 "대운하 추진으로 생각될 수 있고, 과잉투자 논란이 우려된다"며 2.5~3m 수준의 보로 충분하다는 결과를 대통령에게 보고했다. 하지만, 보고를 받은 이 전 대통령은 오히려 최소 수심을 3~4m로 할 것을 지시했고, 다음 날은 4~5m로 늘리도록 지시했다.

4월 초에도 이 전 대통령은 낙동강 상류의 최소 수심을 4m로 하는 방안과 낙동강 하구에서 상주까지 유람선을 운행하는 방안을 검토하라고 지시를 내렸고, 4월 15일에는 낙동강 최소 수심을 6m 수준으로 확보하라는 지시를 내린 것으로 드러났다. …

수질개선 대책에도 청와대가 부당하게 개입한 사실도 확인됐다.

환경부는 지난 2008년 초부터 대운하 4대강 사업으로 보가 설치되면 하천의 호소화(湖沼化: 호수와 늪)로 조류가 발생하는 등 수질오염이 나타날 수 있으며 문제발생 시 치유가 거의 불가능하다는 우려를 보고했다. 그러나 대통령실(현 대통령비서실)은 지난 2009년 3~4월에 조류와 관련된 표현을 삼가 달라는 지시를 내렸고, 이에 환경부는 이를 삭제하거나 순화했다.

이후 환경부는 국립환경과학원으로부터 조류농도 증가로 인한 문제점을 보고받았음에도 특별한 조치 없이 대통령 등에게 "4대강 모든 수역에서 수질이 개선될 것"이라고만 보고했다.[5]

결과는 모두가 아는 바대로다. 찬반으로 나뉘어 치른 홍역은 우리 사회가 한 단계 성숙하는 기회비용이었다고 치자. 곳곳이 보로 막힌 4대강 생태계는 엉망이 되었다. 모래톱이 사라지고 강물은 썩었다. 물새는 떠나고 물고기는 죽어 떠올랐다.

분석 지점과 방식에 따라 제각각인 수치를 들이대며 서로 다른 해석을 하지만, 수질이 나아졌다는 주장은 억지춘향일 뿐이다. 고인 물은 썩는다는 뻔한 이치를 온 국민이 지켜보았다. 심한 녹조현상에 '녹조 라떼'라는 자조마저 나왔다. 홍수피해 예방과 수자원확보 효과도 기대 이

5 황영찬, "MB, 대운하 포기하고도 4대강 '수심 6m' 강행 … 감사원 발표", 〈CBS 노컷뉴스〉, 2018. 7. 4.

하다. 경제성도 엉망이다. 4대강 사업에는 23조 원이 넘게 들었다. 2018년 감사원이 서울대 산학협력단에 의뢰하여 분석했더니 50년간 총 비용은 31조 원, 총편익은 6조 6천억 원이었다.

사업추진 과정에서 이른바 '토건 마피아'들만 살판이 났다. 정치인과 학자, 관료, 언론인들은 위험에 눈을 감은 채 사업을 부추겼다. 일부에서 꾸준히 견제했으나 역부족이었다.

> 4대강 사업은 중앙과 지방에 포진한 건설사, 투기자본, 토호 및 정치인, 언론, 학자, 검찰을 중심으로 한 토건세력의 지배력과 연대를 공고히 하는 것이자 이를 기반으로 보수정권의 재창출을 이뤄내려는 정치적 프로젝트다. 때문에 이들은 민주적 절차를 무시한 채 일방통행식으로 추진하고 있다.
> 실제로 4대강 공사는 상당부분이 일괄수주 방식(일명 turn-key 방식)으로 진행되고 수주과정에서 대규모 건설사들의 담합행위가 일어났다.[6]

이미 2009년부터 짬짜미 의혹이 나왔다. 2012년 공정거래위원회가 업체들이 입찰을 짬짜미했다고 최종 확인했다. 공정위는 현대건설, 대우건설, 대림산업, 삼성물산, GS건설, SK건설, 포스코건설, 현대산업개발 등 8개 건설사에 과징금 1,115억 원을 부과했다. 금호산업, 쌍용건설, 한화건설, 한진중공업, 코오롱글로벌, 경남기업, 계룡건설, 삼환기업 등 8개 업체에도 시정명령을 내렸다.

그런데 공정위가 이런 짬짜미를 미리 확인하고도 청와대 눈치를 보

---

6 민주화를위한교수협의회·전국교수노동조합·학술단체협의회 엮음, 2011, 《독단과 퇴행, 이명박 정부 3년 백서》, 메이데이.

고 뭉갠 사실이 나중에 드러났다. 과징금을 깎아 주기까지 했다. 건설 사들은 과징금을 물고도 1조 원 넘는 폭리를 얻었다. 이명박 대통령 측 근인 장석효 한국도로공사 사장을 비롯해 몇몇은 업체에서 뇌물을 받았다. 일부 교수들도 관련사업 심사위원으로 참여하면서 뇌물을 받았다. 국토부 공무원들은 향응을 받았다. 이 모두가 돈과 이권으로 얽힌 어둡고 더러운 사슬이다. 이 사슬이 지금은 끊겼다고 믿을 근거는 하나도 없다.

이명박 대통령은 지금도 4대강 사업이 운하를 염두에 둔 사업이 아니라고 말한다. 감사원 감사결과마저 부정한다. 여전히 성공한 사업이라고 자찬한다.

내가 대운하를 만들기 위해 4대강 사업을 벌였다는 것은 도저히 상식적으로 납득이 가지 않는 주장이었다. 그러나 이러한 주장은 퇴임 후 감사원의 4대강 살리기 사업 감사결과에서까지 나왔다. … 4대강 살리기 사업은 수많은 하천 관련 전문가들이 공을 들여 기획한 것이다. 감사원의 비전문가들이 단기간에 판단해 결론을 내릴 수준의 문제가 아닌 것이다.

우리 역사상 가장 큰 국책사업이었던 경부고속도로, 포항종합제철, 경부고속철도, 인천국제공항 등 대형 국책사업들은 시행 당시 하나같이 수많은 반대와 갈등에 직면했다. 그러나 결국 이 사업들은 후일 성공적인 사업으로 평가를 받았다.[7]

자기 부정까지 하는 자기 확신은 어디에서 나왔을까? 새빨간 거짓말

---

7 이명박, 2015, 《대통령의 시간 2008-2013》, 알에이치코리아.

을 또 거짓말로 덮는 맹목과 위선을 왜 버리지 못할까? 실형을 받고 옥에 간힌 그는 성찰과 후회를 조금이나마 하고 있을까? 평범한 상식으로는 도무지 알 도리가 없다.

창조경제는 대체 무엇이었나?

7장

존경하는 국민 여러분! 700만 해외동포 여러분!

저는 오늘 대한민국의 제18대 대통령에 취임하면서 희망의 새 시대를 열겠다는 각오로 이 자리에 섰습니다. 저에게 이런 막중한 시대적 소명을 맡겨 주신 국민 여러분께 깊이 감사드리며, 이 자리에 참석해 주신 이명박 대통령과 전직 대통령, 그리고 세계 각국의 경축사절과 내외 귀빈 여러분께도 감사드립니다.

저는 대한민국의 대통령으로서 국민 여러분의 뜻에 부응하여 경제부흥과 국민행복, 문화융성을 이뤄낼 것입니다. 부강하고, 국민 모두가 함께 행복한 대한민국을 만드는 데 저의 모든 것을 바치겠습니다!

국민 여러분!

오늘의 대한민국은 국민의 노력과 피와 땀으로 이룩된 것입니다. 하면 된다는 국민들의 강한 의지와 저력이 산업화와 민주화를 동시에 이룬 위대한 성취의 역사를 만들었습니다. '한강의 기적'으로 불리는 우리의 역사는 독일의 광산에서, 열사의 중동 사막에서, 밤새 불이 꺼지지 않은 공장과 연구실에서, 그리고 영하 수십 도의 최전방 전선에서 가족과 조국을 위해 헌신하신 위대한 우리 국민들이 계셔서 가능했습니다. 저는 오늘의 대한민국을 만드신 모든 우리 국민들께 진심으로 경의를 표합니다.

존경하는 국민 여러분!

격동의 현대사 속에서 수많은 고난과 역경을 극복해온 우리 앞에 지금 글로벌 경제 위기와 북한의 핵무장 위협과 같은 안보위기가 이어지고 있습니다. 글로벌 금융위기 이후 자본주의 역시, 새로운 도전에 직면해 있습니다.

이번 도전은 과거와는 달리 우리가 스스로, 새로운 길을 개척해야만 극복해 나갈 수 있습니다. 새로운 길을 개척하는 것은 쉽지 않은 일입니다. 그러나 저는 우리 대한민국의 국민을 믿습니다. 역동적인 우리 국민의 강인함과 저력을 믿습니다.

이제 자랑스런 우리 국민 여러분과 함께 희망의 새 시대, '제2의 한강의 기적'을 만드는 위대한 도전에 나서고자 합니다. 국민 개개인의 행복의 크기가 국력의 크기가 되고, 그 국력을 모든 국민이 함께 향유하는 희망의 새 시대를 열겠습니다!

존경하는 국민 여러분!

저는 오늘 국가발전과 국민행복이 선순환하는 새로운 미래를 만들기 위해 우리가 나아갈 방향을 제시하고자 합니다. 새 정부는 '경제부흥'과 '국민행복', 그리고 '문화융성'을 통해 새로운 희망의 시대를 열어갈 것입니다.

첫째, 경제부흥을 이루기 위해 창조경제와 경제민주화를 추진해 가겠습니다.

세계적으로 경제의 패러다임이 바뀌고 있습니다. 창조경제는 과학기술과 산업이 융합하고, 문화와 산업이 융합하고, 산업 간의 벽을 허문 경계선에 창조의 꽃을 피우는 것입니다. 기존의 시장을 단순히 확대하는 방식에서 벗어나 융합의 터전 위에 새로운 시장, 새로운 일자리를 만드는 것입니다.

창조경제의 중심에는 제가 핵심적인 가치를 두고 있는 과학기술과 IT산업이 있습니다. 저는 우리 과학기술을 세계적인 수준으로 끌어올릴 것입니다. 그리고 이러한 과학기술들을 전 분야에 적용해 창조경제를 구현하겠습니다. 새 정부의 미래창조과학부는 이와 같은 새로운 패러다임에 맞춰 창조경제를 선도적으로 이끌어 나갈 것입니다.

창조경제는 사람이 핵심입니다. 이제 한 사람의 개인이 국가의 가치를 높이고, 경제를 살려낼 수 있는 시대입니다. 지구촌 곳곳에서 활약하고 있는 수많은 우리 인재들이 국가를 위해 헌신할 수 있도록 기회를 부여하겠습니다. 또한 국내의 인재들을 창의와 열정이 가득한 융합형 인재로 키워 미래 한국의 주축으로 삼겠습니다.

창조경제가 꽃을 피우려면 경제민주화가 이루어져야만 합니다. 공정한 시장질서가 확립되어야만 국민 모두가 희망을 갖고 땀 흘려 일할 수 있다고 생각합니다. 열심히 노력하면 누구나 일어설 수 있도록 중소기업 육성정책을 펼쳐서 대기업과 중소기업이 상생할 수 있도록 하는 것이 제가 추구하는 경제의 중요한 목표입니다.

소상공인과 중소기업들을 좌절하게 하는 각종 불공정행위를 근절하고 과거의 잘못된 관행을 고쳐서, 어느 분야에서 어떤 일에 종사하던 간에 모두가 최대한 역량을 발휘할 수 있도록 적극 지원할 것입니다. 그런 경제 주체들이 하나가 되고 다 함께 힘을 모을 때 국민이 행복해지고, 국가경쟁력이 높아질 수 있습니다. 저는 그 토대 위에 경제부흥을 이루고, 국민이 행복한 '제2의 한강의 기적'을 이루겠습니다.

국민 여러분!

국가가 아무리 발전한다 해도 국민의 삶이 불안하다면 아무 의미가 없을 것입니다. 노후가 불안하지 않고, 아이를 낳고 기르는 것이 진정한 축복이 될 때, 국민행복 시대는 만들어지는 것입니다. 어떤 국민도 기초적인 삶을 영위할 수 없을지 모른다는 두려움이 있어서는 안 됩니다. 국민맞춤형의 새로운 복지패러다임으로 국민들이 근심 없이 각자의 일에 즐겁게 종사하면서 자신의 역량을 발휘하고, 국가발전에 기여할 수 있도록 할 것입니다.

저는 개인의 꿈을 이루고 희망의 새 시대를 여는 일은 교육에서 시작된다고 생각합니다. 교육을 통해 개인의 잠재된 능력을 최대한 끌어낼 수 있도록 적극 지원하고, 국민 개개인의 능력을 주춧돌로 삼아 국가가 발전하게 되는 새로운 시스템을 만들어야 합니다.

아는 사람은 좋아하는 사람만 못하고, 좋아하는 사람은 즐기는 사람만 못하다고 했습니다. 배움을 즐길 수 있고, 일을 사랑할 수 있는 국민이 많아질 때, 진정한 국민행복 시대를 열 수 있습니다.

어느 나라나 가장 중요한 자산은 사람입니다. 개인의 능력이 사장되고, 창의성이 상실되는 천편일률적인 경쟁에만 매달려 있으면 우리의 미래도 얼어붙을 것입니다.

저는, 어릴 때부터 모든 학생들의 잠재력을 찾아내는 일이 국가발전의 원동력이 될 것이라고 믿습니다. 앞으로 학생 개개인의 소질과 능력을 찾아내서 자신만의 소중한 꿈을 이루어가고, 그것으로 평가받는 교육시스템을 만들어서 사회에 나와서도 훌륭한 인재가 되도록 하겠습니다.

학벌과 스펙으로 모든 것이 결정되는 사회에서는 개인의 꿈과 끼가 클 수 없고, 희망도 자랄 수 없습니다. 개개인의 꿈과 끼가 열매를 맺을 수 있도록 우리 사회를 학벌위주에서 능력위주로 바꿔 가겠습니다.

또한, 국민의 생명과 안전을 지키는 것은 국민행복의 필수적인 요건입니다. 대한민국 어느 곳에서도, 여성이나 장애인 또는 그 누구라도 안심하고 살아갈 수 있는 안전한 사회를 만드는 데 정부 역량을 집중할 것입니다.

힘이 아닌 공정한 법이 실현되는 사회, 사회적 약자에게 법이 정의로운 방패가 되어 주는 사회를 만들겠습니다.

존경하는 국민 여러분!

21세기는 문화가 국력인 시대입니다. 국민 개개인의 상상력이 콘텐츠가 되는 시대입니다. 지금 한류 문화가 세계인들의 사랑을 받으면서 기쁨과 행복을 주고 있고, 국민들에게 큰 자긍심이 되고 있습니다. 이것은 우리 대한민국의 5천 년 유무형의 찬란한 문화유산과 정신문화의 바탕 위에서 이루어진 것입니다.

새 정부에서는 우리 정신문화의 가치를 높이고, 사회 곳곳에 문화의 가치가 스며들게 하여 국민 모두가 문화가 있는 삶을 누릴 수 있도록 하겠습니다. 문화의 가치로 사회적 갈등을 치유하고, 지역과 세대와 계층 간의 문화격차를 해소하고, 생활 속의 문화, 문화가 있는 복지, 문화로 더 행복한 나라를 만들겠습니다.

다양한 장르의 창작활동을 지원하고, 문화와 첨단기술이 융합된 콘텐츠산업 육성을 통해 창조경제를 견인하고, 새 일자리를 만들어 나갈 것입니다. 인종과 언어, 이념과 관습을 넘어 세계가 하나 되는 문화, 인류평화 발전에 기여하고 기쁨을 나누는 문화, 새 시대의 삶을 바꾸는 '문화융성'의 시대를 국민 여러분과 함께 열어가겠습니다.

국민 여러분!

국민행복은 국민이 편안하고 안전할 때 꽃피울 수 있습니다. 저는 국민의 생명과 대한민국의 안전을 위협하는 그 어떤 행위도 용납하지 않을 것입니다.

최근 북한의 핵실험은 민족의 생존과 미래에 대한 도전이며, 그 최대 피해자는 바로 북한이 될 것이라는 점을 분명히 인식해야 할 것입니다. 북한은 하루빨리 핵을 내려놓고, 평화와 공동발전의 길로 나오기 바랍니다.

더 이상 핵과 미사일 개발에 아까운 자원을 소모하면서 전 세계에 등을 돌리며 고립을 자초하지 말고, 국제사회의 책임 있는 일원으로 함께 발전하게 되기를 기대합니다.

현재 우리가 처한 안보 상황이 너무도 엄중하지만 여기에만 머물 수는 없습니다. 저는 한반도 신뢰 프로세스로 한민족 모두가 보다 풍요롭고 자유롭게 생활하며, 자신의 꿈을 이룰 수 있는 행복한 통일시대의 기반을 만들고자 합니다.

확실한 억지력을 바탕으로 남북 간에 신뢰를 쌓기 위해 한 걸음 한 걸음 나아가겠습니다. 서로 대화하고 약속을 지킬 때 신뢰는 쌓일 수 있습니다. 북한이 국제사회의 규범을 준수하고 올바른 선택을 해서 한반도 신뢰 프로세스가 진전될 수 있기를 바랍니다.

제가 꿈꾸는 국민행복 시대는 동시에 한반도 행복 시대를 열고, 지구촌 행복 시대를 여는 데 기여하는 시대입니다. 앞으로 아시아에서 긴장과 갈등을 완화하고 평화와 협력이 더욱 확산될 수 있도록 미국, 중국, 일본, 러시아 및 아시아, 대양주 국가 등 역내 국가들과 더욱 돈독히 신뢰를 쌓을 것입니다.

나아가 세계 이웃들의 아픔을 함께 고민하고, 지구촌 문제 해결에도 기여하는 대한민국을 만들겠습니다.

존경하는 국민 여러분!

저는 오늘 대한민국의 제18대 대통령의 임무를 시작합니다. 이 막중한 임무를 부여해 주신 국민 여러분과 함께 새로운 희망의 시대를 반드시 열어 나갈 것입니다. 나라의 국정 책임은 대통령이 지고, 나라의 운명은 국민이 결정하는 것입니다. 우리 대한민국이 나가는 새로운 길에 국민 여러분이 힘을 주시고 활력을 불어넣어 주시길 바랍니다.

우리는 지금, 국가와 국민이 동반의 길을 함께 걷고, 국가발전과 국민행복이 선순환의 구조를 이루는 새로운 시대의 출발선에 서 있습니다. 우리가 그 길을 성공적으로 가기 위해서는 정부와 국민이 서로를 믿고 신뢰하면서 동반자의 길을 걸어가야만 합니다.

저는 깨끗하고 투명하고 유능한 정부를 반드시 만들어서 국민 여러분의 신뢰를 얻겠습니다. 정부에 대한 국민의 불신을 씻어내고 신뢰의 자본을 쌓겠습니다.

국민 여러분께서도 각자의 위치에서 자신뿐만 아니라 공동의 이익을 위해 같이 힘을 모아 주실 것을 부탁드립니다. 어려운 시절 우리는 콩 한 쪽도 나눠 먹고 살았습니다. 우리 조상은 늦가을에 감을 따면서 까치밥으로 몇 개의 감을 남겨 두는 배려의 마음을 가지고 살았습니다. 계와 품앗이라는 공동과 공유의 삶을 살아온 민족입니다.

그 정신을 다시 한 번 되살려서 책임과 배려가 넘치는 사회를 만들어 간다면, 우리 모두가 꿈꾸는 국민행복의 새 시대를 반드시 만들 수 있습니다. 그것이 방향을 잃은 자본주의의 새로운 모델이 될 것이며, 세계가 맞닥뜨린 불확실성의 미래를 해결하는 모범적인 해답이 될 수 있을 것입니다.

국민 여러분께서도 저와 정부를 믿고, 새로운 미래로 나가는 길에 동참하여 주십시오. 우리 국민 모두가 또 한 번 새로운 '한강의 기적'을 일으키는 기적의 주인공이 될 수 있도록 함께 힘을 합쳐 국민행복, 희망의 새 시대를 만들어 갑시다!

감사합니다.

2013년 2월 25일, 박근혜 대통령 취임사다. 취임사는 대통령이 앞으로 5년 동안 나라를 이끌어 나갈 철학과 원칙, 방향과 구상을 알리는 연설이다. 어찌 보면 대통령 연설 가운데 가장 중요하다고 하겠다. 당선 후 취임식 전까지 당선인이 제일 신경 쓰는 일 중 하나다. 보통 대통령직 인수위원회 안에 취임사를 준비하는 별도 조직을 꾸리곤 한다. 국정 철학을 함께 가다듬어 온 당 안팎 동지들, 정책자문 학자들, 여러 분야 전문가들이 머리를 맞댄다.

박근혜 대통령은 애초 취임사를 직접 썼다고 알려졌다. 사실이 아니었다. 국정농단 사태 때 드러난 대로 박근혜 대통령 취임사는 최서원 씨가 다 주물렀다. 인수위원 등 실무진이 준비한 초안을 최 씨가 모두 뒤집어엎었다. 정호성 비서관 녹음파일에 당시 박 대통령과 최 씨, 정 비서관이 취임사를 놓고 대화한 내용이 고스란히 담겼다.

> 최순실 씨(이하 최): 팩트가 있어야지, 정확하게 딱 내지르는 메시지가 있어야 되는데. (초안은) 부사적이고 드라마틱도 아니고, 어떡하지. … 이게(초안이) 다 별로인 것 같은데, 누가 했는지는 모르지만. 공약을 나누는 건….
>
> 정호성 전 비서관(이하 정): 공약이 아니라 이번에 인수위에서 죽 해온….
>
> 최: 그게 공약이지 뭐야.

박근혜 전 대통령(이하 박): 이건 그런 국정과제를 얘기하기엔 너무 좀 쪼그라

들어 가지고 … .

최: (한숨 쉬며) 이거 봐. (취임사 초안에서 복지정책 관련 내용을 읽으며) 이런 게

취임사에 들어가는 게 말이 돼? 너무 말이 안 돼. (고용정책 관련 내용을 읽으

며) 어유 … . 잘 써야지. 이건(초안은) 완전 공약 푼 거거든.

정: (역대 대통령의) 모든 연설문들이 그렇게 구성돼 있습니다. 자기가(대통령

이) 인수위 동안 했던, 그리고 앞으로 5년 동안 할 국정 어젠다 그런 것들

이 상당히 많이 들어가거든요. 그래서 저희도 회의할 때 (취임사 구성에서)

서두, 마무리 있고 중간은 어차피 5년 동안 어떻게 갈 건지 국정기조 이런

것들을 봐야 되는데, 인수위 내용들을 다 모아서 … .

최: 짜깁기, 딱 보면 모르냐고. 짜깁기해서 그냥 갖다 붙여 가지고. 이거는요,

취임사가 아니라 저기 무슨 경제장관 회의, 총선에서 어디 나가서 얘기해

야 되는 거지. 내가 보기엔 이거는 하나도 쓸모없다고 봐. … (정 전 비서관

에게) 이렇게 늘어지는 걸 취임사에 한 줄도 넣지 마.

최 씨는 대통령직 인수위원이었던 유민봉 성균관대 교수(이후 박근혜 정부

청와대 국정기획수석), 강석훈 새누리당 의원(이후 청와대 경제수석) 등 핵심 실

무진이 작성한 초안에 대해 '별로'라고 깎아내렸다. 실무진 버전은 박 전 대통

령이 19대 총선과 18대 대선 등 양대 선거를 거치며 국민에게 공약해온 내용

을 전면에 내세웠던 것으로 보인다.

최 씨는 박 전 대통령과 정 전 비서관 앞에서 초안 속 '복지 관련 서비스 통

합', '고용 창출' 등에 관한 문구를 읽으며 "이런 내용이 취임사에 들어가는 게

말이 안 된다"고 평가절하했다. 잔뜩 주눅 든 정 전 비서관이 역대 대통령 취

임사도 초안과 비슷한 구성이라며 조심스레 말을 꺼내자 최 씨는 재차 "짜깁

기다", "하나도 쓸모없다"고 폄하했다. 박 전 대통령은 최 씨의 월권 행사를 전혀 개의치 않는 눈치였다. 물론 제지하지도 않았다.[1]

최 씨는 박 대통령 국정기조를 사실상 지시해가며 정리했다. 취임사에서 경제부흥, 국민행복, 문화융성이라는 세 가지 핵심어를 제시하도록 했다. 경제부흥을 첫 번째로 강조하라고 이렇게 제안 아닌 제안, 사실상 지시를 했다.

최: 나는 첫 번째, 경제부흥을 일으키기 위해서 뭘 하겠다는 걸 일단 넣는데. 여기서 넣을 게 뭐가 있어요? 그걸 이렇게 넣고 가면 될 것 같은데, IT 강국 그걸 … . 나는 경제부흥에서 가장 중요한 국정의 키(key)를 과학기술·IT 산업이라고 생각한다, 주력할 것이다, 그건 어떠세요.

박: 그게 핵심이에요.

최: 그게 핵심이다, 그걸 넣어 경제부흥. … 제가 보기에는 취임 날엔 잔잔한 얘기보다 큰 테두리를 가지고 꽉꽉 꽂히는 얘기로. '내가 이런 걸 어떻게 만들어가고 국민에게 어떻게 해야 되겠다'는 그런 게, 굉장히 강한 메시지가 나가야지, 이건(초안은) 지금 너무 아니에요.
　　… 나는 경제부흥 일으키기 위해서 가장 중요한 것이 21세기에는 IT와 경제, 정보통신 분야, 그다음 '미래창조' 얘기한 걸 가장 중요하다고 생각하고, 그게 우리 경제 나아가야 될 방향이라고 생각한다, 그래서 나는 이번에 미래창조과학부를 신설하게 되었고 그것을 계기로 우리나라가 경제부흥, 과거하고 패러다임 바뀌었듯이 지금은 그런 과학적인 미래창조과학부

1　김지영·오종탁, "[단독입수] 박근혜-최순실-정호성 90분 녹음파일", 〈시사저널〉, 2019. 5. 17.

어떻게 해 나가겠다는 것 구체적으로 쓸 필요 있어요.

그렇게 해서 우리나라가 … . 빌 게이츠 하나로도 세계가 밥을 벌어먹고 나라가 자산이 높아질 정도로 그렇지 않냐. 사람 하나 키우는 것이, 미래 산업을 키우는 것이 굉장한 국가적인 자산이고 경쟁력 있는 시대에 왔기 때문에 나는 그런 거에 대해서 굉장히 중요하게 생각하고 그런 인재와 미래 성장동력을 키우는 것이 굉장히 중요하단 생각을 오래전부터 해왔고 지금은 그걸 실천할 수 있는 대통령이 됐기 때문에 실천해 나가려고 한다는 강력한 의지를 … .

사실 경제부흥 얘기를 여기서 잡다하게 안 해도 IT 경쟁력, 빌 게이츠 얘기 하나만 해서 우리나라가 그런 식으로 발전할 수 있다면 굉장한 거잖아요. 그런 꽂히는 얘기를 좀 할 필요가 있다는 거지.[2]

최 씨는 경제부흥에서 가장 중요한 열쇠가 과학기술과 IT 산업이라고 제시했다. 여기에 주력하겠다는 내용은 어떠냐고 했다. 박 대통령은 그게 핵심이라고 맞장구쳤다. 그러더니 취임사에서 고스란히 그대로 말했다. 후보시절 공약으로 내건 '창조경제'와 새누리당 핵심 경제전략이던 '경제민주화'를 버무렸다.

취임사 그 부분을 다시 보자.

경제부흥을 이루기 위해 창조경제와 경제민주화를 추진해 가겠습니다.

세계적으로 경제의 패러다임이 바뀌고 있습니다. 창조경제는 과학기술과 산업이 융합하고, 문화와 산업이 융합하고, 산업 간의 벽을 허문 경계선에 창조의 꽃을 피우는 것입니다. 기존의 시장을 단순히 확대하는 방식에서 벗어나

---

2 김지영·오종탁, "[단독입수] 박근혜-최순실-정호성 90분 녹음파일", 〈시사저널〉, 2019. 5. 17.

융합의 터전 위에 새로운 시장, 새로운 일자리를 만드는 것입니다.

창조경제의 중심에는 제가 핵심적인 가치를 두고 있는 과학기술과 IT산업이 있습니다.

이렇게 취임사에서는 그나마 언급이라도 했으나, 경제민주화는 곧 뒷전으로 밀려났다. 박근혜 정부 내내 온통 창조경제만 남았다. 비선실세 최서원 씨가 경제부흥이란 기조부터 쥐락펴락했으니, 그 경제부흥을 이루기 위함이라고 한 창조경제가 잘 구현될 리 없었다.

우선 창조경제가 무엇인지 아는 이가 없었다. 정부 출범 뒤 한참이 지나도록 창조경제 개념을 정리하느라 백가쟁명(百家爭鳴) 식 논의만 난무했다. 박근혜 대통령은 정부조직을 개편해 미래창조과학부를 신설하고 창조경제를 주도하도록 했다. 창조경제론 설계자라는 KT 출신 윤종록 씨를 차관에 앉혔다. 윤 차관은 "사람의 두뇌를 최대한 활용해 세상에 없던 것을 만들어내는 경제다. 가장 중요한 건 산업 간·조직 간·세대 간 담을 허무는 융합"이라고 했다.

그러나 정부 여당 인사들도 이를 이해하고 공유하지 못했다.

새누리당과 정부, 청와대가 지난달 30일 개최한 고위 당·정·청 워크숍에서는 현 정부의 국정운영에 대한 쓴소리가 봇물 터지듯 쏟아졌다. 특히 새누리당 간부들은 일제히 정부의 인사 난맥상과 함께 핵심 국정과제인 '창조경제'에 대해 비판의 목소리를 높였다고 한다. 여당 의원들의 공통된 지적 사항은 한마디로 "창조경제가 도대체 뭔지 모르겠다"는 것이다.

국회 미래창조과학방송통신위원장이기도 한 한선교 의원은 유민봉 국정기획수석이 창조경제론을 중심으로 정부의 국정철학을 설명하자 "너무 학구적이라 개념이 잘 서지 않는다"고 다그쳤다. 이군현 의원도 "어떤 산업을 왜, 어떻게 투자해서 일자리를 만들고 경제를 일으킬 것인지 구체적으로 설명해야 우리도 국민을 설득하지 않겠느냐"고 꼬집었다. "이명박 정부의 4대강 사업, 녹색성장처럼 무엇을 내세워야 하는데 창조경제에는 그런 명확한 게 없다"는 지적도 나왔다. 유 수석은 "한 달 안에 좀 더 많은 분들이 창조경제를 이해할 수 있도록 쉽게 정리할 것"이라고 말했다. 청와대는 그동안 뭐 하고 있었는지 궁금하다.

창조경제는 박근혜 대통령이 대선 기간인 지난해 10월에 공약으로 제시한 것이다. 박 대통령은 취임사에서 창조경제를 "과학기술과 산업이 융합하고, 문화와 산업이 융합하고 산업 간의 벽을 허문 경계선에 창조의 꽃을 피우는 것"이라며 "기존의 시장을 단순히 확대하는 방식에서 벗어나 융합의 터전 위에 새로운 시장, 새로운 일자리를 만드는 것"이라고 강조했다. 그런데도 창조경제의 구체적 개념은 여당 의원들조차 "못 알아듣겠다"고 할 정도로 모호하다. 심지어 지난달 16일 열린 박근혜 정부의 첫 번째 장차관 워크숍에서 가장 많은 질문이 쏟아진 게 "창조경제가 무엇이냐?"는 것이었다 한다.[3]

창조경제란 박근혜 정부가 새로 만든 개념이 아니다. 2000년 피터 코이(Peter Coy)가 처음 언급했다고 한다.

2000년 8월 〈비즈니스 위크〉(Business Week)를 통해 창조경제를 언급한 피터 코이는 가장 중요한 지식자산으로 개인의 아이디어를 강조하고, 새로운 밀레니엄을 쇠고기로 대표되는 햄버거에서 아이디어로 대표되는 소프트웨어를 핵심으로 하는 경제체제로 전환되는 시점으로 언급했다. 당시 미국이 데이터

---

3 "여당 의원들도 모르겠다는 창조경제", 〈파이낸셜 뉴스〉, 2013. 3. 31.

· 소프트웨어 · 뉴스 · 엔터테인먼트 · 광고 등 손에 잡히지 않는 가상의 가치가 중시되는 창조경제로 접어드는 중요한 갈림길에 서 있음을 예견한 것이다.[4]

이보다 앞서 이미 1990년대에 나왔다는 의견도 있다.

창조경제는 1994년 호주 연방정부가 문화산업을 활성화시키기 위해 창의성을 강조하면서 만든 말이다. 창조경제를 말하는 사람들이 문화산업을 먼저 떠올리는 이유이기도 하다. 비슷한 시기에 일본 노무라종합연구소에서 창조 사회의 도래를 예견하며 창조경제에 대한 연구가 시작됐고, 창조산업의 범위를 문화콘텐츠에 한정한 호주보다는 일반산업으로 조금 더 광범위하게 확장했다.[5]

세계 경제 흐름에 맞게 국내에서도 경제학자와 산업전문가들이 창조경제를 연구해왔다. 정부도 문화콘텐츠를 어떻게 산업화할지를 놓고 창조경제 개념을 도입해 궁리하기도 했다. 하지만 손에 잡히지 않는 개념이었다. 창조경제가 갖는 의미나 범위부터 '창조'해가는 과정, 여전히 학술 영역에 있었다. 쉽게 설명하기 어려운 거대 담론 수준으로 존재했다. 이를 그대로 경제전략으로 도입해 정책 구호로 삼은 자체가 억지스러웠다. 모두가 창조경제란 말을 알게 되었지만 아무도 창조경제를 모르는 상황이었다.

박근혜 정부는 포기하지 않았다. 곧 '창조경제 실현계획'을 세우고 95개 후속대책을 줄줄이 내놓았다. 바람몰이에 나섰다. 창업 활성화,

---

4 이민화 · 차두원, 2013, 《창조경제》, 북콘서트.
5 민진규, 2013, 《창조경제 한국을 바꾸다》, 글로세움.

중소기업 성장발판 마련, 벤처생태계 조성, 신산업과 신시장 개척 같은 정책을 구체화하며 추진했다. 대부분은 이미 하던 사업에 이름만 '창조'를 갖다 붙인 눈가림이었다.

그나마 창조경제혁신센터가 출범하면서 성과를 이루는 듯했다. 2014년 9월 대구 창조경제혁신센터를 시작으로 전국 광역시도마다 대기업이 하나씩 손을 잡고 센터를 열었다. 지역 특색과 대기업 장점을 살린 창업생태계 거점을 표방했다. 뿌리산업이 되는 중소기업 벤처기업을 키우는 데 대기업이 자금과 기술을 지원하는 식이었다. 그런데 창조경제센터는 대기업 손목을 비튼 결과였다.

전국경제인연합회 이승철 부회장은 뒷날 최서원 씨와 안종범 청와대 정책조정수석 공판에 증인으로 나와 창조경제혁신센터가 사실상 청와대 압박에 의해 추진되었다고 증언했다.

실제 혁신센터 설립계획 초안에는 대기업이 들어 있지 않았다. 그간 국정감사 등에서 공개된 자료를 토대로 재구성해 보면 정부는 2014년 1월 15일 열린 관계부처 회의에서 혁신센터 설립을 처음 공식화하며 "지역 기업인과 경제단체를 중심으로 운영하겠다"고 밝혔다. "159억 원의 예산을 투입해 2015년까지 전국 17개 시도에 센터를 설치할 예정"이라고도 덧붙였다.

두 달 뒤인 3월 7일 열린 회의에서 정부가 공개한 혁신센터 운영 확정계획안에서도 대기업 참여 문제는 언급되지 않았다. 계획안대로 진행되어 같은 해 3월 25일 대전에서, 4월 28일 대구에서 각각 창조경제혁신센터가 문을 열었다. 두 지자체 모두 지역 경제단체·학계 등이 연계해 주도하는 혁신센터 운영 사업계획서를 정부에 제출했다.

대기업이 등장한 것은 같은 해 9월 2일 열린 국무회의에서부터다. 박근혜 대통령은 "17개(이후 18개로 확대) 창조경제혁신센터에 기업 전담지원체계를 구축하겠다"고 밝혔다. 이틀 뒤인 4일 이석준 당시 미래창조과학부 차관(현 국무조정실장)이 전경련 회관 3층 에메랄드룸에서 15대 대기업 임원과 전경련 이승철 상근부회장을 만났다. 이어 8일 뒤인 9월 12일 최양희 미래부 장관과 대기업이 참석한 간담회가 열려 대기업의 혁신센터 설립 참여가 사실상 확정됐다. 사흘 뒤인 9월 15일에는 박 대통령과 대구지역 전담기업 대표인 이재용 삼성전자 부회장이 참석한 가운데 이미 4월 말 출범했던 대구창조경제혁신센터 개소식이 '다시' 열렸다. 박 대통령이 대기업 참여를 언급한 지 단 2주 만에 일사천리로 일이 성사된 셈이다.[6]

창조경제는 그 시절 어디에나 활용하는 마법과도 같았다. 취임사를 주무른 비선 최서원 씨는 그 뒤에도 계속 창조경제에 영향을 미쳤다. 이른바 '최순실 태블릿'에서는 2013년 9월 창조경제타운 홈페이지 구축 시안이 나왔다. 공식발표 열흘 전에 유출한 자취이다. 그다음 날 박근혜 대통령이 창조경제를 언급한 발언 원고를 수정한 흔적도 있었다.

창조경제라는 장막 뒤에서 최 씨는 이권과 돈을 챙겼다. 박 대통령 등과 공모해 전국경제인연합회 회원사들을 상대로 미르·K스포츠재단에 기금을 출연하도록 강요했다. 이재용 삼성전자 부회장에게 자기 딸 정유라 씨 승마훈련을 지원하도록 했다. 한국동계스포츠영재센터 지원금도 받아냈다.

최 씨 측근으로 '문화계 황태자'로 군림했던 차은택 씨는 창조경제추

---

6 송진식, "'최순실 직격탄' 맞은 창조경제혁신센터의 앞날은", 〈경향신문〉, 2016. 12. 24.

진단장과 문화창조융합본부장 자리를 차지했다. 당시 차 씨가 전횡을 저질렀다는 증언들이 나중에 잇따라 나왔다. 김종덕 문화체육관광부 장관은 창조경제 핵심동력이 문화라고 역설하더니 문화창조융합 사업에 주먹구구로 예산을 편성했다. 차 씨와 최 씨 추천으로 장관이 된 인물이다.

박근혜 정부의 창조경제는 실패했다. 대한민국 경제는 최악이었다. 2013년부터 2016년까지 박근혜 정부 4년 동안 국내총생산(GDP) 성장률은 평균 2.9%로 3%를 채 넘지 못했다. 수출은 최악 수준으로 곤두박질쳤다. 2015년과 2016년 2년 연속 감소했다. 1956년 통계작성 이래 1957~1958년 이후 처음이었다. 실업률은 더 나빴다. 이명박 정부 때 소폭 낮아진 실업률이 박근혜 정부 4년 평균 3.5%로 다시 상승했다. 특히 청년실업률은 2015년 9.2%, 2016년 9.8%로 연이어 최고치를 기록했다. 청사진이 흐릿하고 실행계획도 부실한 결과였다. 창조경제란 실체 없이 비선실세만 있는, 그저 신기루였다.

8장

세월호 참사와 7시간, 가라앉은 진실

존경하는 국민 여러분,

세월호 침몰사고가 발생한 지 오늘로 34일째가 되었습니다. 온 국민이 소중한 가족을 잃은 유가족들의 아픔과 비통함을 함께하고 있습니다. 국민의 생명과 안전을 책임져야 하는 대통령으로서 국민 여러분께서 겪으신 고통에 진심으로 사과드립니다.

국민 여러분,

지난 한 달여 동안 국민 여러분이 같이 아파하고, 같이 분노하신 이유를 잘 알고 있습니다. 살릴 수도 있었던 학생들을 살리지 못했고, 초동대응 미숙으로 많은 혼란이 있었고, 불법 과적 등으로 이미 안전에 많은 문제가 예견되었는데도 바로잡지 못한 것에 안타까워하고 분노하신 것이라 생각합니다.

채 피지도 못한 많은 학생들과 마지막 가족여행이 되어 버린 혼자 남은 아이, 그 밖에 눈물로 이어지는 희생자들의 안타까움을 생각하며 저도 번민으로 잠을 이루지 못한 나날이었습니다. 그들을 지켜 주지 못하고, 그 가족들의 여행길을 지켜 주지 못해 대통령으로서 비애감이 듭니다.

이번 사고에 제대로 대처하지 못한 최종 책임은 대통령인 저에게 있습니다. 그 고귀한 희생이 헛되지 않도록 대한민국이 다시 태어나는 계기로 반드시 만들겠습니다!

이번 세월호 사고에서 해경은 본연의 임무를 다하지 못했습니다. 사고 직후에 즉각적이고 적극적으로 인명 구조활동을 펼쳤다면 희생을 크게 줄일 수도 있었을 것입니다. 해경의 구조업무가 사실상 실패한 것입니다.

그 원인은 해경이 출범한 이래, 구조·구난 업무는 사실상 등한시하고, 수사와 외형적인 성장에 집중해온 구조적인 문제가 지속되어 왔기 때문입니다. 해경의 몸집은 계속 커졌지만 해양안전에 대한 인력과 예산은 제대로 확보하지 않았고, 인명구조 훈련도 매우 부족했습니다.

저는 이런 구조적인 문제를 그냥 놔두고는 앞으로도 또 다른 대형사고를 막을 수 없다고 판단했습니다. 그래서 고심 끝에 해경을 해체하기로 결론을 내렸습니다. 앞으로 수사·정보 기능은 경찰청으로 넘기고, 해양 구조·구난과 해양경비 분야는 신설하는 국가안전처로 넘겨서 해양 안전의 전문성과 책임을 대폭 강화하겠습니다.

국민안전을 최종 책임져야 할 안전행정부도 제 역할을 다하지 못했습니다. 안전행정부의 핵심기능인 안전과 인사·조직 기능을 안행부에서 분리해서 안전 업무는 국가안전처로 넘겨 통합하고, 인사·조직 기능도 신설되는 총리 소속의 행정혁신처로 이관하겠습니다. 그래서 안행부는 행정자치 업무에만 전념토록 하겠습니다.

해경을 지휘 감독하는 해수부도 책임에서 자유롭지 못합니다. 해수부의 해상교통관제센터(VTS)는 국가안전처로 넘겨 통합하고, 해수부는 해양산업 육성과 수산업 보호 및 진흥에 전념토록 해서 각자 맡은 분야의 전문성을 최대한 살려내는 책임행정을 펼쳐나가도록 하겠습니다.

이런 내용을 담은 「정부조직법」 개정안을 조만간 국회에 제출하겠습니다.

국민 여러분,

그동안 정부는 우리 사회의 비정상적인 관행과 제도를 바꿔서 정상화하기 위한 개혁작업을 진행해 왔습니다. 이 개혁 작업을 서둘러 진행해서 이런 잘못된 관행들을 미리 끊어 버리지 못하고 국민 여러분께 큰 아픔을 드리게 된 것이 가슴에 크나큰 회한으로 남습니다.

이번 사고는 오랫동안 쌓여온 우리 사회 전반에 퍼져 있는 끼리끼리 문화와 민관유착이라는 비정상의 관행이 얼마나 큰 재앙을 불러올 수 있는지를 보여주고 있습니다. 평소에 선박 심사와 안전운항 지침 등 안전 관련 규정들이 원칙대로 지켜지고 감독이 이루어졌다면 이번 참사는 발생하지 않았을 것입니다.

해운사들의 이익단체인 해운조합에 선박의 안전관리 권한이 주어지고, 퇴직관료들이 그 해운조합에 관행처럼 자리를 차지해 왔습니다. 선박 안전을 관리·감독해야 할 정부와 감독 대상인 해운사들 간에 이런 유착관계가 있는 한, 선박 안전관리가 제대로 될 수 없었던 것은 자명한 일입니다.

20년이 다된 노후선박을 구입해서 무리하게 선박구조를 변경하고, 적재중량을 허위로 기재한 채 기준치를 훨씬 넘는 화물을 실었는데, 감독을 책임지는 누구도 잘못된 부분을 바로잡지 않았습니다.

이러한 민관유착은 비단 해운분야 뿐만이 아니라 우리 사회 전반에 수십 년간 쌓이고 지속되어온 고질적인 병폐입니다. 지금 정부가 추진하고 있는 비정상의 정상화 개혁을 반드시 이뤄내서 국민의 생명을 담보로 끼리끼리 서로 봐주고, 눈감아 주는 민관유착의 고리를 반드시 끊어 내겠습니다.

그래서 지금 문제가 되고 있는 관피아 문제를 해결하겠습니다. 우선, 안전감독 업무, 이권이 개입할 소지가 많은 인허가 규제 업무, 그리고 조달 업무와 직결되는 공직유관단체 기관장과 감사직에는 공무원을 임명하지 않을 것입니다.

다른 기관에 대한 취업도 더욱 엄격하게 제한할 것입니다. 현재 퇴직 공직자 취업제한 규정이 있지만, 최근 3년간 심사대상자 중 7%만이 제한을 받을 정도로 규정의 적용이 미약한 실정입니다. 이번 사고와 관련이 있는 해운조합이나 한국선급은 취업제한 심사대상에 들어 있지도 않았습니다.

앞으로 이와 같이 취업제한 대상이 아니었던 조합이나 협회를 비롯해서 퇴직 공직자의 취업제한 대상기관 수를 지금보다 3배 이상 대폭 확대하겠습니다. 또한, 취업제한 기간을 지금의 퇴직 후 2년에서 3년으로 늘리고, 관피아의 관행을 막기 위해 공무원 재임 때 하던 업무와의 관련성 판단기준도 고위공무원의 경우 소속부서가 아니라 소속기관의 업무로 확대해서 규정의 실효성을 대폭 높일 것입니다.

고위 공무원에 대해서는 퇴직 이후 10년간 취업기간 및 직급 등을 공개하는 취업이력공시제도를 도입할 것입니다. 이런 내용을 담은 「공직자윤리법」의 개정안을 정부입법으로 바로 국회에 제출하겠습니다.

그리고 전현직 관료들의 유착고리를 끊는 것이 중요한데, 지금 정부가 제출한 일명 김영란법으로 불리는 '부정청탁금지 법안'이 국회에 제출되어 있습니다. 국회의 조속한 통과를 부탁드립니다.

지금 우리 공직사회는 폐쇄적인 조직문화와 무사안일이라는 문제를 안고 있습니다. 창의성에 기반한 21세기 경쟁에서 살아남으려면 우리 공직사회를 근본적으로 바꾸기 위한 개혁이 필요합니다.

저는 관피아의 폐해를 끊고 공직사회를 근본적으로 개혁하기 위해 공무원이 되는 임용부터 퇴직에 이르기까지 개방성과 전문성을 갖춘 공직사회로 혁신하려고 합니다. 이를 위해 민간 전문가들이 공직에 보다 많이 진입할 수 있도록 채용방식을 획기적으로 바꾸겠습니다.

민간 전문가 진입이 보다 용이하도록 5급 공채와 민간경력자 채용을 5 대 5의 수준으로 맞춰가고, 궁극적으로는 과거 고시와 같이 한꺼번에 획일적으로 선발하는 방식이 아니라 직무능력과 전문성에 따라 필요한 직무별로 필요한 시기에 전문가를 뽑는 체제를 만들어가겠습니다.

현재 과장급 이상의 직위에 민간 전문가가 들어올 수 있도록 개방형 충원제도를 시행하고 있지만, 결국 공무원들만 다시 뽑아서 무늬만 공모제도라는 비판을 받고 있습니다.

이런 잘못된 관행은 현재 부처별로 선발위원회를 두고 공모제도를 시행하고 있기 때문입니다. 앞으로는 중앙에 별도의 '중앙선발시험위원회'를 설치해서 공정하게 민간전문가를 선발해서 부처로 보낼 것입니다.

이와 함께 공직사회의 문제점으로 계속 지적받아온 순환보직제를 개선해서 업무의 연속성과 전문성을 유지할 수 있도록 하겠습니다. 전문성을 가지고 국가와 국민을 위해 헌신하는 공무원들은 더욱 자긍심을 갖고 일할 수 있도록 인센티브와 함께 보다 나은 여건을 만들어갈 것입니다.

국민 여러분,

이번 사고의 직접적인 원인은 선장과 일부 승무원들의 직무유기와 업체의 무리한 증축과 과적 등 비정상적인 사익 추구였습니다.

이번에 사고를 일으킨 청해진해운은 지난 1997년에 부도가 난 세모그룹의 한 계열사를 인수하여 해운업계에 진출한 회사입니다. 17년 전, 3천억 원에 가까운 부도를 낸 기업이 회생절차를 악용하여 2천억 원에 이르는 부채를 탕감받고, 헐값에 원래 주인에게 되팔려서 탐욕적인 이익만 추구하다 이번 참사를 내고 말았습니다. 이런 일을 더 이상 용납해선 안 됩니다.

앞으로 기업이 국민의 생명과 재산에 큰 피해를 입히면서 탐욕적으로 사익을 추구하여 취득한 이익은 모두 환수해서 피해자들을 위한 배상재원으로 활용하도록 하고, 그런 기업은 문을 닫게 만들겠습니다. 이를 위해, 범죄자 본인의 재산뿐 아니라, 가족이나 제3자 앞으로 숨겨 놓은 재산까지 찾아내어 환수할 수 있도록 하는 입법을 신속하게 추진할 것입니다.

이번 사고와 관련해서는 국가가 먼저 피해자들에게 신속하게 보상을 하고, 사고 책임자에게 구상권을 행사하는 특별법안을 정부입법으로 즉각 국회에 제출하도록 하겠습니다. 그래서 이번에 크나큰 희생을 당한 분들이 부도덕한 기업과 범죄자들로부터 피해를 보상받느라 또 한 번 고통을 받는 일이 없도록 할 것입니다. 만약 그렇게 구상권을 행사하지 못한다면, 죄지은 사람이나 기업의 잘못을 국민의 혈세로 막아야 하는 기막힌 일이 생기게 될 것입니다.

이번에 청해진해운이 문제가 되면서 많은 국민들이 청해진해운의 성장과정에서 각종 특혜와 민관유착이 있었던 것을 의심하고 있습니다. 이를 비호하는 세력이 있었다면 그것 역시 명백히 밝혀내서 그러한 민관유착으로 또다시 국민의 생명과 안전이 위협받지 않도록 우리 사회 전반의 부패를 척결해 나갈 것입니다.

이를 위해 필요하다면 특검을 해서 모든 진상을 낱낱이 밝혀내고 엄정하게 처벌할 것입니다. 그리고 여야와 민간이 참여하는 진상조사위원회를 포함한 특별법을 만들 것도 제안합니다. 거기서 세월호 관련 모든 문제들을 여야가 함께 논의해 주기 바랍니다.

이번 참사에서 수백 명을 버리고 도망친 선장과 승무원의 무책임한 행동은 사실상 살인행위입니다. 선진국 중에서는 대규모 인명피해를 야기하는 중범죄를 저지른 사람에 대해서는 수백 년의 형을 선고하는 국가들이 있습니다.

우리도 앞으로 심각한 인명피해 사고를 야기하거나, 먹을거리 갖고 장난쳐서 많은 사람들에게 피해를 준 사람들에게는 그런 엄중한 형벌이 부과될 수 있도록 「형법」 개정안을 제출하겠습니다.

이렇게 해서 앞으로 대한민국에서 부당하게 이득을 취하는 일이 결코 이득이 되지 않고, 대형참사 책임자가 솜방망이 처벌을 받지 않도록 만들겠습니다.

국민 여러분,

이번 참사로 우리는 고귀한 생명을 너무나 많이 잃었습니다. 그 희생이 헛되지 않도록 대한민국의 개혁과 대변혁을 반드시 만들어가는 것이 남은 우리들의 의무라고 생각합니다. 이런 상황에서도 우리가 개혁을 이뤄내지 못한다면 대한민국은 영원히 개혁을 이뤄내지 못하는 나라가 될 것입니다.

그동안 국민의 안전과 재난을 관리하는 기능이 여러 기관에 분산되어 있어서 신속하고 일사불란한 대응을 하지 못했습니다. 컨트롤타워의 문제도 발생했습니다.

이런 문제를 해결하기 위해 국가안전처를 만들어 각 부처에 분산된 안전 관련 조직을 통합하고, 지휘체계를 일원화해서 육상과 해상에서 일어나는 모든 유형의 재난에 현장 중심으로 대응할 수 있는 체제를 만들겠습니다.

육상의 재난은 현장의 소방본부와 지방자치단체, 재난소관부처가 신속하고 효율적으로 대응할 수 있는 시스템을 만들 것이며, 해상의 재난은 해양안전본부를 두어 서해·남해·동해·제주, 4개 지역본부를 중심으로 현장의 구조·구난 기능을 대폭 강화할 것입니다. 각 부처에서 주관하고 있는 항공·에너지·화학·통신 인프라 등의 재난에 대해서도 특수재난본부를 두어 적극 대응할 것입니다.

특히 첨단 장비와 고도의 기술로 무장된 특수기동구조대를 만들어 전국 어느 곳, 어떤 재난이든 즉각 투입할 수 있도록 하고 군이나 경찰 특공대처럼 끊임없는 반복훈련을 통해 '골든타임'의 위기 대응능력을 획기적으로 높이겠습니다.

국가안전처의 이러한 기능을 실질적으로 보장하기 위해 안전 관련 예산 사전협의권과 재해예방에 관한 특별교부세 배분 권한을 부여할 것입니다. 안전처를 재난안전 전문가 중심의 새로운 조직으로 만들기 위해 선발을 공채로 하고, 순환보직을 엄격히 제한해서 국민과 전문가들이 함께 공직사회를 변화시키는 시범부처로 발전시켜 나갈 생각입니다.

전국의 뜻있는 전문가와 국민 여러분께서 적극 참여해 주시길 부탁드립니다. 앞으로 국가안전처가 신설되면, 국민 여러분과 재난안전 전문가들의 제안을 광범위하게 수렴하여 '안전혁신 마스터플랜'을 만들어 나갈 것입니다.

그리고 11년째 진전이 없는 국가재난안전통신망 구축사업도 조속히 결론을 내서 재난대응 조직이 모두 하나의 통신망 안에서 일사불란하게 대응하고 견고한 공조체제를 갖추도록 하겠습니다.

존경하는 국민 여러분,

그동안 많은 고민과 관계자들의 의견을 듣고 수렴해서 오늘 국민안전을 위한 대책과 국가개조 전반에 대해 말씀드리기까지 번민과 고뇌의 연속된 날들이었습니다.

이번 세월호 침몰사고는 우리 역사에 지우기 힘든 아픈 상처로 기록될 것입니다. 하지만 이번 사고를 계기로 진정한 '안전 대한민국'을 만든다면, 새로운 역사로 기록될 수도 있을 것입니다.

그 막중한 책임이 우리 국민 모두에게 주어져 있다고 생각합니다. 우리는 국가적으로 어려운 일이 있을 때마다 하나로 단합해서 위기를 극복한 저력과 경험을 가지고 있습니다. 이제 좌절에서 벗어나 앞으로 나아가야 합니다. 대한민국을 바로 세우고 새롭게 만들어야 합니다.

저는 과거와 현재의 잘못된 것들과 비정상을 바로잡고 새로운 대한민국을 만들기 위해 저의 모든 명운을 걸 것입니다. 여러분께 약속드린 '경제혁신 3개년 계획'과 비정상의 정상화, 공직사회 개혁과 부패척결을 강력히 추진할 것입니다.

우리 앞에 놓인 문제들이 쉽게 해결되지는 않을 것입니다. 그러나 중단하지 않겠습니다. 국민 여러분과 함께 힘을 모아 오늘보다 나은 내일을 만들고, 아이들에게 자랑스런 대한민국을 반드시 만들어가겠습니다.

이번 세월호 사고에서 한 명의 생명이라도 구하기 위해 생업을 제쳐 놓고 달려오신 어업인들과 민간 잠수사들, 각계의 자발적인 기부와 현장을 찾아 주신 수많은 자원봉사자들이 계셨습니다.

어린 동생에게 구명조끼를 입혀 탈출시키고 실종된 권혁규 군, 구명조끼를 친구에게 벗어 주고 또 다른 친구를 구하기 위해 물속으로 뛰어들어 사망한 고 정차웅 군, 세월호의 침몰 사실을 가장 먼저 119에 신고하고도 정작 본인은 돌아오지 못한 고 최덕하 군 ….

그리고 제자들을 위해 최후의 순간까지 최선을 다한 고 남윤철, 최혜정 선생님 …. 마지막까지 승객들의 탈출을 돕다 생을 마감한 고 박지영, 김기웅, 정현선 님과 양대홍 사무장님, 민간잠수사 고 이광욱 님의 모습에서 대한민국의 희망을 봅니다.

저는 이런 분들이야말로 우리 시대의 진정한 영웅이라고 생각합니다. 앞으로 희생자의 넋을 기리고, 안전의 중요성을 되새기기 위해 추모비를 건립하고, 4월 16일을 국민안전의 날로 지정할 것을 제안합니다.

다시 한 번 이번 사고로 희생된 분들의 명복을 빌며, 유가족 여러분께 깊은 위로의 말씀을 드립니다.

감사합니다.

2014년 4월 16일 오전, 세월호가 가라앉았다. 대한민국도 무너졌다. 이미 허물어져 있던 국가 운영체계와 사회구조의 민낯이 세월호 침몰과 함께 비로소 드러났다고 해야 옳겠다. 충격과 슬픔이 모두를 감쌌다. 진도 앞바다 짙은 안개처럼 내려앉아 몸을 적시고 정신을 지배했다.

여러 해가 흘렀다. 누구는 이제 잊자고 한다. 그만하면 됐으니 묻자고 한다. 누구는 기억해야 한다고 한다. 애써 기억하려고 한다. 하지만 세월호를 어떻게 기억할지는 더 어려운 일이 되었다. 우리는 진상을 모른다. 무엇을 모르는지조차 모를지 모른다. 왜 가라앉았는지, 왜 제때 구조하지 못했는지, 누가 책임져야 하는지, 비극을 되풀이하지 않을 준비는 되었는지, 그 어느 하나 명쾌하지 않다.

참사가 난 날, 청와대는 허둥지둥했다. 지휘나 지시를 신속히 하기는커녕 상황 파악조차 제대로 못했다. 그 시각, 박 대통령은 집무실이 아닌 관저에 있었다. 청와대는 오전 9시 19분 YTN 보도로 처음 인지하고 박 대통령에게 10시에 첫 서면보고를 했다고 했다. 박 대통령은 오전 10시 15분쯤 김장수 당시 국가안보실장과 통화하면서 '총력 구조'를 지시했다고 주장했다. 사실이 아니었다.

2018년 검찰이 밝힌 당시 상황을 보자.

세월호 참사 보고서 조작 의혹을 수사한 서울중앙지검 특수1부(신자용 부장검사)의 중간 수사 결과에 따르면 박 전 대통령이 세월호 참사 관련 첫 발생 보고를 서면으로 받은 시각은 당일 오전 10시 19분~10시 20분께로 파악됐다. 박근혜 정부 청와대가 국회 청문회 등에서 첫 보고 시점이라고 주장했던 10시보다 20분가량 늦었다.

검찰에 따르면 당시 청와대 국가안보실 산하 위기관리센터는 9시 19분께 언론사 TV 속보를 통해 세월호 사고가 발생한 사실을 처음 알게 됐다. 이어 9시 24분께 청와대 문자메시지 발송시스템을 통해 메시지를 발송했다. 이후 센터는 해경 상황실을 통해 선박 명칭, 승선 인원, 출항 시간, 배의 크기, 구조 동원 현황, 구조 인원수를 차례로 파악했고, 9시 57분께 "구조된 인원 56명이 사고 지점 북쪽 4마일 거리에 위치한 서거차도로 이동할 예정"이라는 사실을 확인해 상황보고서 1보 초안을 완성했다.

김장수 당시 청와대 국가안보실장은 오전 10시[1]에 사건 상황보고서 1보 초안을 전달받고는 곧바로 보고하려고 했지만, 박 전 대통령은 집무실이 아닌 관저의 침실에 머물고 있었다. 박 전 대통령은 국무회의나 청와대 수석비서관 회의 등 공식 일정을 마치면 주로 집무실이 아닌 관저로 돌아와 근무하곤 했던 것으로 파악됐다.

특히 박 전 대통령은 세월호 참사 당시인 2014년 4월 무렵에는 정호성 당시 청와대 제1부속비서관에게 "수요일은 공식 일정을 잡지 않도록 하라"고 지시하기도 했는데, 세월호 당일이 수요일이어서 박 전 대통령은 오전 10시에도 관저에 머물렀던 것으로 조사됐다. 김장수 당시 실장은 관저에 머무는 박 전 대통령에게 상황보고서 1보 내용을 전달하기 위해 휴대전화 통화를 시도했다. 하지만 박 전 대통령은 받지 않았다.

김 전 실장은 이후 안봉근 당시 청와대 제2부속비서관에게 전화해 "대통령이 전화를 받지 않으신다. 대통령 보고가 될 수 있게 조치해 달라"고 요청했다. 이어 신인호 위기관리센터장에게 상황보고서 1보를 완성해 박 전 대통령이 머

---

1 이 시각도 사후 조작한 증거가 드러났다. 2017년 10월 12일 임종석 대통령비서실장이 이에 관련해 브리핑했다. 청와대에서 발견한 보고서를 보면 당시 위기관리센터가 사고 당일 오전 9시 30분에 첫 보고를 했으나, 6개월 뒤에는 최초 상황보고 시점을 오전 10시로 수정해 보고 서를 다시 작성했다는 내용이었다.

물던 관저에 전달하라고 지시했다.

신 센터장은 10시 12분께 상황보고서 1보를 완성한 후 상황병을 통해 관저 전달을 지시했다. 이에 상황병은 관저까지 뛰어가 10시 19분께 내실 근무자인 김모 씨에게 보고서를 전달했지만, 김 씨는 별도의 구두보고 없이 상황보고서를 박 전 대통령의 침실 앞 탁자에 올려 두기만 했다. 이 와중에 김 안보실장은 위기관리센터로 내려가 박 전 대통령에게 다시 전화를 걸었다. 박 전 대통령은 좀처럼 전화를 받지 않았다.

결국, 안봉근 비서관이 10시 12분께 이영선 전 경호관이 준비한 승용차를 이용해 본관 동문을 출발해 관저로 갔고, 10시 20분께 관저 내부에 들어가 침실 앞에서 수차례 부른 후에야 박 전 대통령은 밖으로 나왔다. 세월호 상황보고서 1보를 접한 것도 이때로 추정된다. 안 비서관은 "국가안보실장이 급한 통화를 원한다"고 보고했고, 박 전 대통령은 "그래요?"라고 말하며 침실 안으로 들어간 뒤 10시 22분에야 김 실장에게 전화를 걸었다.

박 전 대통령은 김 실장에게 "단 한 명의 인명피해도 발생하지 않도록 하라. 여객선 내 객실, 엔진실 등을 철저히 수색해 누락되는 인원이 없도록 하라"고 지시했다. 그러나 이 시각은 당시 청와대가 세월호 구조를 위한 골든타임으로 잡고 있던 10시 17분을 이미 넘겨 구조 불가능한 상태로 선체가 침몰한 상황이었다고 검찰은 설명했다.

박 대통령이 침실에 머물며 상황보고가 이뤄지지 못하는 사이 청와대 스스로 골든타임으로 여겼던 시각은 이미 지나 버렸던 셈이다.

박 전 대통령이 첫 보고를 받고 지시를 내린 뒤 오후 5시 15분 중대본 방문까지 무엇을 했는지도 이번 수사를 통해 파악됐다. 행적이 불분명했던 7시간가량의 공백은 갖가지 의혹을 낳았고, 박 전 대통령의 탄핵심판에서도 쟁점이 됐었다.

박 전 대통령은 오전 10시 30분께 김석균 당시 해양경찰청장에게 전화를 걸어

구조 지시를 내린 뒤로는 세월호 구조 문제를 놓고 오전 내내 별도의 연락을 하지 않은 채 관저에 머문 것으로 파악됐다. 인후염에 걸린 상태여서 오전 10시 41분께 간호장교로부터 의료용 가글액을 전달받은 게 전부였다.

박 전 대통령은 오후 2시 15분께 청와대를 찾아온 최순실 씨를 관저에서 맞이했다. 이미 방문이 예정돼 있었기 때문에 '문고리 3인방'으로 불린 정호성·이재만·안봉근 전 비서관도 관저에 대기하고 있었다. 박 전 대통령과 최 씨, 문고리 3인방 등 5인은 관저 내실에서 40분 가까이 회의를 벌였다. 이 자리에서 박 전 대통령의 중대본 방문이 결정됐다.

정호성 비서관은 5인 회의가 마무리된 오후 2시 53분께 윤전추 행정관을 시켜 박 전 대통령의 머리 손질을 담당하는 이들을 청와대로 급히 불러들였다. 머리 손질 담당자들은 오후 3시 22분께 청와대로 들어왔다. 머리 손질을 마친 박 전 대통령이 청와대를 나선 것은 오후 4시 33분께였다.

박 전 대통령은 중대본에 오후 5시 15분께 도착했다. 이동하는 데 40분가량이 걸린 것은 원래 경로로 잡았던 도로에서 다른 차량끼리 교통사고가 있어서 우회하느라 보통 때보다 시간이 더 걸렸다고 검찰은 설명했다.

중대본 방문을 마친 박 전 대통령은 오후 6시에 관저에 복귀했다. 당시는 세월호가 수면 위에 선수 일부만 남은 채 선체 대부분이 물밑으로 가라앉은 때였다.[2]

참담하다. 대한민국을 움직이는 청와대가 이렇게 움직이고 있었다는 사실이 경악스럽다. 박 대통령이 오후 5시 15분에야 중앙재난안전대책본부에 모습을 드러냈고, "다 그렇게 구명조끼를, 학생들은 입었다고 하는데 그렇게 발견하기가 힘듭니까?"라고 말했고, 그 중대본 방문도 최서원

---

2 안희, "침실서 보고 놓친 朴, 최순실 본 뒤 중대본에 … '세월호 7시간'", 〈연합뉴스〉, 2018. 3. 28.

씨와 상의해 결정했다는, 이 모두가 거짓이나 허구가 아닌 사실이다. 박 대통령이 참사 이튿날 진도체육관을 찾은 뒤에도 상황은 엉망이었다.

우리는 세월호가 쓰러지고 서서히 가라앉고 끝내 흔적 없이 잠기는 과정을 생생히 지켜보았다. 차갑고 어두운 물속, 가라앉은 배 안에서 죽어가고 있을 어린 목숨을 안타까워하며 함께 떨고 같이 울었다. 1분 1초가 급한 상황에서 구조는 더뎠다. 정부는 최선을 다하고 있다고 했다. 언론은 에어포켓, 골든타임 같은 희망 섞인 보도를 24시간 되풀이했다. 사상 최대규모 수색작전을 펼친다는 말도 했다.

나중에 알고 보니 다 엉터리였다. 거짓인 줄도 모르고 왜 빨리 구조하지 못하는지 모두가 발을 동동 굴렀다. 무참한 희생을 무력하게 목도했다. 죄책감에 시달렸다. 누구든지 언제든지 재앙을 겪을 수 있음을 새삼 절감했다. 세상이란 원래 이러지 않았던가, 자조(自嘲)하고 반성했다. 그래서 세월호는 온 국민이 겪은 재앙이었다. 일부에서 말하는 단순한 사고가 아닌 이유이다.

박근혜 대통령이 처음으로 유감을 나타낸 시점은 참사 뒤 거의 2주가 지난 4월 29일이었다. 그것도 국무회의에서 에둘러 말했다. "사전에 사고를 예방하지 못하고 초동대응과 수습이 미흡했던 데 대해 뭐라 사죄를 드려야 그 아픔과 고통이 잠시라도 위로를 받을 수 있을지 가슴이 아프다", "이번 사고로 많은 고귀한 생명을 잃게 돼 국민 여러분께 죄송스럽고 마음이 무겁다"고 했다. 마지못해 한 사과에 여론은 더 나빠졌다. 5월 2일 박 대통령은 종교 지도자들을 청와대로 초청해 조언을 듣는 모습을 보였다. 직후에는 팽목항과 진도항을 찾았다. 유족 면담은 짧았고 비공개였고 껍데기였다.

위 대국민 담화는 박근혜 대통령이 세월호 참사 뒤 한 달이 더 지난 2014년 5월 19일 발표했다. 세월호 참사에 대해 명확히 공개 사과한 첫 발언이다. 정부 잘못을 인정했다. 최종 책임은 박 대통령 본인에게 있다고 했다. 희생자 이름을 부르면서 눈물을 보이기도 했다. 듣는 이들은 진심으로 믿고 싶었다. 현장수습도 서두르고 사고진상도 잘 밝히리라고 믿고 싶었다. 박 대통령은 이른바 '관피아'를 척결하겠다고 했다. 해경을 해체하고 국가안전처를 신설하겠다고도 했다. [3] 뜨악한 처방이긴 했으나 뭐라도 바꿔 재발을 막으려는 노력이라고 사람들은 믿고 싶었다.

박근혜 대통령이 이 연설을 한 시점은 6·4 지방선거를 2주 앞둔 때였다. 그 선거에서 새누리당은 기대 이상 선전했다. 그래서였는지 수습은 더뎠고 진실은 묻혔다. 그해 7월 세월호 가족대책위원회와 국민대책회의, 대한변호사협회가 특별법안을 입법청원했다. 유가족이 단식을 하고 유가족과 단원고 학생들이 도보행진을 하며 특별법 제정을 원했다.

그때까지 숨죽였던 여당과 보수단체가 목소리를 내기 시작했다. 새누리당 주호영 정책위의장은 세월호 참사가 "기본적으로 교통사고"라고 말했다. 친박 핵심인 홍문종 의원도 "일종의 해상 교통사고라고 볼 수 있는 것 아니겠냐?"며 "그런 관점에서 생각을 해보는 것이 옳지 않을까. 거기서부터 이 문제를 바라봐야 하는 것 아닌가 생각한다"고 말했다. 보수단체들도 특별법 제정 반대집회를 열기 시작했다.

---

3 수색작업이 아직 진행되던 상황에서 돌연 해경해체를 선언하자 뜨악하다는 반응이 많았다. 해양경찰청은 2014년 11월 국민안전처 소속 해양경비안전본부로 변경되었다가 2017년 7월 다시 해양수산부 소속 해양경찰청이 되었다. 박 대통령이 언급한 국가안전처는 2014년 11월 국민안전처 이름으로 출범했다가 2017년 행정안전부와 소방청에 업무를 넘기고 폐지되었다.

특별법 제정 문제가 정치적 갈등으로 번지게 된 본질적 이유는 이것이 불가피하게 대통령과 정부의 책임규명으로 이어질 수밖에 없었기 때문이다. 대국민 담화에서는 대통령 스스로가 정부 책임을 인정하고 특별법 제정을 제안했지만, 정작 유가족 측에서 이를 요구하자 집권세력은 곧바로 방어적 태도로 전환했다. 정부의 소극적인 대응에 대한 비판이 고조되는 가운데, 유가족 측의 반발이 거세지고 이것이 박 대통령에 대한 비판과 공격으로 이어지면서 이념, 정파가 동원되는 '진영 논리'가 본격적으로 부상하게 되었다. …

더욱이 세월호 사건 당일 '대통령의 7시간'에 대한 정치적 문제제기가 본격화되면서 세월호 사건은 이제 '대형 재난 사고와 정부의 무능한 대응'이라는 원래의 의미에서 벗어나, 심각한 정파적 갈등의 중심에 놓이게 되었다. …

이처럼 제도권 정치가 세월호 문제를 풀어내지 못하면서 이 사건은 이념갈등까지 동원되는 사회적 대립으로 악화되었다.[4]

정치권은 본질을 잊고 세월호를 공방과 갈등 소재로 만들어 버렸다. 언론보도도 냉철함을 잃었다. 참사 직후 보도는 희생자를 애도하고 유가족들을 보듬었다. 참사를 막지 못한 구조와 원인을 파헤치고 재발을 막는 노력을 촉구하는 보도도 많았다. 이내 달라졌다.

얼마 지나지 않아서 '불순한 세력', '경제까지 우울증 걸리게 해서는 안 된다', '누가 (세월호를) 정쟁에 이용하는가?', '지금이 정치 다툼할 때인가?', '적폐와의 전쟁', '박근혜의 눈물', '민생', '정치적 악용', '가여운 대통령(의 눈물)', '볼모정치', '경제: 중진국 함정 대 선진국 도약' 등의 표현이 언론 보도에 등장했다.

---

4 이재열·홍찬숙·이현정·강원택·박종희·신혜란, 2017, 《세월호가 묻고 사회과학이 답하다》, 오름.

이러한 표현은 관심의 초점이 희생자와 유가족들에 대한 온전한 공감에서 무언가 다른 곳으로 옮겨가고 있음을 보여 주는 증표였다.

그리고 또 얼마 후부터는 진실 규명을 주장하는 희생자 유가족들에 대해 공감하기보다 '희생당한 자식을 이용해서 많은 보상을 받으려는 부도덕한 사람들'이라고 비난하는 표현(예: 거액 보상금, 황제 단식, 시체 장사 등)이 등장했다.[5]

진상규명과 책임자 처벌 요구는 진영 논리에 갇혀 버렸다. 정파와 이념 문제로 변해 버렸다. 분노가 분노를, 미움이 미움을 낳았다. 지우기 어려운 생채기가 남았다.

대통령은 어디에 있었는가? 무엇을 했는가? 박근혜 대통령을 탄핵하고 단죄한 지금, 그의 무능과 무책임이 고스란히 드러났지만 세월호 참사에 책임을 지우는 문제는 여전히 미완이다. 헌법재판소가 세월호 참사와 관련한 청와대 의무 위반은 탄핵 사유로 인정하지 않았다. 지금도 우리는 그날 박 대통령이 7시간 동안 무엇을 했는지를 모른다. 박 대통령은 자신이 대체 뭘 잘못했는지조차 모를지 모른다. 그것이 진짜 비극이다.

진실을 밝히려는 노력은 여전히 진행 중이다. 검찰 수사가 진행되었고, 4·16 세월호 참사 특별조사위원회와 세월호 선체조사위원회, 사회적 참사 특별조사위원회 등이 진상을 밝혀왔지만 아직 의문이 많이 남았다. 사실이 분명치 않으니 검은 음모론만 그럴듯하게 떠돈다. 진실 규명에는 시효가 없다.

희생자들의 명복을 빈다.

---

5 가만히 있지 않는 강원대 교수 네트워크 엮음, 2016, 《세월호가 남긴 절망과 희망》, 한울아카데미.

9장

5월 광주와 촛불혁명, 그리고 포용

존경하는 국민 여러분!

오늘 5·18 민주화운동 37주년을 맞아, 5·18 묘역에 서니 감회가 매우 깊습니다. 37년 전 그날의 광주는 우리 현대사에서 가장 슬프고 아픈 장면이었습니다.

저는 먼저 1980년 5월의 광주시민들을 떠올립니다. 누군가의 가족이었고 이웃이었습니다. 평범한 시민이었고 학생이었습니다. 그들은 인권과 자유를 억압받지 않는, 평범한 일상을 지키기 위해 목숨을 걸었습니다.

저는 대한민국 대통령으로서 광주 영령들 앞에 깊이 머리 숙여 감사드립니다. 5월 광주가 남긴 아픔과 상처를 간직한 채 오늘을 살고 계시는 유가족과 부상자 여러분께도 깊은 위로의 말씀을 전합니다.

1980년 5월 광주는 지금도 살아 있는 현실입니다. 아직도 해결되지 않은 역사입니다. 대한민국의 민주주의는 이 비극의 역사를 딛고 섰습니다. 광주의 희생이 있었기에 우리의 민주주의는 버티고, 다시 일어설 수 있었습니다.

저는 5월 광주의 정신으로 민주주의를 지켜 주신 광주시민과 전남도민 여러분께 각별한 존경의 말씀을 드립니다.

존경하는 국민 여러분!

5·18은 불의한 국가권력이 국민의 생명과 인권을 유린한 우리 현대사의 비

극이었습니다. 하지만 이에 맞선 시민들의 항쟁이 민주주의의 이정표를 세웠습니다.

진실은 오랜 시간 은폐되고, 왜곡되고, 탄압받았습니다. 그러나 서슬 퍼런 독재의 어둠 속에서도 국민들은 광주의 불빛을 따라 한 걸음씩 나아갔습니다. 광주의 진실을 알리는 일이 민주화운동이 되었습니다.

부산에서 변호사로 활동하던 저도 다르지 않았습니다. 저 자신도 5·18 때 구속된 일이 있었지만 제가 겪은 고통은 아무것도 아니었습니다. 광주의 진실은 저에게 외면할 수 없는 분노였고, 아픔을 함께 나누지 못했다는 크나큰 부채감이었습니다. 그 부채감이 민주화운동에 나설 용기를 주었습니다. 그것이 저를 오늘 이 자리에 서기까지 성장시켜 준 힘이 됐습니다.

마침내 5월 광주는 지난겨울 전국을 밝힌 위대한 촛불혁명으로 부활했습니다. 불의에 타협하지 않는 분노와 정의가 그곳에 있었습니다. 나라의 주인은 국민임을 확인하는 함성이 그곳에 있었습니다. 나라를 나라답게 만들자는 치열한 열정과 하나 된 마음이 그곳에 있었습니다.

저는 이 자리에서 감히 말씀드립니다. 새롭게 출범한 문재인 정부는 광주민주화운동의 연장선 위에 서있습니다. 1987년 6월 항쟁과 국민의 정부, 참여정부의 맥을 잇고 있습니다.

저는 이 자리에서 다짐합니다. 새 정부는 5·18 민주화운동과 촛불혁명의 정신을 받들어 이 땅의 민주주의를 온전히 복원할 것입니다. 광주 영령들이 마음 편히 쉬실 수 있도록 성숙한 민주주의 꽃을 피워낼 것입니다.

여전히 우리 사회의 일각에서는 5월 광주를 왜곡하고 폄훼하려는 시도가 있습니다. 용납될 수 없는 일입니다. 역사를 왜곡하고 민주주의를 부정하는 일입니다. 우리는 많은 사람들의 희생과 헌신으로 이룩된 이 땅의 민주주의의 역사에 자부심을 가져야 합니다.

새 정부는 5·18 민주화운동의 진상을 규명하는 데 더욱 큰 노력을 기울일 것입니다. 헬기사격까지 포함하여 발포의 진상과 책임을 반드시 밝혀내겠습니다. 5·18 관련 자료의 폐기와 역사왜곡을 막겠습니다. 전남도청 복원 문제는 광주시와 협의하고 협력하겠습니다.

완전한 진상규명은 결코 진보와 보수의 문제가 아닙니다. 상식과 정의의 문제입니다. 우리 국민 모두가 함께 가꾸어야 할 민주주의의 가치를 보존하는 일입니다.

5·18 정신을 헌법 전문에 담겠다는 저의 공약도 반드시 지키겠습니다. 광주정신을 헌법으로 계승하는 진정한 민주공화국 시대를 열겠습니다. 5·18 민주화운동은 비로소 온 국민이 기억하고 배우는 자랑스러운 역사로 자리매김 될 것입니다. 5·18 정신을 헌법 전문에 담아 개헌을 완료할 수 있도록 이 자리를 빌려서 국회의 협력과 국민 여러분의 동의를 정중히 요청 드립니다.

존경하는 국민 여러분!

〈임을 위한 행진곡〉은 단순한 노래가 아닙니다. 5월의 피와 혼이 응축된 상징입니다. 5·18 민주화운동의 정신, 그 자체입니다. 〈임을 위한 행진곡〉을 부르는 것은 희생자의 명예를 지키고 민주주의의 역사를 기억하겠다는 것입니다. 오늘 〈임을 위한 행진곡〉의 제창은 그동안 상처받은 광주정신을 다시 살리는 일이 될 것입니다. 오늘의 제창으로 불필요한 논란이 끝나기를 희망합니다.

존경하는 국민 여러분!

2년 전, 진도 팽목항에 5·18의 엄마가 4·16의 엄마에게 보낸 펼침막이 있었습니다. "당신 원통함을 내가 아오. 힘내소. 쓰러지지 마시오"라는 내용이었습니다. 국민의 생명을 짓밟은 국가와 국민의 생명을 지키지 못한 국가를 통렬히 꾸짖는 외침이었습니다. 다시는 그런 원통함이 반복되지 않도록 하겠습니다. 국민의 생명과 사람의 존엄함을 하늘처럼 존중하겠습니다. 저는 그것이 국가의 존재가치라고 믿습니다.

저는 오늘, 5월의 죽음과 광주의 아픔을 자신의 것으로 삼으며 세상에 알리려 했던 많은 이들의 희생과 헌신도 함께 기리고 싶습니다. 1982년 광주교도소에서 광주 진상규명을 위해 40일간의 단식으로 옥사한 29살 전남대생 박관

현. 1987년 "광주사태 책임자 처벌"을 외치며 분신 사망한 25살 노동자 표정
두. 1988년 "광주학살 진상규명"을 외치며 명동성당 교육관 4층에서 투신 사
망한 24살 서울대생 조성만. 1988년 "광주는 살아 있다"고 외치며 숭실대 학
생회관 옥상에서 분신 사망한 25살 숭실대생 박래전.

수많은 젊음들이 5월 영령의 넋을 위로하며 자신을 던졌습니다. 책임자 처
벌과 진상규명을 촉구하기 위해 목숨을 걸었습니다. 국가가 책임을 방기하고
있을 때, 마땅히 밝히고 기억해야 할 것들을 위해 자신을 바쳤습니다. 진실을
밝히려던 많은 언론인과 지식인들도 강제해직되고 투옥당했습니다.

저는 5월의 영령들과 함께 이들의 희생과 헌신을 헛되이 하지 않고 더 이상
서러운 죽음과 고난이 없는 대한민국으로 나아가겠습니다. 참이 거짓을 이기
는 대한민국으로 나아가겠습니다.

광주시민들께도 부탁드립니다. 광주정신으로 희생하며 평생을 살아온 전국
의 5·18들을 함께 기억해 주십시오. 이제 차별과 배제, 총칼의 상흔이 남긴 아
픔을 딛고 광주가 먼저 정의로운 국민통합에 앞장서 주십시오.

광주의 아픔이 아픔으로 머무르지 않고 국민 모두의 상처와 갈등을 품어 안
을 때, 광주가 내민 손은 가장 질기고 강한 희망이 될 것입니다.

존경하는 국민 여러분!

5월 광주의 시민들이 나눈 '주먹밥과 헌혈'이야말로 우리의 자존의 역사입
니다. 민주주의의 참모습입니다. 목숨이 오가는 극한 상황에서도 절제력을 잃
지 않고 민주주의를 지켜낸 광주정신은 그대로 촛불광장에서 부활했습니다.
촛불은 5·18 민주화운동의 정신 위에서 국민주권 시대를 열었습니다. 국민이
대한민국의 주인임을 선언했습니다.

문재인 정부는 국민의 뜻을 받드는 정부가 될 것임을 광주 영령들 앞에 천명
합니다. 서로가 서로를 위하고 서로의 아픔을 어루만져 주는 대한민국이 새로
운 대한민국입니다.

상식과 정의 앞에 손을 내미는 사람들이 많아질수록 숭고한 5·18 정신은

현실 속에서 살아 숨 쉬는 가치로 완성될 것입니다.

다시 한 번 삼가 5·18 영령들의 명복을 빕니다.

감사합니다.

광주시민들이 분연히 일어나 저항하던 때, 계엄군이 그 무고한 시민들을 무참히 학살하던 때, 경희대생 문재인은 유치장에 갇혀 있었다. 유신반대 시위로 구속되고 학교에서도 제적되었다가 강제징집으로 군 복무를 마친 뒤 복학한 처지였다. 복학생 대표를 맡아 시위를 이끌다 붙잡혀 다시 구속되었다.

유치장에서 들은 '광주 5·18' 소식은 암울하기 짝이 없었다. 잡혀 들어간 이틀 뒤 무렵부터 정보과 형사들이 매일 광주 상황을 전해 줬다. 신문을 보여 주기도 하고 자기들이 정보 라인을 통해 알게 된 정보를 알려 주기도 했다. 뜻밖이었던 것은, 그들이 군에 대해 대단히 비판적 태도를 보이는 것이었다. 군인들의 민간인 학살에 대해선 분개하기까지 했다. 광주의 경찰서장이 무기고를 열어 시민들에게 무기를 가져갈 수 있게 해 줬다는 얘기를 자랑스럽게 하기도 했다.

그런데 출감해 보니 사람들이 광주 상황에 대해 너무 모르고 있어, 이상할 정도였다. 그동안 언론은 국민들에게 정보과 형사가 나에게 알려 준 것에도 훨씬 못 미치는 수준으로 보도했고, 심지어 왜곡하기까지 했기 때문이었다.[1]

군부가 전국으로 계엄을 확대하기 직전 서울에서는 이른바 '서울역 회군(回軍)'이 있었다. 서울지역 대학생 10만여 명이 1980년 5월 15일 서울역 광장에 집결해 시위하다 자진해산한 일이다.

---

1 문재인, 2011, 《문재인의 운명》, 가교.

문재인 대통령은 이를 두고두고 안타까워했다. '배신'이라고까지 표현했다.

그 순간 서울대 총학생회를 비롯한 각 대학 총학생회장단이 학생들의 전면 퇴각을 결정했다. 군 투입의 빌미를 주지 않겠다는 것이었다. 이른바 '서울역 대회군'이다. 참으로 허망한 일이었다.

그 며칠 전부터 군 투입설이 있었다. 믿을 만한 교수들이 내게도 그런 정보를 전하며, 군 투입의 빌미를 주면 안 된다고 말하곤 했다. 그러나 어느 대학이랄 것 없이, 복학생 그룹은 대체로 군이 투입되더라도 사즉생(死卽生)의 결의로 맞서 싸워야 한다는 생각이었다. 민주화를 향한 마지막 고비였다. 거기서 주저앉으면 또다시 군부독재가 연장되는 것이었다. 군이 투입되더라도 국제사회의 눈 때문에 강경진압에 한계가 있을 것으로 봤다.

복학생들이 총학생회 회장단을 설득하려 노력했지만, 시위경험이 없는 그들은 군 투입 소식에 겁부터 냈다. 그렇게 해산한 대학생들은 다시 모이지 못했다. 그 중대한 기로에 서울의 대학생들이 싹 파해 버린 가운데, 광주시민들만 외롭게 계엄군과 맞서야 했다.

나는 서울 지역 대학생들의 마지막 순간 배신이 5·18 광주항쟁에서 광주시민들로 하여금 그렇게 큰 희생을 치르도록 했다고 생각한다.[2]

광주에 대한 미안함은 문재인 대통령이 인권변호사 활동을 한 원동력이었다. 취임 첫해인 2017년 5월 18일, 5·18 광주민주화운동 37주년 기념식에서 한 위 연설에서도 그 '부채감'을 이야기했다. 이날 기념

---

2 위와 같은 책.

식은 여러모로 이전 기념식과 달랐다. 대통령이 4년 만에 참석했고 규모가 최대였고 초청받지 않은 누구나 참석하는 '열린 기념식'이었다. 참석자들은 〈임을 위한 행진곡〉을 5년 만에 함께 불렀다.

18일 오전 10시부터 광주 북구 운정동 국립 5 · 18 민주묘지에서 1시간가량 진행된 기념식은 애국가 제창 · 묵념을 포함한 국민의례, 헌화 · 분향, 경과보고, 기념사, 기념공연, 〈임을 위한 행진곡〉 제창 순서로 진행됐다.

이번 기념식에는 4년 만에 대통령이 참석했다. 박근혜 전 대통령이 2013년 기념식에 참석하고는 더는 참석하지 않았고, 국무총리가 대신 참석했다. 문 대통령은 직접 헌화 · 분향하고 준비한 원고를 읽어가며 기념사를 했다.

경과보고도 8년 만에 5 · 18 단체가 직접 했다. 경과보고는 5 · 18 관련 3개 단체가 보고 주체를 정하지 못하면서 2009년부터 광주지방보훈청장, 5 · 18 묘지관리소장이 대신했다. 새 정부 출범으로 5 · 18 기념식 정상화가 필요하다는데 5 · 18 단체가 의견을 모았고 이번에는 김후식 5 · 18 부상자회장이 경과보고를 했다.

처음으로 식순에 들어간 기념공연은 5월 영령을 추모하는 내용으로 모두 3막으로 이뤄졌다. 1막에서는 5 · 18 당시 아버지를 잃은 유가족 김소형(37세, 여)씨가 아버지에게 보내는 편지를 낭독했다. 2막에서는 가수 권진원 씨, 광주시립합창단이 〈그대와 꽃피운다〉를 함께 불렀다. 3막에서는 가수 전인권 씨가 무대에 나와 〈상록수〉를 불렀다. 〈그대와 꽃피운다〉, 〈상록수〉는 민중가요로 박근혜 전 대통령 탄핵 촛불집회에서도 불려졌다. 〈상록수〉는 고 노무현 전 대통령이 즐겨 부르던 곡으로 유명하다.

기념공연이 진행되는 동안 참석자들은 눈물을 흘리고 노래를 따라 부르며 아픔을 함께했다. 문 대통령은 유가족 김 씨가 편지를 읽는 동안 눈물을 흘렸고 낭독을 끝내자 직접 무대까지 나가 김 씨를 위로했다. 자리에 앉아 〈상록수〉를 따라 부르기도 했다.

기념식은 모두 자리에서 일어나 〈임을 위한 행진곡〉을 함께 부르면서 마무리됐다. 문 대통령은 자리에서 일어나 양쪽에 있던 정세균 국회의장, 〈임을 위한 행진곡〉 작곡가 김종률 씨의 손을 잡고 앞뒤로 흔들면서 노래를 함께 불렀다. 참석자들도 서로 손을 잡고 노래에 따라 앞뒤로 흔들거나, 주먹을 불끈 쥐고서 팔을 흔들며 노래를 함께 불렀다.

이번 기념식에는 5·18을 비롯해 4·19 혁명, 제주 4·3 사건 등 주요 민주화운동 유공자와 단체들이 대거 초청됐다. 불의에 항거하고 정의와 민주주의를 수호하는 의지를 다지기 위한 것이다. 이번 기념식은 공식 초청을 받지 않은 사람도 누구나 참석할 수 있는 '열린 기념식'으로 거행됐다. 이전에는 초청을 받은 사람만 기념식장에 입장할 수 있었으나 이번에는 초청장 없이도 누구나 별다른 통제를 받지 않고 입장할 수 있었다.[3]

공연을 조합한 기념식은 문재인 정부 청와대가 그 뒤에도 자주 내보인 행사방식이다. 기념식을 문화행사처럼 꾸며 감정에 호소한다. 보여주기 '쇼'에만 집착한다는 비판도 있다. '사람이 먼저다'를 내세운 정부 성격뿐 아니라 문 대통령이 가진 진솔한 매력을 드러내고 살리려는 구성임은 분명하다.

이날 기념공연에서는 특히 5·18 유가족 김소형 씨가 당시 목숨을 잃은 아버지에게 보내는 편지를 읽어 감동을 주었다. 이에 더해 문 대통령은 편지를 낭독한 김 씨에게 다가가 안아 주면서 위로했다. 예정하지

---

3 장덕종, "'확' 달라진 5·18 37주년 기념식 … 오월 영령 추모 의미 더해", 〈연합뉴스〉, 2017. 5. 18.

않았던 돌발 행동이었고 그래서 솔직함이 더 잘 드러났다. 참석자는 물론 TV 생중계를 지켜보던 이들도 울컥하게 만든 장면이다.

정관용: 참, 오늘 추모사를 읽으시면서 우리 김소형 씨 참 눈물을 많이 흘리시는 모습 우리 다 봤습니다. 왜 그렇게 눈물이 나시던가요?

김소형: 모르겠어요. 오늘은 되게 대통령님이 말씀하실 때부터 가슴이 먹먹하고 눈물이 나더라고요. 그리고 저는 뒤에 대기할 때부터 너무 눈물이 많이 나왔어요. 그리고 그 글들을 읽어 나가는데 제가 정말 많이 읽어 보고 연습하고 했던 글인데도 너무 설움이 복받치고 또 앞에 저희 유족 어머님들이 계시잖아요. 아까부터 눈물을 훔치시고 계신 모습이 보이니까 저도 계속 같이 눈물이 나왔던 것 같아요.

정관용: 그동안에도 5·18 기념식 추모제에 여러 차례 참여하셨을 텐데 오늘 특별히 그러셨던 이유는 뭘까요?

김소형: 아무래도 저희 새로운 대통령님께서 저희 5·18에 대한 왜곡된 부분을 진실규명을 해 주신다고 저희한테도 약속을 하시고, 또 〈임을 위한 행진곡〉을 그동안에는 저희가 못 부르고 못 부르게 하고 정말 아까 말씀하신 것처럼 그 노래는 그냥 노래가 아니거든요. 저희가 저희 유족들도 마찬가지로 함께 부르면서 한을 달랬던 노래고 그랬던 노래를 오늘 마음껏 부를 수 있게 됐다는 점, 그런 점들 때문이 아닐까 생각이 드네요.

정관용: 우리 김소형 씨가 추모사 읽고 퇴장하시려고 하니까 문재인 대통령이 다시 또 와서 꼭 안아 주시는 모습 저희가 봤는데, 이게 사전에 약속되어 있던 건 아니었나 봐요?

김소형: 저도 전혀 몰랐었어요.

정관용: 그래서 대통령께 안겨 보시니까 어땠습니까?

김소형: 사실 대통령님께서 나와서 저를 안아 주실 거라는 건 꿈에도 생각 못했고, 아까 그 말씀하신 것처럼 사전에 약속이 되어 있었던 것도 아니고요. 그런데 저기 멀리서 그냥 이렇게 팔 벌려서 저한테 오시는 모습을 보니까 그냥 목 놓아서 울고 싶어서 저도 한동안 그렇게 기대고 울었던 것 같아요.

정관용: 대통령 눈시울도 붉어졌던데요.

김소형: 네. 감사하죠. 저랑 같이 공감해 주고 또 제 손잡아 주시면서 울지 말라고 해 주시더라고요. 그리고 아빠 묘에 참배 가자고 이렇게 또 말씀해 주시니까 너무 감동이었어요.

정관용: 그래, 김소형 씨는 뭐라고 하셨어요, 대통령한테?

김소형: 네, 같이 가요, 감사합니다, 그랬죠, 저는. 그냥 그렇게 저한테 오셔서 따뜻하게 어깨를 빌려 주시고 손잡아 주시고 이런 부분이 너무 좋더라고요.[4]

문재인 대통령은 이 연설에서 '광주정신'과 '촛불혁명'을 말했다. '촛불민심'이 5·18 광주 민주화운동 정신에 뿌리를 두고 있음을 강조했다. 그 연장선 위에 문재인 정부가 있다고 했다. 국민이 직접 세운 정부라는 정통성을 힘줘 말했다. 그러면서 진상규명을 약속했다. 계엄군에 발포 명령을 누가 했는지, 계엄군이 시민군에게 헬기사격을 했는지,

---

4 김소형, "5·18 유족 '팔 벌리고 다가온 대통령의 품, 아버지 같았다'", 〈시사자키 정관용입니다〉, CBS 라디오, 2017. 5. 18.

지금까지도 밝히지 못한 당시의 진상과 진실을 밝히겠다고 했다. 5·18 관련 자료 폐기와 역사 왜곡을 막고 전남도청 옛 청사 복원도 광주시와 협의하고 약속했다.

나아가 5·18 정신을 헌법 전문에 담아 개헌하겠다고도 공언했다. 헌법 전문에 5·18 정신을 반영하는 내용은 문 대통령의 대선 공약이기도 하다. 그리고 박관현, 표정두, 조성만, 박래전 이름을 마치 초혼(招魂)을 하듯 하나하나 불렀다.[5] 5월 영령들과 함께 이들의 희생과 헌신을 헛되이 하지 않겠다고 했다. 아울러 국민통합을 주문했다. 정권이 바뀌었음을, 상식을 되찾았음을, 정의가 바로 섰음을 제대로 보여 준 연설이었다. 유가족 포옹 장면과 함께 이 연설을 오래 기억하는 사람들이 많다.

약속을 다 지키지 못했다. 문재인 대통령은 이듬해인 2018년 3월 대통령 개헌안을 발의했다. "유구한 역사와 전통에 빛나는 우리 대한국민은 3·1 운동으로 건립된 대한민국 임시정부의 법통과 불의에 항거한 4·19 민주이념을 계승하고"라고 시작하는 헌법 전문에 부마항쟁과 5·18 광주민주화 운동, 6월 항쟁을 추가했다. 이 개헌안은 국회 본회의를 통과하지 못하고 자동 폐기됐다. 5·18 정신을 담은 개헌은 실패했다. 다음 대선 후보들이 또 같은 약속을 되풀이했다.

진상규명도 흐지부지되었다. 진상규명조사위원회는 구성부터 진통을 겪어 2020년 초가 되어서야 활동을 시작했다. 의미 있는 제보와 증언, 고백이 많다고 한다. 정작 신군부 핵심인물들이 아무도 입을 열지

---

5 기념사 초안을 마련한 신동호 연설기획비서관은, 고 문익환 목사가 1987년 이한열 열사 장례식에서 민주열사 26명의 이름을 부르짖은 즉흥 연설에서 영감을 얻었다고 했다.

않았다. 전두환, 노태우, 이희성, 황영시, 정호용 등에 대한 대면조사는 실효를 거두지 못했다. 만족할 만한 성과를 내놓지 못했다. 가장 큰 의문인 발포 명령자와 헬기 기총사격 여부가 지금까지 미궁이다. 그 사이 학살자 전두환은, 인정도 반성도 사과도 없이 사망했다.

10장

검찰개혁, 연이은 패착이 부른 실패

제61회 국무회의를 시작하겠습니다.

오늘 국무회의를 거쳐 공수처 관련법, 경찰법, 국정원법 등 국회가 진통 끝에 입법한 권력기관 개혁 법률들을 공포하게 됩니다. 한국 민주주의의 오랜 숙원이었던 권력기관 개혁의 제도화가 드디어 완성되었습니다.

오랜 기간 권력기관에 의한 민주주의 훼손과 인권 침해를 겪어왔던 우리 국민들로서는 참으로 역사적인 일이 아닐 수 없습니다. 저 또한 국민과의 약속을 지킬 수 있어서 감회가 깊습니다.

모든 권력기관이 견제와 균형의 원리에 의해 작동되고, 오로지 국민을 섬기는 국민의 기관으로 거듭나는 초석이 될 것입니다.

특히 공수처는 권력기관 개혁의 핵심이라고 할 수 있습니다. 우리 사회에서 법은 공정하지 않을 때가 많았습니다. 성역이 있었고, 특권이 있었고, 선택적 정의가 있었습니다. 전두환 정부 이래 역대 정부는 대통령 자신이나 친인척 등 특수관계자의 권력형 부패비리 사건으로 얼룩졌습니다. 그때마다 정치적 독립과 중립이 철저히 보장되는 특별사정기구의 필요성이 강력히 대두되었습니다.

1996년 전두환·노태우 정권의 비자금 사건을 계기로 시민단체가 국회의원 151명의 서명을 받아 입법청원을 하면서 공수처 논의의 물꼬가 터졌습니다. 김대중 정부는, 사법개혁추진위를 통해 정부 차원의 본격적인 논의를 시작했습니다.

2002년 대선 때는 노무현 후보가 공수처를 반부패 정책의 핵심공약으로 내세웠고, 당선 후 입법을 추진했습니다. 당시 공수처가 설립되었다면, 이후 정권의 부패를 막는 데 큰 역할을 할 수 있었을 것입니다. 저도 지난 대선뿐 아니라 2012년 대선에서도 공수처를 공약했습니다. 그때라도 공수처가 설치되었더라면, 박근혜 정부의 국정농단은 없었을지 모릅니다.

역사에는 가정이 없는 것이지만, 안타까운 역사였습니다. 이처럼 공수처는 부패 없는 정의로운 나라를 위해 20년 넘게 논의되고 추진되어온 것입니다.

이념의 문제나 정파적인 문제가 결코 아닙니다. 현재 제1 야당의 전신인 한나라당에서도 공수처를 2004년 총선 공약으로 제시한 바 있었고, 지금 공수처를 반대하는 야당의 유력 인사들도 과거에는 공수처를 적극 주장했던 분들입니다.

이제는 공수처가 '독재를 위한 수단'이라는 주장까지 합니다. 정권의 권력형 비리에 사정의 칼을 하나 더 만드는 것인데, 이것을 어떻게 독재와 연결시킬 수 있는 것인지 상식적으로 이해하기 어렵습니다.

부패 없는 권력, 성역 없는 수사로 우리 사회가 더 청렴해지기를 바란다면, 오히려 공수처가 철저한 정치적 중립 속에서 제 역할을 할 수 있도록 여야를 넘어 함께 힘을 모으는 것이 필요하다고 생각합니다.

한편으로, 공수처는 검찰에 대한 민주적 통제 수단으로도 의미가 큽니다. 검찰은 그동안 무소불위의 권한을 가지고 있으면서도 스스로의 잘못에 대해서는 책임지지 않고, 책임을 물을 길도 없는 성역이 되어왔다는 국민의 비판을 받고 있습니다. 공수처는 검찰의 내부 비리와 잘못에 대해서도 엄정하게 책임을 물을 수 있는 제도적 장치가 될 수 있습니다. 지금까지는 그런 장치가 전혀 없었습니다.

어떤 권력기관도 국민 위에 존재할 수 없습니다. 검찰이 견제와 균형의 원리에 의해 민주적 통제를 받게 된다면, 무소불위의 권력이란 비판에서 벗어나 더욱 건강하고 신뢰받는 국민의 검찰로 거듭나는 계기가 될 것입니다.

공수처는 검찰권을 약화시키는 괴물 같은 조직이 아닙니다. 공수처는 정원이 검사 25명, 수사관 40명에 불과하여, 현직 검사만 2,300명을 거느리고 있는 검찰 조직과는 아예 비교가 되지 않습니다.

공수처가 생겨도 여전히 검찰의 권한은 막강합니다. 검찰의 막강한 권한은 우리 사회의 정의를 지키는 힘이 될 수 있습니다. 다만 국민들은 검찰의 권한에도 견제가 필요하다고 생각할 뿐입니다. 그 점을 검찰도 받아들이길 바라 마지않습니다.

공수처장 추천과 지명, 청문회 등의 절차를 마치면 정식으로 공수처가 출범하게 됩니다. 공수처는 무엇보다도 정치적 중립이 생명입니다. 검찰로부터의 독립과 중립을 지키는 것 또한 중요합니다. 중립적 운영을 위해서는 모두의 노력이 필요합니다. 공수처의 구성원뿐 아니라 정치권과 검찰, 언론과 시민사회 등 모두가 함께 감시하고 노력해야 할 것입니다.

국민들께서도 우리의 민주주의를 한 단계 진전시키는 국민의 기구, 국민의 공수처가 될 수 있도록 성원해 주실 것을 당부 드립니다.

감사합니다.

검찰개혁은 문재인 대통령에게 숙명과도 같다. 참여정부 시절 민정수석과 비서실장으로 노무현 대통령 곁에서 검찰개혁을 함께 추진했다. 그 과정을 2011년 노무현재단 이사장 시절 김인회 인하대 교수와 함께 쓴 책, 《문재인, 김인회의 검찰을 생각한다》(문재인·김인회, 오월의봄)를 통해 정리했다. 문 대통령과 김 교수는 우리 검찰이 걸어온 길과 가진 권한, 관련한 이론 등을 짚어 검찰 문제 본질을 설명했다. 그리고 강금실 법무부 장관 때인 1기와 천정배 법무부 장관 때인 2기로 나

뒤 참여정부가 시도한 검찰개혁을 되짚었다. 성과와 한계를 정리했다. 종합한 의견은 이렇다.

참여정부의 검찰개혁은 실패했다는 것이 일반적인 평가이다. 하지만 좀 더 자세히 살펴볼 필요가 있다. 다시 검찰개혁을 하기 위해서도 구체적이고 실천적으로 평가할 필요가 있다. 참여정부는 검찰의 정치적 중립을 철저하게 보장했다. 청와대는 검찰과의 관계를 전면적으로 단절함으로써 정치적 중립을 확실하게 보장했다. 대검 공안부를 축소하고 위상도 낮췄다. 그리고「검찰청법」을 개정함으로써 정치적 중립과 관련한 제도적 과제를 거의 달성했다. 남은 것은 대검 중수부 폐지 정도이다. 이것이 참여정부의 성과이다.

참여정부가 미흡했던 점은 검찰개혁에서 정치적 중립을 넘어서서 더 많은 개혁 과제를 완수하지 못한 것이다. 검찰개혁의 핵심 과제인 민주적 통제, 즉 분산, 견제와 감시 시스템을 마련하지 못했다. 고위공직자비리조사처, 검경 수사권 조정, 법무부의 문민화, 과거사 정리 등을 달성하지 못했다. 참여정부의 권력기관 개혁의 인식이 철저하지 못한 점이 원인 중 하나이다. 주체 간의 인식이 통일되지 못했고 검찰개혁을 위한 기구도 구성하지 못했다. 이것은 참여정부가 받아야 할 비판의 몫이다.[1]

문 대통령은 다른 책에서 참여정부가 최선을 다했지만 이명박 정부 들어 모두 무위로 돌아갔다면서 아쉬움을 나타내기도 했다. 서운함마저 내보였다.

---

1 문재인 · 김인회, 2011, 《문재인, 김인회의 검찰을 생각한다》, 오월의봄.

참여정부는 검찰의 정치적 중립과 독립성을 최대한 보장해 줬다. 검찰 내부의 의지가 제대로 갖춰지지 않은 상태였지만, 대통령과 참여정부는 스스로의 의지와 절제로 그렇게 했다. 물론 시민사회가 요구한 개혁 과제이기도 했다. 그런데 이명박 정부 들어서 순식간에 참여정부 이전으로 되돌아갔다.

참여정부가 보장해 줬던 검찰의 정치적 중립성과 독립성을 우리 사회가 지켜내지 못한 셈이다. 그런데도 진보·개혁 진영에서는 참여정부가 검찰개혁에 실패했다고 말한다. 참여정부 때 검찰개혁을 더 많이, 또 더 근본적으로 해야 했으나, 그렇게 하지 못했던 건 사실이다. 그러나 그것이 참여정부의 책임인 양 한마디로 규정해 버리면 과연 온당한 평가일까? [2]

노무현 정부 내내 정권과 대립하던 검찰은 이명박 정부 들어 정치검찰이란 악역을 기꺼이 담당했다. 사례를 다 헤아리기 어렵다. 광우병 위험 보도를 한 MBC 〈PD 수첩〉 제작진을 수사하고 기소했다. 조중동 광고주 불매운동을 한 시민들을 수사하고 기소했다. 2008년 촛불집회 참가자들도 수사하고 기소했다. 정연주 KBS 사장을 무리하게 수사하고 기소했다. 인터넷 공간에서 표현하는 자유를 억누르는 압수수색을 하고, 논객 미네르바를 구속하고 기소했다. 용산참사 수사를 부실하게 진행했다.

절정은 노무현 대통령을 죽음으로 몰고 간 박연차 게이트 수사이다. 사건 발단은 세무조사를 막기 위해 이명박 정부 실세들에게 한 로비였다. 검찰은 본질은 놔두고 노무현 대통령과 주변 인물들을 겨냥했다. 노 대통령에게 직접 칼을 빼들었다. 검증하지 않은 피의 사실을 흘려 압박했다. 무리한 수사는 결국 비극으로 이어졌다.

2 문재인, 2011, 《문재인의 운명》, 가교.

이 모두를 가까이서 지켜본 문재인 대통령은 정치에 직접 참여하기 직전 검찰개혁을 계속 수행하겠다고 사실상 선언했다. 자신이 정치에 뛰어드는 목적 가운데 하나, 어쩌면 가장 중요한 목적이 검찰개혁임을 분명히 밝혔다.

참여정부의 검찰개혁은 성공과 실패가 혼재하고 있다. 하지만 참여정부의 문제의식은 여전히 공감을 불러일으킨다. 이런 의미에서 검찰개혁은 계속될 수밖에 없다. 다음에 들어설 민주정권은 첫 번째 개혁 작업으로 검찰개혁에 착수해야 한다. 계속 제기되는 검찰개혁을 완수하기 위해서는 민주주의가 진전되어야 한다. 그리고 계속 개혁이 이루어져야 한다. 참여정부의 검찰개혁의 교훈을 한마디로 정리한다면 민주주의의 진전과 계속 개혁일 것이다.[3]

기회는 바로 오지 않았다. 정치인으로 변신해 대선에 출마한 문재인은 2012년 대선에 출마해 박근혜 대통령에게 패했다. 박근혜 정부에서도 검찰은 정치검찰이란 오명을 벗지 못했다. 김기춘 비서실장, 우병우 민정수석은 검찰을 정권을 지키는 방패이자 정적을 없애는 칼로 활용했다. 국정농단과 부패 비리를 파헤치고 엄단하기는커녕, 전조(前兆)가 드러났을 때에도 눈감았다. 2015년 1월 서울중앙지검은 이른바 '정윤회 문건'이 허위라고 발표했다. 〈세계일보〉가 보도한 뒤 40여 일 지난 시점이었다. 검찰이 국정농단 전조를 알고도 덮은 꼴이다.

검찰은 권력을 무소불위로 만들어 주는 도구이자 그 스스로 막강한 권력이었다.

---

3 문재인·김인회, 2011, 《문재인, 김인회의 검찰을 생각한다》, 오월의봄.

2016년 10월에 터진 박근혜·최순실 국정농단 사태에서 국민들은 검찰의 실상을 다시 확인했다. 정치검찰과 부패검찰의 행태가 극단적으로 확대되어 정치검찰은 대한민국을 장악했고 부패검찰은 한국 부패의 상징이 되었다. 박근혜 전 대통령과 최순실은 검찰을 장악함으로써 행정부 전부를 장악했다. 국정농단 세력은 정치검사 김기춘, 우병우와 함께 검찰을 장악했다. 검찰 장악을 바탕으로 정부를 사조직처럼 이용했다.[4]

2017년 집권한 문재인 대통령은 검찰개혁을 최우선 과제로 삼았다. 당연한 일이었다. 김대중과 노무현, 앞서 권력을 쥐었던 이른바 진보·민주 정부가 채 하지 못한 일이었다. 김대중 대통령은 "검찰이 바로 서야 나라가 바로 선다"고 했지만 검찰개혁에 손을 대지 못했다. 노무현 대통령은 시도는 했으나 성과를 내지 못했다. 전임 대통령이 탄핵으로 물러난 비상 상황, 전 정부가 남긴 그늘인 적폐를 청산하고 검찰을 개혁하는 두 가지가 문 대통령에게 급선무였다.

문재인 대통령이 택한 수는 조국 민정수석과 윤석열 서울중앙지검장, 두 날개였다. 조국은 이명박·박근혜 정부 내내 권력기관에 비판 목소리를 내며 검찰개혁을 부르짖어온 진보 성향 법학자였다. 고위공직자비리수사처(공수처) 설치를 주장해왔다. 검찰이 가진 수사권과 기소권 분리, 검경 수사권 조정 등을 통한 검찰 권력의 분산과 견제를 역설해온 인사였다.

윤석열은 또 어떤 인물이었던가. 박근혜 정부 초기 '국정원 대선개입 의혹 사건' 특별수사팀장 시절 윗선이 반대하는 소신 수사를 하다가 좌

---

4 김인회, 2017, 《문제는 검찰이다》, 오월의봄.

천되었다. 국정감사장에 나와 검사장 외압이 있었다는 폭로성 주장도 했다. "저는 사람에게 충성하지 않습니다"라는 말로 '강골검사' 이미지를 남겼다. 지방을 전전하던 그는 박영수 특검 수사팀장으로 부활해 국정농단 사건을 거침없이 수사했다. 검찰개혁을 주장해온 비검찰 출신 민정수석, 기수를 뛰어넘은 강골 서울중앙지검장, 이 인사를 두고 모두가 문 대통령이 둔 묘수이자 강수로 보았다.

윤석열 지검장과 가까운 검사들이 서울중앙지검으로 모여들었다. 윤대진, 한동훈 등 이른바 '윤석열 사단'이 힘을 얻었다. 이들은 이명박, 박근혜 두 전직 대통령을 거침없이 수사했다. 이재용 삼성 부회장, 양승태 대법원장을 상대로도 날을 세웠다. 모두가 문재인 정부 정책기조에 맞는 수사였다. 윤석열 당시 지검장은 검경 수사권 조정에는 미적지근한 태도였지만 검찰개혁이란 명분을 거스르지는 않았다. 검찰 내부에서 반발이 없지 않았으나 검찰개혁은 순조로운 듯했다.

2019년 7월 문재인 대통령은 윤석열 지검장을 신임 검찰총장에 임명했다.

문재인 대통령은 25일 청와대에서 윤석열 신임 검찰총장에게 임명장을 주면서 "청와대든 정부든 집권 여당이든, 만에 하나 권력형 비리가 있다면 엄정한 자세로 임해 달라"고 주문했다. 아울러 "국민들은 검찰이 근본적으로 변화하기를 바라고 있다"고 말해 검찰개혁과 사법개혁을 주도할 윤 총장에게 힘을 실어 줬다.

고위공직자 임명장 수여식은 비공개하는 것이 관례이지만, 청와대는 문 대통령과 윤 총장이 나눈 대화 내용을 이례적으로 상세하게 공개했다. 윤 총장에 대한 문 대통령의 신뢰를 대외적으로 확인하려는 의도로 풀이된다. …

문 대통령은 "국민들은 검찰이 근본적으로 변화하기를 바라고 있다"며 "정치검찰의 행태를 청산하고, 무소불위의 권력으로 국민 위에 군림하는 게 아니라 민주적 통제를 받으며 국민을 주인으로 받드는 검찰이 되길 바란다"고 말했다. 문 대통령이 "(검찰의) 셀프 개혁만으론 충분치 못하다"고 한 것은 고위공직자비리수사처 설치 및 검경 수사권 조정의 당위성을 거듭 강조한 뜻으로 해석됐다. 문 대통령은 "조직의 논리보다는 국민의 눈높이가 가장 중요한 시대가 됐다"며 "반칙과 특권을 뿌리 뽑는 정부의 반(反)부패 개혁 기조를 검찰의 시대적 사명으로 여겨 달라"고 당부했다.

이에 윤 총장은 "헌법과 국민을 생각하는 마음가짐으로 열심히 해 나가겠다"고 화답했다. 이어 "검찰권도 다른 모든 국가권력과 마찬가지로 국민에게서 나온 권력"이라며 "국민을 잘 받들고, 국민의 입장에서 우리가 어떻게 고쳐나가고, 어떤 방식으로 권한을 행사해야 되는지 헌법정신에 비춰서 깊이 고민하겠다"고 말했다.[5]

문 대통령이 검찰개혁을 기대하며 단행한 이 인사가 정작 검찰개혁을 망친 첫 패착(敗着)이 되었다. 윤 신임총장은 청와대가 일부러 공개한 임명장 수여식 대화에서도 검찰개혁에 대해 분명히 답하지 않았다. 당시 윤 총장에게는 검찰 정치중립을 지키며 부정부패를 제거하리라는 기대가 있었다. 동시에 검찰개혁을 반대할지 모른다는 우려도 있었다. 그는 사석에서 검경 수사권 조정안을 강하게 반대해왔다고 한다. 검찰 조직을 중심으로 사고하는 이른바 '검찰주의자'라는 평이 이미 있었다. 검

5 이동현, "윤석열 신임 검찰총장의 '특별한' 임명장 수여식", 〈한국일보〉, 2019. 7. 25.

찰개혁은 곧 검찰 권한을 줄이고 제약하는 내용이다. '검찰주의자'로서는 동의하지 않고 저항할 가능성이 분명했다.

윤 총장은 곧바로 대검찰청 간부 인사를 단행했다. 총장을 보좌하는 대검 부장 여섯 자리 가운데 다섯 자리에 측근 특수통을 임명했다. 심지어 공안부장에도 공안부가 아닌 특수부 출신을 임명했다. '특수통 전성시대', '윤석열 사단 천하'라는 말이 어색하지 않았다. 검사 인사가 검찰총장 권한이라지만 청와대가 힘을 싣지 않았다면 하기 힘든 인사였다.

다음 달 문재인 대통령은 조국 민정수석을 법무부 장관 후보자로 지명했다. 조국 민정수석과 윤석열 중앙지검장 체제로 적폐 수사를 일단락한 뒤 이제는 조국 법무부 장관과 윤석열 검찰총장 체제로 검찰개혁을 매조지려는 의지였다.

'윤석열 검찰'은 이를 그냥 두고 보지 않았다. 검찰 중심 논리가 회오리처럼 작동했다. 검찰은 조 장관 후보자 인사청문회를 1주일 남긴 시점에 후보자 일가를 겨냥해 강제수사에 나섰다. 공개수사 첫날 20곳 넘는 곳을 동시에 압수수색했다. 박상기 법무부 장관에게도 보고하지 않은 채 전광석화(電光石火) 같았다. '조국은 절대 안 된다', '고분고분 물러나라', '이래도 안 물러날래?', 의도를 숨기지 않았다.

그날 오후 윤 총장은 박 장관을 만났다. 박 장관은 이 자리에서 윤 총장이 조국 후보자 아내 관련 사모펀드 의혹을 주로 언급하면서 조국 낙마를 직접 요구했다고 나중에 술회했다.

기자: 그럼 그날 1시간이나 넘게 그런 얘기만 반복하신 건가요?
박 전 장관: 그렇죠.

기자: 그러니까 결국은 '조국 법무부 장관은 안 된다'라는 뜻이네요.

박 전 장관: 그렇죠. '부부 일심동체다. 민정수석이 그런 거(사모펀드) 하면 되느냐?'는 것이었죠. 도덕적 판단부터 시작해 가지고 법적으로도 문제라는 것이었고요.

기자: 그렇게 말을 했습니까?

박 전 장관: 결론은 '조국 후보자는 법무부 장관으로 안 맞다'는 거죠.

기자: 본인이 그렇게 말을 합니까? 장관 낙마라고?

박 전 장관: 낙마라고 이야기해요. 법무부 장관 해서는 안 된다는 이야기 … .

기자: 본인 입으로요?

박 전 장관: 네.[6]

   검찰은 조국 후보자 일가를 샅샅이 털었다. 조 후보자가 인사청문회에 참석한 날 밤 아내 정경심 교수를 표창장 위조 혐의로 기소했다. 소환조사도 없었다. 폭주였다. 분명한 항명(抗命)이고 반항이었다. 문대통령은 인사청문회 사흘 뒤 조국 법무부 장관을 임명했다. 검찰 저항을 용납하지 않겠다는 의지이자 경고이기도 했다.

   조 장관 일가가 저지른 일탈과 비위는 전혀 없는 사실이 아니었다. 검찰 수사가 무리했음은 분명하지만, 드러난 조 장관 쪽 잘못도 분명했다. 과거 발언과 태도에 대비해 실망과 비난 여론이 거세졌다. 윤석열 검찰에 대한 배신감과 힐난도 마찬가지로 드셌다. 민심이 갈가리 찢겼다. 서초동에서는 조국 수호와 검찰개혁을 외치는 촛불이 타올랐고, 광화문에서는 조국 파면을 부르짖는 목소리가 모였다. 서로 저주를 퍼

---

6 박상기, "박상기 최초 증언, 윤석열, '조국 사태' 첫날에 조국 낙마 요구", 〈뉴스타파〉, 2020. 7. 20.

부었다. 검찰개혁 과제는 그새 어디론가 사라졌다. 추진동력을 잃었다. 정치공방 수렁에 빠져들었다. 끝내 단행한 조국 장관 임명은 두 번째 패착이었다.

조국 장관이 검찰개혁 방안을 내놓고 물러났다. 35일 짧은 임기였다. 문재인 대통령은 후임으로 추미애 법무부 장관을 임명했다. 추 장관은 인사를 통해 윤석열 검찰총장을 고립시키기 시작했다. 윤 총장은 손발이 잘렸다. 이른바 '추·윤 갈등'이 시작했다.

추 장관은 2020년 7월 2일, 윤석열 총장에게 수사지휘권을 발동했다. 측근인 한동훈 검사장 관여 의혹이 있는 이른바 '검언유착' 사건 수사에서 완전히 손을 떼라고 했다. 석 달 뒤 또 수사지휘권을 발동했다. 이번에는 라임사건 수사, 윤 총장 아내와 장모 그리고 윤 총장 본인 관련 수사와 감찰에서 손을 떼라고 했다.

윤석열 검찰총장이 조국 장관을 물러나라고 몰아세웠듯 추미애 법무부 장관은 윤 총장에게 물러나라고 종주먹을 들이댔다. 윤석열 총장은 국회 국정감사장에 나와 "검찰총장은 장관의 부하가 아니"라면서 반발했다. 어차피 수습은 불가능했다. 추미애 장관은 윤 총장을 징계하고 직무에서 배제한다고 발표했다. 막장이었다. 징계를 받은 윤 총장은 집행정지 가처분 소송을 내고 승소한 뒤 업무에 복귀했다가 석 달이 지난 2021년 3월 4일 스스로 총장직에서 물러났다.

전에는 상상도 못할 일이 자고 나면 벌어진 기간이었다. 그 '추·윤 갈등'이 1년 넘도록 이어졌다. 국민은 진저리를 쳤다. 그동안 검찰개혁은 좌표를 잃었다. 추 장관 임명은 문재인 정부 검찰개혁이 실패한 세 번째 패착이었다.

문재인 정부가 내건 검찰개혁 과제는 '고위공직자비리수사처 설치'와 '검찰 수사권·기소권 분리', 크게 두 가지였다. 국민이 기대한 바도 다르지 않았다. 성과가 없진 않았다. 시민단체 참여연대가 2021년 발행한 〈문재인 정부 4년 검찰보고서〉 한 구절을 보자.

김대중 정부에서 진행되었던 법무검찰에 대한 민간인 경영진단의 결과로 구체화되기 시작했던 검찰개혁이라는 시대적 과제는 올해에 들어와 그 중대한 결실을 거둘 수 있었다. 가장 의미 있는 검경 수사권 조정의 작업이 일단락되었을 뿐 아니라, 공수처가 들어서게 됨으로써 검찰이 독점하고 있던 특수사건의 수사, 기소권이 분점되는 체제가 구축될 예정이다.

또한 법무부의 탈검찰화가 탄력을 받으면서 야기되는 법무·검찰의 관계 정립의 문제는 법무부 장관과 검찰총장 간의 갈등 양상으로 비화되기는 했지만, 이런 시행착오를 거치면서까지 조정·처리되어야 할 중차대한 법무검찰 개혁의 과제이기도 하다. 실제 검찰의 정치화 혹은 정치의 검찰화라는 우리의 과거사가 바로 이 법무·검찰 관계의 비정상성에서 비롯되었다는 점을 감안하면 그것은 무엇보다 시급한 현안이 된다.[7]

위 연설은 문재인 대통령이 2020년 12월 15일 국무회의를 시작하면서 한 발언이다. 이날 국무회의에서는 공수처법 개정안과 경찰법 개정안, 국정원법 개정안 등 이른바 '권력기관 3법' 공포안을 처리했다. 문 대통령은 권력기관 개혁 제도화가 드디어 완성되었다며 기뻐했다. 핵심인 공수처에 큰 기대를 걸었다. 자기가 내건 1호 공약이었으니 그럴

---

7 참여연대, 2021, 〈문재인정부 4년 검찰보고서〉.

만도 했다. 참여연대 보고서 평가대로 검찰과 경찰이 일부 수사권을 나눠 조정하고 공수처가 출범한 성과는 분명 적지 않은 의미를 지닌다.

그러나 공수처는 이미 힘을 얻기 어려운 처지였다. 한쪽에서 극심히 반대하는 상황에서 탄생했으니 애초부터 온전하기란 불가능했다. 규모는 기대에 못 미쳤고, 그나마 지원 인력이 없어 조직 구성에도 애를 먹었다. 이 지경이니 별다른 성과를 기대하기 어려웠다. 출범 1년 동안 직접 기소한 사건이 한 건도 없다. 수사에 착수한 24건 중 마무리한 사건은 단 한 건뿐이다. 부끄러운 기록이다. 수사 역량이 모자라다는 비판이 나왔다. 민간인 통신 조회를 무분별하게 했다는 논란도 일었다.

〈한겨레 21〉이 공수처 출범 1년을 맞아 전문가들 의견을 듣고 정리한 내용을 보자.

이성윤 서울고검장 '황제조사' 논란, 검찰과의 '공소권 유보부 이첩'(향후 공소권 행사를 유보한 이첩) 갈등을 지나, 실질적 1호 사건이라는 '고발 사주' 의혹에선 그 실망이 정점에 다다른 듯하다.

"혐의가 구체적이고 '손준성 보냄' 메시지 등 이를 뒷받침할 증거가 확보된 상태에서 수사가 개시돼서 수사가 잘 진행될 수 있는 모양은 갖춰진 상태였다. 그러나 김웅 의원 사무실 압수수색에서의 위법성 논란, 손준성 검사 조사 시기를 놓치면서 완전히 수사 동력을 잃어버렸다."(법무법인 이공 양홍석 변호사)

손준성 검사에 대한 체포영장(1차례)과 구속영장(2차례)의 연이은 청구(와 기각), 무분별한 통신자료 조회 논란까지 더해져 수사능력도 부족한데 인권의식도 없다는 비판을 받기에 이르렀다.

공수처의 '억울함'도 아예 일리가 없는 건 아니다. 야당 협조를 이끌어내느라 공수처 입법은 '타협적'으로 진행됐고, 그 과정에서 권한도 규모도 축소된 채 출범했다. 애초에 인재를 유인하기 쉽지 않은 조직 구조다. 모든 경우의 수를 가정하며 법을 만들 수는 없기 때문에 기관 간 역할과 권한을 조정하는 후속 작업이 뒤따라야 하는데 애프터서비스(AS)에 나서야 할 국회는 '강 건너 불구경'이다. 그리고 독립성, 중립성이 강조되다 보니 행정부 어느 단위도 선뜻 나서기 어렵다.[8]

앞서 인용한 참여연대 보고서를 쓴 한상희 건국대 법학전문대학원 교수도 공수처 출범 1년 뒤엔 "공수처 지난 1년은 거의 실패"[9]라는 평가를 내놓았다. 한 교수는 공수처 설치 운동을 이끌어온 대표 인물 중 한 명이다.

검찰개혁을 이루는 최종 목표라 할 수사권·기소권 분리는 멀고 먼 일이 되었다. 검찰과 경찰이 수사권을 일부 조정한 단계가 끝이었다. 2020년 말 일부 국회의원들이 검찰 수사권·기소권 분리 내용을 담은 「검찰청법」 폐지 법안을 준비했지만 발의도 못 했다. 검찰 반발과 정치권 내부 이견을 어쩌지 못했다.

민주당은 20대 대선에서 패한 뒤 다시 '검수완박'(검찰 수사권 완전 박탈)을 꺼내 들었다. 문재인 대통령 임기 안에 법 개정을 끝내야 한다는 절박함은 조급함으로 나타났다. 이미 수십 년간 논의한 주제라고는 하나 무리한 일처리였다. 야당뿐 아니라 법조계와 시민사회도 반대했다. 부작용을 우려했다. 국회가 엉망이 되었다. 애초 하려던 수사권·기소권 분리는 어정쩡한 상태가 되었고 상처만 크고 깊게 남았다.

---

8 고한솔, "달라진 '2년'을 기대한다", 〈한겨레 21〉, 2022. 1. 22.
9 김관진, "[취재파일] 공수처, '검찰개혁' 앞세우다 제 기능 약해져", 〈SBS 뉴스〉, 2022. 1. 22.

앞서 세 가지 패착을 언급했다. 문 대통령은 검찰개혁을 조국과 윤석열, 두 명에게 믿고 맡기려 했다. 조국 패를 못 쓰게 되자 추미애라는 패를 꺼냈다. 그 세 인사가 모두 잘못이었다. 문 대통령은 나아가 갈등 상황에서 아무런 조정과 결정을 하지 않았다. 자신이 선택한 사람끼리 맞서고 다툴 때, 그래서 일은 안 돌아갈 때, 나라가 찢길 때 침묵했다. 조국 장관을 두고는 "크게 마음의 빚을 졌다"고 두둔했다. 윤석열 총장을 두고는 "문재인 정부의 검찰총장"이라고 감쌌다. 그럴 형편이 아니었을 때 그랬다. 강경 일변도인 추미애 장관에게도 별다른 언질을 하지 않았다. 기괴하리만큼 고집스런 '침묵'이었다.

19대 대선 때 문재인 선대위에서 활동한 신평 변호사는 문 대통령이 보인 '침묵'을 이른바 '의존적인 마음중심형' 성격에서 비롯했다고 설명한다.

문 대통령은 도덕성과 고매한 인격을 가진 사람이다. 그러나 대통령이 되고 어느 순간부터 그의 성격이 인격을 눌렀다. 인격은 그가 가진 페르소나에 불과했다. 그의 성격은 자신을 조종하는 윗사람에게 충성을 바치도록 돼 있다. 그래서 자신을 심리적으로 조종하는 데 능숙한 조국 교수 같은 이에게 충직함을 다하는 것이다. 자신과 같은 편이라고 생각하는 이들에게는 한없이 선한 의도를 갖고 대하나, 반대쪽의 이들에게는 무관심하다. 이 성격 자체가 내 편, 네 편을 가르는 데 익숙하기 때문이다. 내 편에만 의지하고, 내 편을 통해 안전을 확보하려고 한다. 이 성격의 가장 큰 특징은 자신이 책임을 지지 않으려고 회피하는 점이다.[10]

10 신평, "추미애 활극에 침묵 文, 참모형 대통령의 비극", 〈신동아〉, 2020. 11. 25.

강준만 교수는 이 '책임회피형 성격'과 이른바 '조국 사태'를 이렇게 설명한다.

적폐청산의 경우처럼 자신이 쉽게 선악 이분법으로 대처할 수 있는 일은 눈 하나 깜짝하지 않고 밀어붙이지만, 사안이 조금만 복잡해지면 한사코 피하려 든다. 이른바 '의도적 눈감기'(*willful blindness*)가 작동하는 것이다. 그로 인한 혼란과 갈등의 증폭이 극에 이른 게 바로 '조국 사태'였다. 때로 언론은 문재인에게 대단한 전략과 전술이 있는 것처럼 해석하곤 했지만, 복잡하게 생각할 것 없다. 문재인의 책임회피형 성격이 모든 걸 설명해 줄 수 있다.[11]

문재인 대통령이 검찰개혁에서 보인 태도는 그다운 원칙과 올바름이 있을지는 모른다. 그러나 지도자다운 모습과는 거리가 멀었다. 엄청난 지지 여론을 등에 업고도 정치로 풀지 못했다. 제도를 만들고 실행하는 때를 놓쳤다. 집권 초기, 적폐청산을 위해 그 날카로운 칼을 입맛에 맞게 부렸다. 그러느라 그 칼을 더 위험하게 만들고 말았다. 그래놓고 사람을 믿었다. 사람에게만 의지했다. 갈등과 혼란이 생겼을 때 잘잘못을 가려 결단하는 모습을 보이지 못했다. 지도자에게 선함과 선의가 전부는 아니다. 문재인 정부가 시도한 검찰개혁을 그 누구도 성공이라고 말하지 못한다.

---

11 강준만, "文의 의도적 눈감기 ⋯ '책임회피형' 대통령의 비극", 〈신동아〉, 2021. 11. 22.

3부

—

제대로 써야 할
우리말 우리 글

1장

바른 우리말과 공영방송, 그리고 대통령 연설

"이 결혼에는 셋이 있었다. 그래서 조금 복잡했다."

1995년 영국 다이애나(Diana Frances Spencer) 왕세자빈이 BBC 인터뷰에서 한 말이다. 남편 찰스 왕세자가 결혼 전 연인이던 카밀라 파커 볼스와 결혼 뒤에도 부적절한 관계를 이어왔다는 폭로였다. 스트레스를 이기지 못했으며 폭식을 하고 우울증에 걸려 자해를 시도했다는 고백도 했다. 이후 다이애나는 왕실과 관계를 회복하지 못했다. 곧 이혼하고 1997년 교통사고로 숨졌다.

이 인터뷰를 한 BBC 기자 마틴 바시르(Martin Bashir)가 위조한 은행서류를 보여 주며 거짓과 회유로 인터뷰를 성사시켰음이 2020년 밝혀졌다. 이미 인터뷰 이듬해 의혹이 불거졌을 때 BBC가 내부 조사를 허술히 한 사실도 드러났다. 영국 공영방송 BBC가 지닌 신뢰도가 급락했다. BBC가 최대 위기를 맞았다고 할 만하다. 이후 BBC는 100명 넘는 BBC 관계자를 인터뷰해 제작과정과 지배구조, 제작문화 등을 분석한 〈세로타 보고서〉(The Serota Review)를 내놓았다. 2021년 11월에는 이 보고서를 토대로 방송 공정성 확보를 위한 '10가지 실행계획'(10 Point Action Plan)을 발표하며 개혁을 추진 중이다.

영국 사회학자 톰 밀스(Tom Mills)는 BBC에 더 세밀한 의문을 제기했다. BBC가 세계에서 가장 영향력이 크고 신뢰받는 미디어 조직 중 하나이지만 공정하지 않고 권력에서 독립되어 있지도 않다고 고발했다. 1926년 노동자 총파업, 1984년 광부들의 파업, 2003년 이라크 반전 시위 등에서 정부 선전도구로 이용되었다는 사실을 폭로했다. BBC와 정보기관이 공조해 BBC 임직원의 정치성향을 조사한 사실도 밝혔다. 엘리트 집단을 지나치게 반영하고 대안을 담은 시각을 담아내지 못한다고 비판했다.[1] 정용준 전북대 신문방송학과 교수는 "BBC의 정치적 위상은 전문적·자율적 조직을 표방하면서, 실질적으로는 정부와 지배계층의 이익을 대변하는 경향이 있었다"[2]고 분석했다.

BBC가 이런 비판을 받고 있음에도 여전히 전 세계 공영방송 중 모범이자 가장 성공한 사례임을 부정하는 이는 많지 않다. BBC는 세계 최초 공영방송이다. 영국이 아르헨티나와 전쟁을 벌일 때 대처 수상이 '아군'이라고 부르라고 압박했지만 BBC는 끝내 '영국군'이라고 일컬었다. 2003년 블레어 수상이 이라크를 침공하자 모두가 당연히 여기던 대량살상무기 존재에 의문을 제기했다. 애국에 앞선 공정함, 바람직한 저널리즘을 실천한 모습이다.

BBC가 현재 누리는 막강한 권위와 영향력은 이런 전통에서 나온다. 실상에서는 한계가 없지 않지만 적어도 조직과 운영구조는 모든 정치와

---

1 톰 밀스, 2019,《BBC, 공영방송의 신화》, 박인규 옮김, 한울.

2 정용준, 2018,《미디어 공론장과 BBC 100년의 신화》, 패러다임북.

경제 이익에서 자유롭다. 경영 효율화와 투명성, 그리고 디지털 시대를 맞아 미래 전략을 앞서 추진하는 면에서도 부러움을 산다.

여러 강점 중에서도 자국어를 지키고 보급하는 노력에 주목해 보자. BBC는 사용 지역과 민족 특성에 따라 영어의 다양성을 인정한다. 그러면서도 표준 방송언어를 지키기 위해 애쓴다. BBC 기자와 아나운서들이 쓰는 영어가 바로 영국의 표준영어다. 정통성을 인정받는다. 미국 영어와 다른 축에서 세계 공용어 지위를 갖는다. 마거릿 대처 전 총리는 공인으로 나서기에 앞서 3년 동안 BBC 영어를 공부했다고 한다.

BBC는 교육사업도 활발히 펼친다. 다양한 방송 콘텐츠가 곧 훌륭한 영어교육 교재이다. BBC가 직접, 또는 여러 교육사업자들이 BBC 프로그램을 활용한 교재를 보급한다. 이를 통해 BBC는 세계 여러 나라에서 바른 영어를 알리고 가르친다.

우리나라 공영방송 KBS도 그래야 한다고 믿는다. 방송을 보고 듣는 누구에게나 옳고 바른 우리말을 전달할 책무가 있다. 누구나 믿고 따라 배우게, 올바른 우리말로 방송해야 한다. 그럴 책임이 있다. 법으로도 이렇게 명시하고 있다.

「국어기본법」 제15조 (국어문화의 확산)

1. 문화체육관광부 장관은 바람직한 국어문화가 확산될 수 있도록 신문·방송·잡지·인터넷 또는 전광판 등을 활용한 홍보와 교육을 적극적으로 시행하여야 한다.
2. 신문·방송·잡지·인터넷 등의 대중매체는 국민의 올바른 국어 사용에 이바지하도록 노력하여야 한다.

「방송법」 제6조 (방송의 공정성과 공익성)

6. 방송은 지역사회의 균형 있는 발전과 민족문화의 창달에 이바지하여야 한다.

7. 방송은 사회교육 기능을 신장하고, 유익한 생활정보를 확산·보급하며, 국민의 문화생활의 질적 향상에 이바지하여야 한다.

8. 방송은 표준말의 보급에 이바지하여야 하며 언어순화에 힘써야 한다.

관련 규정은 더 명확하다.

방송심의에 관한 규정 제51조 (방송언어)

2. 방송언어는 원칙적으로 표준어를 사용하여야 한다. 다만, 프로그램의 특성이나 내용전개 또는 구성상 불가피한 경우에는 예외로 하되, 이 경우에도 특정 지역 또는 인물을 희화화하거나 부정적으로 묘사하여서는 아니 된다.

3. 방송은 바른 언어생활을 해치는 억양, 어조, 비속어, 은어, 저속한 조어 및 욕설 등을 사용하여서는 아니 된다. 다만, 프로그램의 특성이나 내용전개 또는 구성상 불가피한 경우에는 예외로 한다.

모든 방송 미디어에 해당하지만 공영방송이라면 반드시 더 지켜야 한다. KBS도 여러 노력을 하고 있다. 1983년 KBS 아나운서들이 '한국어연구회'를 구성했다. 1986년에는 '한국어연구부'라는 정규 부서를 만들었다. KBS 한국어연구부는 관련 세미나를 열고 논문집과 자료집을 내며 한국어 연구성과를 쌓고 있다. 사내외 출연자에게 방송언어 교육을 하고 공공기관, 기업, 해외동포들에게 우리말 강연도 한다. 365일 한국어 상담전화도 운영한다. 아울러 KBS는 한국어 사용능력을 측정하는, 국가공인 한국어능력시험을 주관 시행한다.

그럼에도 KBS가 우리말 지킴이 구실을 제대로 하고 있다고 말하기는 어렵다. 정작 스스로 기본을 지키지 못한다. 예능 프로그램은 물론이고 뉴스와 시사 교양 프로그램에도 엉망인 우리말이 숱하다. KBS를 통해 우리말을 배우고 익히라고 내세우기에는 한참이나 부족하다. 부끄러운 일이다.

다시 대통령 연설로 돌아오자. 공영방송이 그래야 하듯 대통령도 마찬가지다. 대통령은 그 나라를 대표한다. 대통령이 하는 연설은 그 나라 언어로서 완벽해야 한다. 내용을 떠나, 쉽고 편하고 올바른 우리말이어야 한다.

역대 미국 대통령 가운데 16인의 연설문으로 꾸민 영어교재 《대통령 명연설문》. 세련되고 고급스러운 영어 표현을 배우고 싶어 하는 고등학생 이상 영어 학습자들을 대상으로 하는 이 책은 대통령의 육성을 들으며 다양한 발음법을 익히고, 아울러 대통령 연설문에서만 볼 수 있는 세련되고 정제된 표현을 통해 한층 고급스러운 영어를 구사할 수 있도록 하였다.

《미국 역대 대통령 취임 연설문 명문 영어 따라잡기》는 AFP 통신, 미 WP지, 〈US 뉴스&월드리포트〉, 〈라이브 사이언스〉가 선정한 미 역대 대통령 취임사 top 10의 명연설문이 모두 수록된 책이다. 선거를 앞둔 대통령 후보자나 대통령의 연설문은 건설적인 방향 제시, 정의와 애국심의 고취, 그리고 희망과 용기를 북돋아 주는 내용들을 담고 있다. 또한 연설 원문(영문) 역시 아주 잘 다듬어지고 정제된 표현들로 이루어져 있으며, 이와 함께 호소력과 박진감이 넘치는 현장의 생생한 육성을 통해 어휘·표현·독해·청취 등의 효율적인 영어 학습을 할 수 있다는 장점을 지니고 있다.

미국 대통령 버락 오바마의 명품 영어를 익힐 수 있도록 한 책. 미국에서 태어났지만 한창 언어를 배울 시기인 6세부터 10세까지 인도네시아에서 살았던 오바마의 연설문을 통해 영어를 잘할 수 있는 방법을 배운다.

세계적인 관심사인 세계 경제와 교육, 정치에 관한 내용을 담은 연설문을 오바마의 호소력 짙은 목소리를 통해 들으면서 영어에 익숙해질 수 있도록 구성했다. 어려운 단어와 어구는 볼드체를 통해 바로 암기할 수 있도록 했다.

국내 출간 영어교재들을 소개한 홍보 글이다. 수십 년 전에도 이와 비슷한 교재가 있었다. 영어를 공부하는 책이 무수하지만 명연설문, 그중에서도 미국 대통령 연설문을 응용한 교본이 꾸준히 나온다. 바른 글이기 때문이다. 일상회화에서 쓰는 생활영어는 아니다. 그렇다고 어려운 고급영어도 아니다. 대중에게 하는 연설답게 쉬우면서도 품격 있는 영어다. 구사한 낱말이 정확하고 표현이 세련되었다. 영어를 배울 때 모범이 되는 이유다.

문재인 대통령이 임기 초 미국에 다녀온 뒤 극우인사 조갑제가 자기 유튜브 채널에서 문 대통령을 비판했다. "혁명을 금지하고 있는 법치국가에서 촛불혁명이란 표현을 계속 쓰니 걱정스럽다." "촛불혁명으로 평화적 정권교체를 했다고 하는데, 선거를 통해 정권교체를 했으니 당연히 평화적 정권교체 아닌가. 그걸 촛불혁명과 연결시키는 것은 논리적으로 맞지 않다. 평화적 정권교체는 혁명일 수 없다." 이런 주장은 새삼 거론조차 할 가치가 없다. 허무맹랑하다.

다만 이 방송을 할 때 쓴 자막에 주목한다. "문재인 대통령 연설문 교정보기 … 대통령은 가장 큰 교사이므로 사실과 문법 맞아야"이다. 이것만큼은 백번 옳은 소리다. 대통령은 국민에게 거짓을 말하면 안 된다. 또한 대통령이 하는 말은 우리말 어법에도 맞아야 한다. 올바른 우리말과 글을 국민에게 전해야 한다. 국민의 언어 습관을 바르게 이끌어야 한다. 적어도 틀린 문법이나 나쁜 표현을 국민에게 드러내서는 안 된다. 한국어를 배우는 외국인들도 믿고 따라 배울 만큼 정확히 써야 한다.

2장

연설문은 어떤 글인가?

지금부터는 대통령 연설문으로 우리 글을 올바로 쓰는 법을 찾아보기로 한다. 대통령 연설문은 대체로 썩 훌륭한 글이다. 초안 작성부터 최종 원고가 나올 때까지 대통령뿐 아니라 여러 전문가가 함께 공들여 고쳐 가며 손본다. 내용뿐 아니라 표현과 문장도 세심히 매만진다. 그래도 부족함이 있다. 잘 쓴 부분은 따라 배울 모범으로 삼고, 아쉬운 부분은 고쳐 보면서 우리 말글살이를 다듬는 소재로 삼자.

우선 연설문이 지닌 성격과 특징부터 살펴보자. 연설문은 연설 내용을 적은 글이다. 미리 준비하지 않은 즉흥 연설을 한 뒤에 그 연설을 정리한 글도 연설문이라 하겠지만, 대부분은 먼저 쓴 글이다. 그래서 연설문은 말로서 연설이 가진 특징 그대로를 고스란히 품은 글이다.

연설은 한 사람이 여러 사람에게 하는 말이다. 말하는 이는 오직 한 명이고 듣는 이는 여럿이다. 말하는 이와 듣는 이가 구실을 바꾸지 않는다. 주고받는 대화가 아니다. 연구자들은 '일대다 커뮤니케이션'(one to many interpersonal communication) 또는 '일대다 체제의 담화'라고 부른다. 연설하는 목적은 주로 청중을 위로하거나 격려하거나 설득하는 데 있다. 때로는 가르치고 이해시키려 한다. 나아가 듣는 이에게 찬성과 참여, 협조를 이끌어 내는 목적이 있다.

연설이란 한 사람의 화자가 여러 사람의 청자인 청중을 상대로, 새로운 지식과 정보를 전달하거나 자신의 주장을 펼쳐서 청중을 설득하거나 즐거움을 주기 위하여 하는 말하기(*speech*)의 한 형태이다.[3]

보통은 시간이 정해진 채로 연설하기 때문에 장황하지 않고 간결하다. 전달과 설득, 동조를 추구하기에 주제가 뚜렷하고 표현이 명확하다. 강원국 작가는 연설문을 잘 쓰는 법을 다음과 같이 조언했다. 연설문 특징을 더 또렷이 알 수 있다.

말한 내용이 아니라 들은 내용이 중요하다. 아무리 멋진 말을 해도 청중의 머릿속에 남지 않으면 소용없다. 청중의 가슴속에 새겨져야 의미가 있다.

첫째, 단문으로 쓴다. 그래야 쏙쏙 들어온다.

둘째, 두괄식으로 쓴다. 청중은 인내심을 갖고 듣지 않는다.

셋째, 접속사는 자제한다. 연설의 힘을 떨어트린다.

넷째, 구어체로 쓴다. '하였습니다'가 아니라 '했습니다'로 쓴다.

다섯째, 요약해 준다. 첫째, 둘째, 셋째로 정리하거나, 처음과 끝에 반복한다.

---

3 김현국, 2001, "연설문의 문체 연구: 대통령 취임사를 중심으로", 한국교원대 석사학위 논문.

연설문에서 피해야 할 5가지

1. 군더더기다. 전하고자 하는 메시지와 상관없는 것은 모두 뺀다.

2. 중언부언(重言復言)이다. 했던 얘기가 다시 나오면 '연설하고 있네'라는 반
   응이 나온다.

3. 비약이다. 논리적으로 쓰는 데 자신 없으면 친절하기라도 해야 한다.

4. 모호함이다. 구체적으로 생생하고 명료하게 쓴다.

5. 일반론이다. 남들이 다 하는 얘기, 진부한 표현은 삼간다.

연설문에 있으면 좋은 것 7가지

1. 예시, 비유, 통계, 일화이다. 청중의 이해를 돕는 말은 많을수록 좋다.

2. 칭찬, 덕담, 거명이다. 연설하는 목적 중의 하나는 호감을 얻는 것이다.

3. 참신한 정보, 새로운 관점이다. 그래야 듣기를 잘했다고 생각한다.

4. 기억에 남는 문구다. 받아 적고 싶은 구절이 단 한 줄이라도 있어야 한다.

5. 재미다. 유머, 스토리, 의외의 첫마디, 여운 있는 마무리가 연설을 재밌게 만
   든다.

6. 운율이다. 연설이 리듬감 있게 흐름을 타야 청중이 부담 없이 듣는다.

7. 박수다. 내가 치는 건 아니지만, 박수를 만드는 건 나다. [4]

　주제를 잘 드러낸 구성, 자연스러운 논리구조, 짧고 간결한 문장, 군
더더기 없는 표현. 연설문이 지닌 이런 특징은 여느 글을 잘 쓰는 데 필
요하고 유용한 요소이기도 하다. 그래서 연설문은 어느 언어이든 말글
배우기에 적합한 교본이 된다. 앞서 말했듯 미국 대통령 연설문을 비롯
한 유명 연설문이 영어교재로 많이 팔리는 이유이기도 하다.

4　강원국, "강원국의 글쓰기 필살기 (32): 좋은 연설문을 위한 7가지 조언", 〈내 손안에 서울〉.

3장

좋은 글 쓰기를 돕는 6가지 표현 원칙

좋은 글이 지녀야 할 기본 조건이 있다. 연설문뿐만 아니라 설명문, 기록문, 논술, 자기소개서, 방송기사, 신문기사 따위 글이면 무엇이든 마찬가지이다. 시나 소설, 시나리오 같은 문학예술에 속하는 글은 예외다.

먼저, 좋은 글은 주제가 살아 있어야 한다. 무엇을 전달하려는지가 명확해야 한다는 말이다. 그러려면 우선 교양과 지식이 있어야 한다. 관련 자료를 참고하고 사유하며 주제를 가다듬는 작업이 필요하다. 사람마다 방법은 다르다. 먼저 꼼꼼히 주제를 정리해 놓지 않으면 글쓰기를 시작도 못하는 이도 있고, 어떤 이는 큰 줄기만 대충 세운 채 글을 쓰면서 주제를 정리하기도 한다. 방식은 다를지라도 주제가 또렷이 드러나야 좋은 글이라는 사실은 분명하다.

여기에서 중요한 한 가지가 글의 짜임, 얼개이다. 글을 어떻게 구성하느냐에 따라 전달력이 달라진다. 핵심을 글 첫머리에 앞세우거나 뒤에서 강조하거나, 비유하거나 나열하거나 반복하거나, 글을 구성하는 데에는 여러 기법과 기교가 있다. 그 주제에 맞게 적절히 사용할 일이다. 논리 흐름이 엉키지 않고 주제가 또렷한 글이 좋은 글이다.

다음으로, 좋은 글은 바르고 편한 낱말과 문장을 사용한 글이다. 누구나 인정하는 규칙, 문법을 지키지 않으면 곤란하다. 맞춤법을 틀린다든가, 주어와 술어가 호응하지 않는다든가, 꾸미는 말과 꾸밈받는 말이 어긋난다든가 하면 아예 엉터리 글이다. 문법을 지켜 옳게 썼다고 해도 다 좋은 글은 아니다. 군더더기 없이 깔끔하고 읽기에도 쉽고 편해야 진짜 좋은 글이다. 한자말, 일본말, 서양말은 가려 써야 한다. 외국말에서 온 문장 구조나 표현도 버려야 한다.

말과 글은 시대 흐름에 따라 변한다. 옛것을 고집할 필요는 없다. 고집해서도 안 된다. 쓰는 이들이 동의하고 공유하고 즐겨 쓴다면 말글이 변화하는 모습을 애써 부인하고 거부할 이유가 없다. 자연스러운 흐름이자 발전이라고도 하겠다. 다만, 더 쉽고 편한 말글이 있는데도 공연히 비틀어 꼬고 어렵게 써서는 안 된다. 근본도 모르고 무분별하게 외국말과 표현을 따라 써서는 곤란하다. 변화나 발전이 아니라 오염이다. 우리 말글이 품은 맛과 아름다움을 망치는 잘못이다. 잘못인지도 모르고 흔히 하는 잘못, 알면서도 버릇처럼 되풀이하는 잘못, 몇 가지만 추렸다. 이것만은 꼭 고치고 바로 쓰자.

피동을 버려라

관공서 민원실이나 기업 고객상담실에 전화를 걸 일이 종종 있다. 상담원 연결 전에 예문 1과 같은 안내음성이 먼저 나온다. 들을 때마다 영거슬린다. 이 문장에서 주어는 '통화내용'이다. 무정명사다. 곧, 스스로 행동하는 주체가 아니다. '통화내용'을 주어로 삼으니 서술어는 도리없이 피동형이 되었다. '통화내용'을 객체로 두면 능동형 문장이 된다. 주체는 '저희는', '우리 회사는' 정도가 되겠다. 주체가 누구인지 헷갈릴 리 없으니 굳이 밝히지 않아도 좋다.

예 문1 고객님의 정보보호 및 서비스 향상을 위해 통화내용은 **녹음됩니다**.

고치기1 고객님의 정보보호 및 서비스 향상을 위해 통화내용은 **녹음합니다**.

예문 2는 메일을 주고받다 보면 흔히 보는 안내 문구다. 마찬가지다. 다 쓸데없는 피동형이다. 능동형으로 고쳐도 충분하다.

예 문2 본 E-mail은 **암호화되어** 외부해킹으로부터 철저하게 **보호됩니다**.

고치기2 본 E-mail은 **암호화해** 외부해킹으로부터 철저하게 **보호합니다**.

피동형 표현은 바른 글을 쓰기 위해 반드시 고쳐야 하는 못된 버릇이다. 우리 말글을 엉망으로 만든 여러 해악 중에 딱 하나만 꼽으라면 망설이지 않고 피동형 표현을 들겠다. 방송 뉴스와 여러 프로그램, 신문기사, 책, 이런저런 문서, 인터넷과 SNS를 가리지 않는다. 우리가 보고 듣고 쓰고 읽고 주고받는 숱한 글과 말에 이 잘못이 수두룩하다.

예 문3 KBS 취재 결과 폐암으로 산업재해를 **인정받은** 학교 급식실 조리사가 올해에만 14명에 이르는 것으로 **확인됐습니다.**

예 문4 우리나라 총인구가 예상보다 8년이나 **앞당겨진** 올해부터 감소할 것으로 **예측됐습니다.** 이대로라면 50년쯤 뒤엔 우리나라 인구가 3,700만 명대로 줄고 노인 인구가 전체 인구의 46%가 넘을 것으로 **전망됩니다.**

예 문5 반도체는 크게 메모리 반도체, 비메모리 반도체로 **나뉘어집니다.**

예 문6 매물이 정책에서 기대했던 것만큼 많이 증가하지는 않는 것으로 **보여집니다.** 무엇보다 집값에 대한 기대가 여전히 남아 있는 상태로 **보여지고요.**

예 문7 청년층의 취업자가 계속 **증가가 되고** 있는데, 정보통신업이라든가 제조업, 공공행정 등에서 증가가 **지속되어지고** 있는 영향인 것 같습니다.

예 문8 서울 성북5구역(옛 성북3구역)과 자양2구역 내에서 추진 중이던 **골목길재생사업이 철회됐다.** 성북동은 2018년, 자양동은 2019년 각각 골목길 재생사업지로 **선정됐으나** 주민 반대로 사업은 **중단된** 상태였다.

예 문9 미국 보건당국의 조사에서 신종 코로나바이러스 감염증(코로나19)의 새로운 변이인 오미크론의 백신 회피력과 상대적으로 가벼운 증세가 **확인됐다.**

피동형 표현이 다 잘못은 아니다. 본디 우리말에서도 써왔다. 다만 흔히 쓰진 않고 꼭 필요한 때에만 드물게 썼다. 먼저, 주어에 마땅한 자동사가 없을 때는 피동형이 자연스럽다. '날씨가 곧 풀렸다', '문이 저절로 잠겼다'를 보자. 모두 피동형 문장이다. 능동형으로 쓰려면 어떻게 될까? 날씨나 문은 스스로 움직이는 주체가 아니다. 자동사와 이어 쓸 수 없다. 상태 변화나 행위를 이끈 다른 주어를 내세우기도 어렵다. 하늘이? 바람이? 무엇이? 누가? 모호하다. 이럴 땐 피동형 문장이 마땅하다.

그리고 우리말에서는 목적어가 있는 타동사만 피동형으로 쓴다. 자동사는 피동형으로 바꾸지 못한다. 예를 들어 '아기가 웃는다', '새가 운다'를 '아기가 웃어진다', '새가 울어진다'로 쓰지 않는다. 목적어가 있는 타동사여서 피동형으로 바꿀 수 있더라도 웬만하면 능동형이 우선이다. 행위의 객체를 반드시 주어로 삼아야만 할 때에만 피동형으로 쓴다. 외솔 최현배 선생은 우리말 피동 표현이 드문 이유를 이렇게 풀이했다. "배달말의 입음(피동)은 늘 사람 또는 사람 삼은 것을 중심 삼는 것에서 서양말과 다른 특색이 있기 때문", "서양말의 입음은 반드시 사람을 중심 삼지 않기 때문에 무엇이든지 다 입음의 임자가 되게 말하는 일이 우리보다 훨씬 많다."[1]

능동형 문장은 간결하고 힘차다. 행동하는 주체, 곧 사람 우선이기 때문이다. 우리말의 특징이자 장점이다.

피동형을 만드는 법은 몇 가지 있다. 첫째, 피동 접미사인 '이, 히, 기, 리'를 붙여 피동사를 만든다. '보이다', '걷히다', '감기다', '알리다' 따위

---

1 김지영, 2011, 《피동형 기자들》, 효형출판 재인용.

가 그렇다. 둘째, 피동형 어미 '되다'를 붙여 쓴다. '제기되다', '추천되다' 등이다. 셋째, 피동형 조동사 '아(어) 지다'를 붙인다. '쏟아지다', '가려지다' 식이다. 넷째, 타동사 어간에다 피동 뜻을 더하고 동사를 만드는 접미사인 '받다', '당하다'를 이어 쓴다. '존중받다', '기소당하다' 따위이다.

피동형을 금기시할 까닭은 없다. 무조건 쓰지 말아야 하는 표현은 절대 아니다. 어법에 맞지 않는 피동형은 분명히 오류이다. 어법에는 맞는다 해도 불필요하고 어색한 피동형도 문제다. 피동을 쓰지 않아도 좋은 문장, 쓰지 말아야 할 문장을 피동으로 쓴 잘못이 많다. '하다'를 써야 할 말에 까닭도 없이 '되다'를 붙이는 오류가 가장 흔하다. 게다가 피동형 어미 '되다'를 붙여 놓고는 피동형 조동사 '아(어) 지다'를 덧붙이기까지 한다. 피동 접미사인 '이, 히, 기, 리'를 쓰고는 또 '아(어) 지다'를 더 붙이기도 한다. 이쯤 되면 정체불명이다.

피동형 표현이 늘어난 원인은 무엇일까? 일본어와 영어 번역 투 영향을 놓고 학자마다 견해가 엇갈리기도 하는데, 일본어와 영어 모두가 해악을 끼쳤다고 봐야 맞겠다. 개화기를 거쳐 일제강점기부터 일본어 영향을 많이 받았다. 일본어는 타동사는 물론 목적어가 없는 자동사도 피동 표현으로 쓴다. '가다', '서다'를 '가지다', '서지다'로 쓰는 식이다. 우리말에서는 완전히 엉터리 표현이다. 해방 뒤에는 영어에서 흔히 쓰는 수동태 문장을 곧이곧대로 직역해 쓰기 시작했다.

이런 억지 피동을 점점 더 많이 쓰다 보니 이제는 잘못인 줄도 모르게 되었다. 공문서나 기사 문장 등에서 주체를 숨기는 기술 방식이 늘어난 탓도 크다. 어떤 행위나 말을 한 주체를 두루뭉술하게 감추고 책임을 피하는 식이다.

위 예문을 바로잡자. 다른 표현도 함께 가다듬어 보았다. [2]

고치기3 KBS 취재 결과 **정부가** 폐암으로 산업재해를 **인정한** 학교 급식실 조리사가 올해에만 14명에 이르는 것으로 **확인했습니다.**

다듬기3 KBS가 취재한 결과입니다. 정부가 폐암으로 산업재해를 인정한 학교 급식실 조리사가 올해에만 14명에 이릅니다.

고치기4 **통계청이** 우리나라 총인구가 예상보다 8년이나 **앞선** 올해부터 감소할 것으로 **예측했습니다.** 이대로라면 50년쯤 뒤엔 우리나라 인구가 3700만 명대로 줄고 노인 인구가 전체 인구의 46%가 넘을 것으로 **전망했습니다.**

다듬기4 통계청이 우리나라 총인구가 올해부터 감소한다고 예측했습니다. 기존 예측보다 8년 앞당겼습니다. 이대로라면 50년쯤 뒤엔 우리나라 인구가 3700만 명대로 줄고 노인 인구가 전체 인구의 46%가 넘는다고 전망했습니다.

고치기5 반도체는 크게 메모리 반도체, 비메모리 반도체로 **나눕니다.**

다듬기5 반도체는 메모리 반도체와 비메모리 반도체, 두 종류가 있습니다.

고치기6 매물이 정책에서 기대했던 것만큼 많이 증가하지는 않는 것으로 **봅니다.** 무엇보다 집값에 대한 기대가 여전히 남아 있는 상태로 **보고요.**

다듬기6 정부가 기대한 만큼 매물이 많이 늘지는 않는 듯합니다. 무엇보다 사람들이 여전히 집값 상승 기대를 한다고 보고요.

---

2 뒤에 설명하는 사항들을 포함해 좋은 글을 쓰는 몇몇 원칙을 적용했다. 모범답안이 있지는 않다. 자기 나름대로 멋과 맛을 살리면서도 원칙을 지켜 다듬어 보자.

고치기 7 청년층의 취업자가 계속 **증가하고 있는데**, 정보통신업이라든가 제조업, 공공행정 등에서 증가가 **지속하고 있는** 영향인 것 같습니다.

다듬기 7 청년층 취업자가 계속 증가하는데, 정보통신업이라든가 제조업, 공공행정 등에서 꾸준히 증가하는 영향인 듯합니다.

고치기 8 **서울시가** 서울 성북5구역(옛 성북3구역)과 자양2구역 내에서 추진 중이던 **골목길재생사업을 철회했다.** 성북동은 2018년, 자양동은 2019년 각각 골목길 재생사업지로 **선정했으나** 주민 반대로 사업은 **중단한** 상태였다.

다듬기 8 서울시가 서울 성북5구역(옛 성북3구역)과 자양2구역에서 추진하던 골목길재생사업을 철회했다. 성북동은 2018년, 자양동은 2019년에 각각 사업지로 선정했다가 주민 반대로 중단한 상태였다.

고치기 9 미국 **보건당국이** 조사에서 신종 코로나바이러스 감염증(코로나19)의 새로운 변이인 오미크론의 백신 회피력과 상대적으로 가벼운 **증세를 확인했다.**

다듬기 9 미국 보건당국이 신종 코로나바이러스 감염증(코로나19)의 새 변이인 오미크론이 백신을 피하는 정도를 확인했다. 기존 변이보다 증세가 가벼움도 확인했다.

자르고 자르자

문장은 짧으면 짧을수록 좋다. 길고 복잡하면 나쁜 글이다. 문장이 늘어지면 사실과 논리를 전달하는 데 방해가 된다. 읽어 내려가기에도 벅차다. 「대한민국 헌법」 전문이다. 읽어 보자.

> 예문1 유구한 역사와 전통에 빛나는 우리 대한국민은 3·1 운동으로 건립된 대한민국 임시정부의 법통과 불의에 항거한 4·19 민주이념을 계승하고, 조국의 민주개혁과 평화적 통일의 사명에 입각하여 정의·인도와 동포애로써 민족의 단결을 공고히 하고, 모든 사회적 폐습과 불의를 타파하며, 자율과 조화를 바탕으로 자유민주적 기본질서를 더욱 확고히 하여 정치·경제·사회·문화의 모든 영역에 있어서 각인의 기회를 균등히 하고, 능력을 최고도로 발휘하게 하며, 자유와 권리에 따르는 책임과 의무를 완수하게 하여, 안으로는 국민생활의 균등한 향상을 기하고 밖으로는 항구적인 세계평화와 인류공영에 이바지함으로써 우리들과 우리들의 자손의 안전과 자유와 행복을 영원히 확보할 것을 다짐하면서 1948년 7월 12일에 제정되고 8차에 걸쳐 개정된 헌법을 이제 국회의 의결을 거쳐 국민투표에 의하여 개정한다.

무려 341 글자가 문장 하나다. 읽다가 숨이 넘어갈 지경이다. 주어는 첫 줄에 나오는 '대한민국은' 하나뿐이다. 서술어는? '계승하고', '입각하여', '공고히 하고', '타파하며' 등등 주렁주렁 이어진다. 마지막 '개정한다'도 주어는 '대한민국'인데, 여기까지 읽다 보면 주어가 대체 무엇이었는지조차 헷갈릴 지경이다. 비문(非文)이다. 「대한민국 헌법」 전문이 이렇게 엉터리 글이라니 개탄스럽다. 법조문, 판결문 대부분이 이 모양이다. 행정관청에서 쓰는 글도 많이 다르지 않다. 일부러 보통 사람들은 이해하기 힘들게 썼나 싶을 정도다. 정보를 감추고 자기들끼리만 독점하려는 목적이 아니라면 이래서는 안 된다.

문장은 짧고 간결해야 읽기 편하다. 집중하고 이해하기 수월하다. 짧게 쓰려면 복문(複文)을 피해야 한다. 주어와 술어가 여럿 얽힌 복문은 길고 복잡하기 마련이다.

신문기자를 오래 했고 빼어난 글쟁이이자 언어학자인 고종석 작가는 이렇게 조언한다.

> 복문은 한 문장에 많은 정보를 담을 수 있을 뿐만 아니라 흔히 단문에 비해 더 화사하고 우아해 보입니다. 그 한편, 정교하게 쓰이지 않은 복문은 의미를 불투명하게 만들어 오독의 가능성에 노출됩니다. 혹시라도 독자들이 오독할 수 있겠다 싶으면, 과감히 복문 쓰기를 포기하고 문장을 나누어 단문을 쓰십시오.
> 연속된 단문은 복문이 보여 줄 수 없는 힘을 보여 주기도 합니다. 단문과 단문 사이에선 어떤 긴장이 만들어집니다.[3]

동의한다. 복문이 갖는 장점도 있다. 복문을 써야 할 때도 있다. 그러나 읽기 쉽고 주제를 잘 전달하는 글은 단연 단문이다. 단문도 이왕이면 짧으면 더 좋다. 더 깔끔하다. 위에서 예로 든 헌법 전문을 이렇게 고쳐 보자.

---

3 고종석, 2014, 《고종석의 문장 1》, 알마.

고치기1 유구한 역사와 전통에 빛나는 우리 대한국민은 3·1 운동으로 건립된 대한민국 임시정부의 법통과 불의에 항거한 4·19 민주이념을 계승한다. 조국의 민주개혁과 평화적 통일의 사명에 입각하여 정의·인도와 동포애로써 민족의 단결을 공고히 한다. 대한민국은 모든 사회적 폐습과 불의를 타파한다. 자율과 조화를 바탕으로 자유민주적 기본질서를 더욱 확고히 한다. 이로써 정치·경제·사회·문화의 모든 영역에 있어서 각인의 기회를 균등히 하고 능력을 최고도로 발휘하게 하며 자유와 권리에 따르는 책임과 의무를 완수하게 한다. 대한민국은 안으로는 국민생활의 균등한 향상을 기하고 밖으로는 항구적인 세계평화와 인류공영에 이바지함으로써 우리들과 우리들의 자손의 안전과 자유와 행복을 영원히 확보할 것을 다짐한다. 대한민국은 1948년 7월 12일에 제정되고 8차에 걸쳐 개정된 헌법을 이제 국회의 의결을 거쳐 국민투표에 의하여 개정한다.

다른 표현도 꽤 아쉽지만 손대지 않았다. 하나이던 문장을 일곱 문장으로 자르고 주어 '대한민국'을 중간에 몇 차례 살리기만 했다. 욕심 같으면 더 잘게 자르고 싶은데 원문 쓴 취지를 고려했다. 전체 길이는 358자로 살짝 늘었다. 원문과 비교해서 읽어 보자. 어떤 글이 더 명징한가. 헌법을 고치자는 요구가 뜨겁다. 이른바 1987년 체제를 넘어서 권력구조를 새로이 바꿔야 한다는 주장이 힘을 얻는다. 언제일지 모르지만 개헌을 할 때 제발 문장도 가다듬길 간곡히 바란다.

예문 하나만 더 보자. 대한민국 국회 누리집에 있는 글이다. 역대 국회를 소개하는 내용 중 일부다.

예 문2 제19대 국회의원 총선거는 신설된 세종특별자치시가 별도의 선거구로 분리되어 지역구 1석이 증가하여 국회의원 정수 300석으로 2012년 4월 11일 실시되었으며, 지역구 후보자 902인과 비례대표 후보자 188인 등 총 1,090인의 후보자가 등록해 3.6 대 1의 경쟁률로 54.2%의 투표율을 기록했다. 선거 결과 집권여당인 새누리당이 152석으로 과반의석을 기록하여 제1당이 되었으며, 민주통합당이 127석, 통합진보당이 13석, 자유선진당이 5석, 무소속이 3석을 각각 획득하였다. 제19대 총선은 한국 정치사상 최초로 여성이 여당과 제1야당의 대표가 되어 선거를 치렀다. 새누리당은 박근혜 비상대책위원장이, 민주통합당은 한명숙 대표가 선거기간 내내 당을 진두지휘하며 총선을 이끌었다. 원내 제3당의 지위를 획득한 통합진보당 역시 심상정 의원·이정희 의원이 공동대표를 맡는 등 남성들의 전유물로 여겨져 왔던 정치영역에서 여성들이 두각을 나타냈다.

제19대 국회는 국회의원의 의원직 이외 겸직이 포괄적으로 허용되고, 소속 상임위원회 직무와 관련된 영리행위가 아니면 영리업무 종사에 대하여 별도의 금지 규정이 없어 의정활동의 공정성과 국회의원의 청렴 의무에 부합하지 못한다는 지적을 받아옴에 따라 「국회법」을 개정 (2013. 7. 2)하여 국회의원의 겸직·영리업무를 엄격히 제한하고 위반 시 징계할 수 있도록 하였다. 또한, 「대한민국헌정회 육성법」을 개정하여 전직 국회의원에 대한 과도한 특혜로 지적되어온 헌정회 연로회원에 대한 지원금을 제19대 국회의원부터 폐지하고, 기존에 지원금을 지급받고 있는 연로회원에 한해 지급하되 국회의원 재직기간, 소득과 재산 수준, 제명 또는 유죄확정 판결로 의원직을 상실하였는지 여부 등 일정한 기준에 따라 지급대상을 제한하였다.

헌법 전문만큼 긴 문장은 아니지만 역시나 읽기에 편하지 않다. 이 글이 불편하고 어려운 데에는 앞서 살펴본 피동형 표현도 한몫했다. 그 잘못까지 함께 바로잡으면 더 좋아지겠지만, 여기서는 자르기에만 집중해 본다. 그러기만 해도 문장이 훨씬 나아진다.

고치기 2 제19대 국회의원 총선거에서는 신설된 세종특별자치시가 별도의 선거구로 분리되어 지역구 1석이 증가했다. 국회의원 정수 300석으로 2012년 4월 11일 실시되었다. 지역구 후보자 902인과 비례대표 후보자 188인 등 총 1,090인의 후보자가 등록했다. 3.6 대 1의 경쟁률로 54.2%의 투표율을 기록했다. 선거 결과 집권여당인 새누리당이 152석으로 과반의석을 기록하여 제1당이 되었다. 민주통합당이 127석, 통합진보당이 13석, 자유선진당이 5석, 무소속이 3석을 각각 획득하였다. 제19대 총선은 한국 정치사상 최초로 여성이 여당과 제1야당의 대표가 되어 선거를 치렀다. 새누리당은 박근혜 비상대책위원장이 선거기간 내내 당을 진두지휘했다. 민주통합당은 한명숙 대표가 총선을 이끌었다. 원내 제3당의 지위를 획득한 통합진보당 역시 심상정 의원·이정희 의원이 공동대표를 맡았다. 남성들의 전유물로 여겨져 왔던 정치영역에서 여성들이 두각을 나타냈다.

제19대 국회는 「국회법」을 개정(2013. 7. 2)하여 국회의원의 겸직·영리업무를 엄격히 제한하고 위반 시 징계할 수 있도록 하였다. 국회의원의 의원직 이외 겸직이 포괄적으로 허용되어 의정활동의 공정성과 국회의원의 청렴 의무에 부합하지 못한다는 지적을 받아왔기 때문이다. 소속 상임위원회 직무와 관련된 영리행위가 아니면 영리업무 종사에 대하여 별도의 금지 규정이 없는 점도 비판 대상이었다. 제19대 국회는 또한, 「대한민국헌정회 육성법」을 개정하였다. 전직 국회의원에 대한 과도한 특혜로 지적되어온 헌정회 연로회원에 대한 지원금을 제19대 국회의원부터 폐지하였다. 기존에 지원금을 지급받고 있는 연로회원에 한해 지급하되 일정한 기준에 따라 지급대상을 제한하였다. 기준은 국회의원 재직기간, 소득과 재산수준, 제명 또는 유죄확정 판결로 의원직을 상실하였는지 여부 등이다.

앞 문단은 다섯 문장을 열한 문장으로 잘랐다. 뒤 문단은 두 문장을 일곱 문장으로 나눴다. 어느 글이 편한지 비교해 읽어 보자. 연설문은 다른 글보다는 단문 위주로 짧게 쓰기 마련이다. 말로 전달하는 글이기 때문이다. 연설문이 지닌 이 장점을 다른 글에도 적용하자. 연설문이든 다른 글이든 글은 짧게 끊어 쓰자.

'의'를 줄여라

'의'는 체언(體言), 주로 명사 뒤에 쓰는 조사(助詞)이다. 앞 명사가 뒤명사를 꾸미도록 만든다. 마땅히 우리말이다. 앞에서 본 피동형 표현이 그렇듯, 전에는 흔하게 쓰지는 않았다. 지금은 마구잡이로 쓴다. 오용이고 남용이다. 이렇게 마구 쓴 지 그리 오래 되지 않았다. 역시 일본말과 서양말 영향이다.

《표준국어대사전》은 조사 '의'를 무려 21가지로 풀이했다. 먼저 그 풀이를 보자.

의 [조사]

(체언 뒤에 붙어)

1. 앞 체언이 관형어 구실을 하게 하며, 뒤 체언이 나타내는 대상이 앞 체언에 소유되거나 소속됨을 나타내는 격 조사.

   예: 나의 옷. 그의 가방. 영이의 얼굴.

2. 앞 체언이 관형어 구실을 하게 하며, 앞 체언이 뒤 체언이 나타내는 행동이나 작용의 주체임을 나타내는 격 조사.

   예: 우리의 각오. 국민의 단결. 너의 부탁.

3. 앞 체언이 관형어 구실을 하게 하며, 앞 체언이 뒤 체언이 나타내는 대상을 만들거나 이룬 형성자임을 나타내는 격 조사.

   예: 다윈의 진화론. 나의 작품. 거문고의 가락.

4. 앞 체언이 관형어 구실을 하게 하며, 앞 체언이 뒤 체언의 과정이나 목표 따위의 대상임을 나타내는 격 조사.

   예: 승리의 길.

5. 앞 체언이 관형어 구실을 하게 하며, 앞 체언이 뒤 체언이 나타내는 행동의 대상임을 나타내는 격 조사.

   예: 질서의 확립. 자연의 관찰. 인권의 존중.

6. 앞 체언이 관형어 구실을 하게 하며, 뒤 체언이 나타내는 사실이나 상태가 앞의 체언에 관한 것임을 나타내는 말.

   예: 서울의 찬가. 한국의 지도.

7. 앞 체언이 관형어 구실을 하게 하며, 뒤 체언에 오는 인물의 행동이나 행위가 앞 체언이 나타내는 사건이나 사물을 대상으로 하고 있음을 나타내는 격 조사.

   예: 책의 저자. 아파트의 주인. 올림픽의 창시자.

8. 앞 체언이 관형어 구실을 하게 하며, 뒤 체언이 지니고 있는 정보가 앞 체언의 속성 따위임을 나타내는 격 조사.

예: 금의 무게. 물의 온도. 국토의 면적.

9. 앞 체언이 관형어 구실을 하게 하며, 앞 체언이 뒤 체언이 나타내는 속성의 보유자임을 나타내는 격 조사.

예: 꽃의 향기. 예술의 아름다움.

10. 앞 체언이 관형어 구실을 하게 하며, 뒤 체언이 앞 체언이 나타내는 어떤 동작을 주된 목적이나 기능으로 하는 것임을 나타내는 말.

예: 축하의 잔치. 가을은 독서의 계절이다.

11. 앞 체언이 관형어 구실을 하게 하며, 앞 체언과 뒤 체언이 의미적으로 동격임을 나타내는 말.

예: 각하의 칭호. 조국 통일의 위업. 삼국 통일의 위업.

12. 앞 체언이 관형어 구실을 하게 하며, 관계를 나타내는 뒤의 체언이 앞 체언과 사회적·친족적 관계에 있음을 나타내는 말.

예: 나의 친구. 선생님의 아들.

13. 앞 체언이 관형어 구실을 하게 하며, 앞 체언이 뒤 체언이 나타내는 사물이 일어나거나 위치한 곳임을 나타내는 격 조사.

예: 몸의 병. 시골의 인심. 옷의 때.

14. 앞 체언이 관형어 구실을 하게 하며, 앞 체언이 뒤 체언이 나타내는 사물이 일어나거나 위치한 때임을 나타내는 격 조사.

예: 여름의 바다. 고대의 문화. 정오의 뉴스.

15. 앞 체언이 관형어 구실을 하게 하며, 앞 체언이 뒤 체언의 정도나 수량을 한정함을 나타내는 격 조사.

예: 100℃의 끓는 물. 45kg의 몸무게. 10년의 세월.

16. 앞 체언이 관형어 구실을 하게 하며, 전체와 부분의 관계를 나타내는 격 조사.

예: 국민의 대다수. 가진 돈의 얼마를 내놓다.

17. 앞 체언이 관형어 구실을 하게 하며, 앞 체언이 뒤 체언이 나타내는 사물의 특성을 나타내는 격 조사.

예: 불굴의 투쟁. 불후의 명작.

18. 앞 체언이 관형어 구실을 하게 하며, 앞 체언이 뒤 체언에 대하여 비유의 대상임을 나타내는 말.

예: 철의 여인. 무쇠의 주먹.

19. 앞 체언이 관형어 구실을 하게 하며, 앞 체언이 뒤 체언의 재료임을 나타내는 말.

예: 순금의 보석.

20. 앞 체언이 관형어 구실을 하게 하며, 앞 체언이 어떤 결과를 낳는 행동임을 나타내는 격 조사.

예: 투쟁의 열매. 건설의 역사.

21. 앞 체언이 관형어 구실을 하게 하며, 앞 체언이 뒤에 연결되는 조사의 의미 특성을 가지고 뒤 체언을 꾸미는 기능을 가짐을 나타내는 격 조사.

예: 구속에서의 탈출. 저자와의 대화.

여기저기 쓰임이 많다. 앞과 뒤 말 사이 관계에 따라 분류가 세세하다. 지나치다. 일부 예문은 옳은 우리말이라고 동의하기 어렵다. 너무하다 싶게 폭넓게 인정해 놓았다. 이러한 쓰임도 과한데, 여기에서도 벗어난 엉터리 '의'가 요즘 말과 글에 무수히 많다.

일본말 'の'는 우리말 '의'와 뜻과 쓰임이 비슷하면서도 꽤 다르다. 일본말에서는 명사와 명사 사이를 그냥 두지 않는다. 그러니 조사 'の'를 한 문장 안에 여러 번 겹쳐 쓰기도 한다. '東京の新宿の大きな公園のトイレ'(도쿄의 신주쿠의 큰 공원의 화장실)처럼 쓰는 식이다. 우리말 '의'는 겹쳐 쓰면 어색하다. '도쿄 신주쿠의 큰 공원 화장실' 또는 '도쿄 신주쿠 공원의 화장실' 정도로 적당한 곳에 한 번만 써야 부드럽다. 아예 안 써도 된다. '도쿄 신주쿠 큰 공원에 있는 화장실' 정도로 고치면 어떤가? '도쿄 신주쿠 큰 공원 화장실'로만 써도 뜻이 충분하다. 되레 깔끔하다.

　일본말 'の'는 '外出の支度'(외출의 준비)와 같이 목적을 나타내기도 한다. 우리말에서는 필요 없는, 쓰지 말아야 하는 '의'이다. 그냥 '외출 준비'다. '人のいない島'(사람의 없는 섬)처럼 'の'가 주어를 이끌어 나타낼 때도 있다. '사람이 없는 섬'. 우리말로는 '의' 아닌 '이'(가)로 써야 옳다. '사람 없는 섬'으로 써도 좋다. 익숙한 노랫말인 '나의 살던 고향'이 일본말을 따라 써서 틀린 대표 사례이다. '내가 살던 고향'이 맞다. 우리 옛글에서도 '의'를 주격이나 보격, 부사격 조사로 썼으니 이런 쓰임이 무조건 'の'에서 왔다고 할 수는 없다. 지금 문법에서는 '의'를 주격이나 보격, 부사격 조사로 쓰면 바른 글이 아니다.

　일본말과 함께 영어에서도 못난 영향을 아울러 받았다. 특히나 '한 잔의 물', '수천 명의 의료진' 같은 표현은 최악이다. 수를 앞에 두는 영어 표현을 직역한 버릇이다. 우리말이 아니다. 영어로는 'a glass of water', 'thousands of medical staff'이지만 우리말로는 '물 한 잔', '의료진 수천 명'이 맞다.

　'와(과)의', '에의', '(으)로의', '(으)로부터의' 따위 이어 쓴 조사도 문제다. 'with', 'to', 'on', 'from', 'against' 따위 영어 표현을 곧이곧대로, 또는 잘못 번역한 말투이다. 이제는 번역이 아닌 우리말로 새 표현을 만들면서도 마구 쓴다. 너무 많이 써서 잘못인 줄도 모르는 지경이다. '자유에의 길'이 자연스러운가? 어색할뿐더러 '자유'와 '길'이 어떤 관계인지도 모호하다. '자유를 찾는 길'이나 '자유로 가는 길', '자유를 향한 길'이 낫겠다. '감옥으로부터의 사색'도 '감옥에서 한 사색'이나 '감옥에서 온 사색'이 옳다. '범죄와의 전쟁'은 '범죄와 하는 전쟁' 또는 '범죄 없애기 전쟁', '범죄와 전쟁하기'로 고쳐 써야 맞다.

이오덕 선생은 '의'를 잘못 쓰는 일을 두고 "이게 모두 병신이 된 것이다. 무서운 암에 걸린 것이다"[4]라고까지 말했다. 이오덕 선생 주장에 반론도 있다.

〈인물과 사상〉 편집장을 지낸 변정수 씨 주장을 소개한다.

우리말에서 예전보다 '~의'가 자주 쓰이는 것은 일본말의 영향 때문이 아니라 전에는 좀처럼 명사로 쓰이지 않던 낱말을 명사화하여 쓰는 과정에서 자연스럽게 이를 수식하는 낱말과의 관계도 '우리 문법에 따라' 바뀐 것이다. 그는 왜 본디 명사가 아닌 말을 굳이 명사로 쓰려 하느냐고 한 번 더 반문하겠지만, 이 또한 어미 활용을 하지 않는 명사일 때 음상과 의미의 결합이 공고해지는 '우리 문법'의 작용이다. 우리가 필요해서 우리말에서 쓰는 말까지도 단지 '일본에서도 그렇게 쓴다'는 이유로 회피해야 하는가.[5]

---

4 이오덕, 2019, 《우리말을 죽이는 외국말 뿌리 뽑기 ① 일본말》, 고인돌.
5 강준만, 2006, 《글쓰기의 즐거움》, 인물과사상사 재인용.

옳은 소리이다. 필요하면 써야 한다. 그러나 '의'를 줄여야 하는 까닭은 단지 일본말 표현이기 때문만은 아니다. 무조건 옛말로 돌아가자는 얘기도 아니다. 이오덕 선생조차도 '의'를 다 없애자고는 하지 않았다. 함부로 마구 쓰지는 말자고 했다.

> 전쟁 결과의 피해와 승리의 가치의 저울질과 전쟁의지 등을 고려해 볼 때…
> → 전쟁 결과 피해와 승리의 가치 저울질과 전쟁의지 등을 고려해 볼 때…
> 여기서는 '의'가 세 번 나오는데, 세 군데 다 없앨 수도 있지만 적어도 두 군데는 없애야 할 것이다.[6]

'의'를 마치 호환마마(虎患媽媽)처럼 보고 다 몰아낼 필요는 없다. 다만 '의'를 없애고 표현을 달리해야 더 좋은 우리말이 된다. 우리말의 멋과 맛이 살아난다. 더 좋은 글이 된다.

〈시사저널〉에서 교열 일을 오래하고 퇴직한 이병철 여주시립 폰박물관장이 있다. 기사 교열 분야에서 일가를 이룬 분이다. 그는 책《모국어를 위한 불편한 미시사》를 펴내면서 단행본 한 권을 통틀어 조사 '의'를 한 번도 쓰지 않았다. 그러고도 물 흐르듯 유려한 글을 보여 주었다.

> 이 책 전체에 다른 글 인용한 것 빼고는 '~의'라는 조사를 한 번도 쓰지 않았다. 쉽지 않은 도전이었다. 그뿐더러 엄연한 우리말을 애써 쓰지 않음 또한 자연스럽지 못하다. 하지만 이렇게 해서라도 '글버릇'을 통제할 수 있음을 보여 주고 싶었다.[7]

---

6 이오덕, 2019,《우리말을 죽이는 외국말 뿌리 뽑기 ② 서양말》, 고인돌.

그런데 우연치고는 묘하다. 이 책을 낸 출판사 이름이 '천년의상상'이다. 천 년 동안 해온 상상인지, 앞으로 천 년 동안 지속할 상상인지, 천 년 그 자체를 상상하는 것인지, 천년이라는 사람이 하는 상상인지, '천년의상상'이란 다섯 글자만 보아서는 모를 일이다. 뜻이 희미하다.

명색이 출판사에서 이 사실을 모르진 않았겠다. 그렇다면 여러 뜻을 담으려고 일부러 그리 지은 사명일까? 설령 그랬더라도 '의'를 빼면 어땠을까? '천년의상상'과 '천년상상', 뭐가 더 예쁜 말인가?

되도록 '의'를 줄여 보자. 없애는 방법을 몇 가지로 정리해 본다. 예문은 《표준국어대사전》 용례에서도 가져왔다. 사전 예문도 틀렸다.

첫째, 빼야 하면 뺀다. 숫자를 앞으로 내세운 '의'는 모두 없애고 되돌리자.

표 3-3-1 숫자 앞세운 '의' 없애기

예 문	고치기
45kg의 몸무게	몸무게 45kg
5년의 임기를 마치고	임기 5년을 마치고
10여 명의 대원	대원 10여 명
10억 달러의 흑자	흑자 10억 달러
75%의 접종률을 기록	접종률 75%를 기록
최고 15cm의 눈이 쌓였다	눈이 최고 15cm 쌓였다

7 이병철, 2021,《모국어를 위한 불편한 미시사》, 천년의상상.

둘째, 빼도 되면 뺀다. 뜻이 달라지지 않는다. 오히려 명확해진다. 빼면 가볍다.

표 3-3-2 생략 가능한 '의' 없애기

예 문	고치기
영이의 얼굴	영이 얼굴
서울의 찬가	서울 찬가
한국의 지도	한국 지도
거문고의 가락	거문고 가락
올림픽의 창시자	올림픽 창시자
여름의 바다	여름 바다
무쇠의 주먹	무쇠 주먹
10년의 세월	10년 세월

셋째, 앞 낱말을 관형사나 부사로 바꾼다. 명사가 바로 명사를 꾸미지 못하니 흔히들 별 생각 없이 그 사이에 '의'를 넣는다. 이럴 땐 앞 낱말을 관형사나 부사로 바꾸자.

표 3-3-3 앞 낱말을 관형사나 부사로 바꾸기

예 문	고치기
축하의 잔치	축하하는 잔치 (축하 잔치)
규모 4.9의 지진	규모 4.9짜리 지진
불굴의 투쟁	굴하지 않는 투쟁
불후의 명작	변치 않을 명작
각하의 칭호	각하라는 칭호
투쟁의 열매	투쟁해 얻은 열매
조국통일의 위업	조국통일이라는 위업
가을은 독서의 계절	가을은 독서하는 계절 (가을은 책 읽는 계절)

넷째, 주격이나 목적격, 보격, 부사격으로 바꾼다. 뜻에 맞게 뒤 명사를 동사로 바꾸거나 새로 넣는다. 명사와 '의'로만 이어진 우리 글에서 동사를 살려내자. 명사를 꾸미는 형용사보다 동사를 꾸미는 부사를 활용하자. 우리말이 지닌 강점이다.

표 3-3-4 주격, 목적격, 보격, 부사격으로 바꾸기

예 문	고치기
우리의 각오	우리가 한 각오
다윈의 진화론	다윈이 발표한 진화론 (다윈이 내세운 진화론)
나의 작품	내가 만든 작품
기자의 취재	기자가 한 취재
미 대통령과의 인터뷰	미 대통령과 한 인터뷰
코로나19의 극복을 위해	코로나19를 극복하기 위해 (코로나19를 극복하려고)
이산가족 상봉의 조속한 재개를 촉구하고	이산가족 상봉을 조속히 재개하자고 촉구하고
마스크 착용에 여러분의 많은 협조 바랍니다	마스크 착용에 여러분이 많이 협조해 주십시오 (여러분, 마스크를 많이 써 주시기 바랍니다)
대통령의 꿈을 꾸었다	대통령이 될 꿈을 꾸었다
대통령의 상을 지녔다	대통령이 될 상을 지녔다
2030세대의 지지를 받았다	2030세대로부터 지지를 받았다 (2030세대가 지지를 보냈다)

'것'을 피하자

'것'은 여기저기 참 많이도 쓴다. 이 역시 우리말이긴 하지만 일본말에서 온 몹쓸 버릇이다. 문장에 '것'이 많으면 죽은 말이 된다. 국립국어원 《표준국어대사전》 풀이를 보자.

것 [의존 명사]
1. 사물, 일, 현상 따위를 추상적으로 이르는 말.
    예: 낡은 것. 마실 것. 먹을 것.
2. 사람을 낮추어 이르거나 동물을 이르는 말.
    예: 새파란 것이 어른에게 대든다. 오늘 태어난 강아지 중에서 점무늬 있는 것이 제일 예쁘다. 이런 발칙한 것 같으니라고. 감히 어른 앞에서 그런 짓을 해?
3. (사람을 나타내는 명사나 대명사 뒤에 쓰여) 그 사람의 소유물임을 나타내는 말. ≒ 해.
    예: 이 우산은 언니 것이다. 내 것은 만지지 마. 우린 이제 부부인데 내 것 네 것이 어디 있어.
4. ('-는/은 것이다' 구성으로 쓰여) 말하는 이의 확신, 결정, 결심 따위를 나타내는 말.
    예: 담배는 건강에 해로운 것이다. 분명, 좋은 책은 좋은 독자가 만드는 것이다.
5. ('-ㄹ/을 것이다' 구성으로 쓰여) 말하는 이의 전망이나 추측, 또는 주관적 소신 따위를 나타내는 말.
    예: 저 얘기는 아마 열 번도 더 했을 것이다. 올해도 어김없이 봄은 올 것이

다. 그렇게 놀다간 성적이 떨어질 것이다.

6. ('-ㄹ/을 것' 구성으로 쓰여) 명령이나 시킴의 뜻을 나타내면서 문장을 끝맺는 말.

　　예: 공사 중이니 주의할 것. 도시락은 각자 준비할 것. 손을 깨끗이 씻을 것.

다음은 민중서림이 펴낸 《엣센스 한일사전》 풀이다.

것 [의존 명사]

1. もの;こと　2. の;ところ　3. 者;奴

1) (소유물) 人に関する名詞や代名詞の後につけて, その人の所有物であることを表わす語(*사람에 관한 명사나 대명사의 뒤에 붙어서, 그 사람의 소유물임을 나타내는 말*):[8] もの; こと; … の.

　　예: 내 것은 당신 것과 같다. 私のはあなたのと同じだ.

2) (사물·현상) 物事や現象などを抽象的に表わす語(*사물이나 현상 등을 추상적으로 나타내는 말*): もの; こと; の; ところ.

　　예: 입을 것. 着るもの.

3) (낮춤) 人をさげすんだり動物を指していう語(*사람을 멸시하거나 동물을 일컫는 말*): 者もの; 奴やつ.

　　예: 새파란 것. 青二才.

4) (확신·결심 등) ('―는[은] 것이다'의 形で) 話し手の確信決定決心などを表わす語(*말하는 이의 확신·결정·결심 등을 나타내는 말*): ものだ; … つもりだ; … だろう.

　　예: 담배는 몸에 해로운 것이다. タバコは体に悪いものだ.

---

8 괄호 안 흘림체 뜻풀이는 사전 내용이 아니다. 일본말 풀이를 우리말로 번역해 따로 더했다.

4) (추측·소신 등) ('―ㄹ[를, 을] 것이다' 의 形で) 話し手の推測や所信などを表わす語(*화자의 추측이나 소신 따위를 나타내는 말*): … だろう; つもりだ.

예: 좋을 것이다. よかろう.

5) (맺는 말) ('―ㄹ[를, 을] 것' 의 形で) 命令や義務の文章の結びとなる語(*명령이나 의무 문장의 결말이 되는 말*): … こと.

예: 빨리 갈 것. 速く行くこと.

항목 순서만 좀 다를 뿐 우리 사전풀이 그대로 일본말로 풀이했다. 예문 쓰임도 똑같다. 우리말 '것'을 일본말에서도 같은 뜻과 같은 용도로 쓴다는 사실을 알 수 있다. 하지만 근본이 같아서라기보다 일본말에서 빌려와 쓰다 보니 어느새 같아진 말이다. '것'은 본디 편하고 쉬운 우리말 표현이 아니다.

가장 큰 문제는 문장을 '것이다'로 끝맺는 버릇이다. 사전이 풀이한 대로 확신과 결정, 결심을 나타낼 때 또는 전망과 추측, 소신을 나타낼 때 쓰는 마무리인데 지나치게 자주 쓴다. 굳이 소용이 없을 때에도 마구 쓴다. 단순한 서술, 설명이나 주장에도 '것이다'를 써서 괜히 단정짓고 강조한다.

예 문1 새로운 변이의 이름은 다음 글자인 '뉴'가 될 것으로 예측됐으나, WHO는 '뉴'와 그다음 차례인 '크시'까지 건너뛰고 오미크론을 **낙점한 것이다**.

고치기1 새로운 변이의 이름은 다음 글자인 '뉴'가 될 것으로 예측됐으나, WHO는 '뉴'와 그다음 차례인 '크시'까지 건너뛰고 오미크론을 **낙점했다**.

예 문2 과학적인 근거를 제시하고 안심시키지 않는 한 백신 불신론은 언제든 확산될 수 있음을 **명심해야 할 것이다.**

고치기2 과학적인 근거를 제시하고 안심시키지 않는 한 백신 불신론은 언제든 확산될 수 있음을 **명심해야 한다.**

예 문3 민주주의를 위해 유권자들은 반드시 **투표를 해야 한다는 것이다.**

고치기3 민주주의를 위해 유권자들은 반드시 **투표를 해야 한다.**

예 문4 김 씨는 6·25 전쟁이 일어난 1950년에 **태어난 것이다.**

고치기4 김 씨는 6·25 전쟁이 일어난 1950년에 **태어났다.**

예 문5 글로벌 증시를 공포에 몰아넣었던 FOMC 회의 결과가 '덜 매파적'이었 다는 안도감이 퍼지면서 투자심리가 **살아난 것이다.**

고치기5 글로벌 증시를 공포에 몰아넣었던 FOMC 회의 결과가 '덜 매파적'이 었다는 안도감이 퍼지면서 투자심리가 **살아났다.**

'것이다'로 끝내지 않으면 찜찜한가 보다. 특히나 글 전체를 마무리할 때, 혹은 다음 문단을 시작하기에 앞서 지금 문단을 끝낼 때 심하게 쓴 다. 말버릇, 글 버릇이 이리 무섭다.

이병철 〈시사저널〉 전 교열위원은 우리말에서 '것이다'를 쓰기 시작 한 연원을 이렇게 설명한다.

우리말 구문(構文)에 없었던 '것이다'를 우리글에 옮겨다 심은 사람은 개화와 근대화 물결을 타고 일본에서 공부하고 돌아온 유학생들이다. 거의 문학청년 인 그들이 '것이다'를 소설 작품에 쓴 해는 20대 초중반이던 1920년대 초반이다. 그들은 처음에는 '것이다'를 쓰는 데 소극적이었으나 갈수록 그 사용 빈도가 늘어났다는 공통점을 보인다.

일본 메이지(明治)학원과 와세다(早稻田)대학을 졸업한 춘원 이광수가 1917년 신문에 연재한 장편 〈무정〉과 단편 〈소년의 비애〉에는 '것이다'가 나오지 않는다. 그러나 1939년 〈문장〉지 1호에 발표한 중편 〈무명〉(無明)에는 아홉 번이나 나온다.[9]

가리키는 바를 아무 때나 '것'으로 뭉뚱그리는 버릇도 버려야 한다. 《표준국어대사전》에서 설명한 첫 번째 쓰임, "사물, 일, 현상 따위를 추상적으로 이르는 말"이다. 너무 잦다. 적절한 다른 말이 있는데도 그냥 쓴다. 읽는 이가 알아서 짐작하라는 무책임이다. '것' 말고 다르게 표현하면 훨씬 더 다채롭다. 글이 살아난다.

예 문6 투표를 **해야** 한다는 것은 알지만 내 표가 변화를 일으킬 것이라 생각하지 않는다.

고치기6 투표를 **해야** 한다는 사실은 알지만 내 표가 변화를 일으키리라고 생각하지 않는다.

예 문7 우리나라 해수면 상승 현황을 지속해서 감시하고 장기 **전망하는 것은** 매우 중요한 일이다.

고치기7 우리나라 해수면 상승 현황을 지속해서 감시하고 장기 **전망하는 일은** 매우 중요한 일이다.

---

9 이병철, 2021, 《모국어를 위한 불편한 미시사》, 천년의상상.

예 문8 생각이 다른 분들이 와서 정체성이 **흔들리는 것 아니냐고** 합니다.

고치기8 생각이 다른 분들이 와서 정체성이 **흔들리지 않겠느냐고** 합니다.

예 문9 안보 보장안에는 우크라이나까지 포함하는 나토의 확장을 중단하고 러시아 국경 인근에 공격용 무기를 **배치하지 말 것 등이** 포함됐다.

고치기9 안보 보장안에는 우크라이나까지 포함하는 나토의 확장을 중단하고 러시아 국경 인근에 공격용 무기를 **배치하지 말라는 내용 등이** 포함됐다.

'ㄴ 것으로'라는 말투도 고약하다. 전달하고 짐작하고 추측하고 기대하는 표현에 스며든 몹쓸 말투다. 앞서 지적한 피동 표현과 얽혀 더욱 엉터리 문장을 만든다.

예 문10 B씨는 성폭행이 아닌 합의로 이뤄진 관계라며 억울하다는 취지의 **항변을 한 것으로** 알려졌다. 이에 B씨는 A씨를 무고 및 명예훼손 등 혐의로 **고소하기도 한 것으로** 전해졌다.

고치기10 B씨는 성폭행이 아닌 합의로 이뤄진 관계라며 억울하다는 취지의 **항변했다고** 알려졌다. 이에 B씨는 A씨를 무고 및 명예훼손 등 혐의로 **고소했다고** 전해졌다.

다듬기10 수사 관계자는 B씨가 성폭행이 아니라 합의한 뒤 관계를 맺었다며 억울하다고 항변했다고 전했다. A씨를 무고 및 명예훼손 등 혐의로 고소도 했다고 한다.

- '알려진' 사실, 그 사실을 알린 주체를 살리고 피동형 표현을 피했다.

예 문11 새 정권이 출범하고 새 헌법이 제정되면 칠레 사회 전반에 적지 않은 변화가 **휘몰아칠 것으로** 예상된다.

고치기11 새 정권이 출범하고 새 헌법이 제정되면 칠레 사회 전반에 적지 않은 변화가 **휘몰아치리라고** 예상된다.

다듬기11 새 정권이 출범하고 새 헌법이 제정되면 칠레 사회 전반에 적지 않은 변화가 휘몰아치리라는 예상이 나온다.

- 누구의 예상인가? 글쓴이라면 '휘몰아치리라고 예상한다'고 쓰면 된다.
- 전문가나 평론가들이 한 예상을 전하는 말이라면 '전문가들은 ~ 휘몰아치리라고 예상한다'고 살려 쓴다.
- 요즘 유행하는 기사 문체대로 주체를 살려 쓰기 곤란하다면 '휘몰아치리라는 예상이 나온다'로 쓰자.

예 문12 그린 공동작업장은 농공단지 입주업체의 경영 효율성을 **높일 것으로** 기대된다.

고치기12 그린 공동작업장은 농공단지 입주업체의 경영 효율성을 **높이리라고** 기대된다.

다듬기12 그린 공동작업장은 농공단지 입주업체 경영 효율을 높이리라는 기대가 나온다.

- 역시 피동을 피해 보자.

예 문13 최근 프리미엄 탁주에 대한 소비자 관심 증가가 일반 탁주의 소비 증가로 이어져서 전체 소비량이 **증가된 것으로** 보인다.

고치기13 최근 프리미엄 탁주에 대한 소비자 관심 증가가 일반 탁주의 소비 증가로 이어져서 전체 소비량이 **증가됐다**고 보인다.

다듬기13 최근 프리미엄 탁주에 대한 소비자 관심이 늘면서 일반 탁주 소비도 증가해 전체 소비량이 늘었다고 본다.

- '소비량'이 주격이다. '증가됐다고'가 아니라 '증가했다고'로 쓰자. 그런데 증가했다고 본 이는 누구인가? 글쓴이 본인이다. '증가했다고 본다'가 맞다.
- 한 번 더 고치자. 한 문장 안에 '증가'를 세 번 썼다. 반복을 피하되 이왕이면 쉬운 말로 쓰자.

예 문14 사저 인근에 신축하는 경호동 공사는 사저보다 진척이 **느린 것으로** 알려졌다.

고치기14 사저 인근에 신축하는 경호동 공사는 사저보다 진척이 **느리다고** 알려졌다.

다듬기14 사저 옆에 새로 짓는 경호동 공사는 사저보다 더디다고 한다.

- '인근', '신축'을 쉬운 말로 고쳤다. 더 편하지 않은가?
- '진척이 느리다'는 그냥 '더디다'로 바꾸면 어떤가? 같은 말인데 공연히 어렵게 꼬아 쓴 표현이다. 이왕이면 쉽게 쓰자.
- 피동형 '알려졌다'도 없앴다.

예 문14 코빗이 발간한 보고서 번역본에 따르면 메사리는 가상자산 업계가 비트코인의 성장세 지속과 가상자산 시장 세분화에 따른 펀드 자금의 유입 증가 등에 힘입어 내년에도 좋은 흐름을 **이어갈 것으로** 전망했다.

고치기14 코빗이 발간한 보고서 번역본에 따르면 메사리는 가상자산 업계가 비트코인의 성장세 지속과 가상자산 시장 세분화에 따른 펀드 자금의 유입 증가 등에 힘입어 내년에도 좋은 흐름을 **이어가리라고** 전망했다.

다듬기 14 코빗이 낸 보고서 번역본에 따르면 메사리는 가상자산 업계가 내년에
도 좋은 흐름을 이어가리라고 전망했다. 비트코인 성장세 지속과 가
상자산 시장 세분화에 따른 펀드 자금 유입 증가 등이 그 근거이다.

- 문장을 나누면 주술 관계가 명확해진다. 예문은 주어와 술어 사이가 너무 멀어
  혼란스럽다.
- 한자어 '발간하다' 대신 '내다'로 고쳤다.
- '코인의 성장세'에서 '의'를 없앴다.

예 문 15 보건복지부 중앙사고수습본부에 따르면 어제 오후 5시 기준으로
전국의 코로나19 중증병상 가동률은 80.9%였습니다. 1,337개 가
운데 1,082개가 **사용 중인 것으로 나타났습니다.**

고치기 15 보건복지부 중앙사고수습본부에 따르면 어제 오후 5시 기준으로
전국의 코로나19 중증병상 가동률은 80.9%였습니다. 1,337개 가운
데 1,082개를 **사용 중입니다.**

다듬기 15 보건복지부 중앙사고수습본부에 따르면 어제 오후 5시 기준으로
전국 코로나19 중증병상 가동률은 80.9%입니다. 1,337개 가운데
1,082개를 사용 중입니다.

- '의'는 빼자. 쓸모없다.
- 현재 상태를 서술하면서 가장 최근 자료로 어제 통계를 썼다.
- '이었다'로 과거 의미를 나타낼 필요가 없다. 단순하게 쓰자.

'있다'를 잊어라

'있다'는 '존재하다', '머물다', '유지하다', '가지다' 따위 뜻을 지닌 동사 또는 형용사이다. 보조동사로도 쓴다. 앞말이 뜻하는 행동이 계속 진행 중이거나 행동 또는 변화가 끝난 상태를 나타낸다. 이 녀석이 말썽이다. 보조동사 '있다'는 '~고 있다', '~어 있다' 구성이다. 그런데 막무가내다. 거침없다. 버릇처럼 아무 데나 막 붙여 쓴다. 진행 또는 완료 의미가 없거나 그 뜻을 강조할 필요가 없으면 쓸 이유가 없다.

이 또한 일본말 '~ている'에서 왔다. 일본말이라서가 아니다. 자연스럽지 못하니까 쓰지 말아야 한다. 진행이나 완료를 나타낼 이유가 없는데 공연히 거추장스러운 꼬리를 달아서는 안 된다.

예 문1 국내 요소 관련 업체들이 **참여하고 있는** '요소 다변화 추진 협의체'가 '한국요소얼라이언스'(가칭)라는 이름으로 법인화를 추진한다.

고치기1 국내 요소 관련 업체들이 **참여하는** '요소 다변화 추진 협의체'가 '한국요소얼라이언스'(가칭)라는 이름으로 법인화를 추진한다.

예 문2 해경 관계자는 "상괭이가 조업 중 그물에 걸렸거나 해안가 등에서 **죽어 있는 것**을 발견하면 신속히 해경에 신고해 달라"고 당부했다.

고치기2 해경 관계자는 "상괭이가 조업 중 그물에 걸렸거나 해안가 등에서 **죽은 것**을 발견하면 신속히 해경에 신고해 달라"고 당부했다.

다듬기2 해경 관계자는 "조업 중에 상괭이가 그물에 걸리거나 해안가 등에서 **죽은 상괭이**를 보면 신속히 해경에 신고해 달라"고 당부했다.

예 문3 의학기술의 발전에도 불구하고 많은 사람들이 몸 곳곳에 만성질
환을 앓는다. 불안장애와 우울증 같은 정신적 질환도 **빈번해지고
있다.**

고치기3 의학기술의 발전에도 불구하고 많은 사람들이 몸 곳곳에 만성질환
을 앓는다. 불안장애와 우울증 같은 정신적 질환도 **빈번하다.**

다듬기3 의학기술이 발전해도 사람들은 몸 곳곳에 만성질환을 앓는다. 불안
장애와 우울증 같은 정신적 질환도 흔하다.

예 문4 중국은 홍콩 반환 후 중국 정부가 홍콩을 통치하는 법적 근거는 중국
헌법과 홍콩 기본법이라며 홍콩반환협정의 위상과 효력을 사실상 **인
정하지 않고 있다.**

고치기4 중국은 홍콩 반환 후 중국 정부가 홍콩을 통치하는 법적 근거는 중국
헌법과 홍콩 기본법이라며 홍콩반환협정의 위상과 효력을 사실상 **인
정하지 않는다.**

다듬기4 중국은 중국 헌법과 홍콩 기본법이 홍콩 반환 후 중국 정부가 홍콩을
통치하는 법적 근거라고 주장한다. 홍콩반환협정 위상과 효력을 사
실상 인정하지 않는다.

- 한 문장 안에 주어와 술어가 여럿이면 곤란하고 불편하다. 나눴다.

예 문5 미국에서 코로나19의 새 변이인 오미크론이 급속하게 확산하는 가운
데, NBA 역시 오미크론의 타격을 **입고 있다**.

고치기5 미국에서 코로나19의 새 변이인 오미크론이 급속하게 확산하는 가운
데, NBA 역시 오미크론의 타격을 **입었다**.

다듬기5 코로나19 새 변이인 오미크론이 미국에서 급속히 확산하면서 NBA에
도 타격을 주었다.

- 문장 전체 주어를 '오미크론' 하나로만 삼았다.

예 문6 A씨는 지난 10월 26~27일 여성을 촬영할 목적으로 학교 여자 교직원
화장실에 들어가 소형 카메라를 설치한 각 티슈를 좌변기 위에 올려
놓은 혐의를 **받고 있다**.

고치기6 A씨는 지난 10월 26~27일 여성을 촬영할 목적으로 학교 여자 교직원
화장실에 들어가 소형 카메라를 설치한 각 티슈를 좌변기 위에 올려
놓은 혐의를 **받는다**.

'~수 있다'도 문제다. 가능을 나타내는 형용사인데, 그 의미를 분명
히 더할 필요가 없을 때에도 많이 쓴다. 다른 말로 바꿔 표현해도 되는
데 '~수 있다'만 들입다 써댄다. 글을 좀먹는다. 잊어라. '있다'를 잊고
바꿔 보자.

예 문7 렌터카 빌린 뒤 술 마시면 대리운전 **부를 수 있다.**

고치기7 렌터카 빌린 뒤 술 마시면 대리운전 **불러도 된다.**

예 문8 온실가스 50%를 감축해야 하는 2030년까지의 여정은 모두가 쉬이 함
께 **걸어갈 수 있는** 길은 아니다.

고치기8 온실가스 50%를 감축해야 하는 2030년까지의 여정은 모두가 쉬이 함
께 **걸어갈 만한** 길은 아니다.

다듬기8 2030년까지 온실가스 50%를 감축해야 한다. 이 여정은 모두가 쉬이
함께 걸어갈 만한 길은 아니다.

- 문장을 나눠 주어를 가볍게 만들었다.
- 주어 앞에 수식이 길면 문장이 균형을 잃는다.

예 문9 대곡천 암각화군이 유네스코 세계 문화유산에 등재되는 데 한 발 더
다가설 수 있는 계기가 되길 바란다.

고치기9 대곡천 암각화군이 유네스코 세계 문화유산에 등재되는 데 한 발 더
다가서는 계기가 되길 바란다.

예 문10 NBA는 새로운 대체 선수 규정 등을 도입, 구단들이 방역 프로토콜로
선수를 잃을 경우 보다 유연하게 **대처할 수 있게 하기로** 했다.

고치기10 NBA는 새로운 대체 선수 규정 등을 도입, 구단들이 방역 프로토콜로
선수를 잃을 경우 보다 유연하게 **대처하도록** 했다.

다듬기10 NBA는 구단들이 방역 규약에 따라 선수를 잃을 경우 더 유연하게 대
처하도록 바꿈 선수 규정 등을 새로이 도입하기로 했다.

290

- 문맥상 '새 규정 도입'을 서술하는 말도 '~하기로 했다'이다. 목적어와 서술어를 멀리 떨어뜨려 놓아서 어색한 문장이 되었다.
- 외래어 '프로토콜'을 '규약'으로 바꿨다. '대체'(代替)는 일본어 투 용어이다. '바꿈'으로 고쳐 보자.
- '보다'는 서로 비교할 때 앞말에 붙여 쓰는 조사가 자연스럽다. 예문에서처럼 부사로도 홀로 쓰지만 왠지 어색하다.

예 문11 개인들의 집합인 공동체도 최상의 조화를 이룰 때 에너지 소모를 최소화해 건강한 상태를 **유지할 수 있다.**

고치기11 개인들의 집합인 공동체도 최상의 조화를 이룰 때 에너지 소모를 최소화해 건강한 상태를 **유지한다.**

다듬기11 개인이 모인 공동체도 조화를 가장 잘 이룰 때 에너지 소모를 최소화해 건강한 상태를 유지한다.

- '개인들의 집합'과 '개인이 모인', 둘 중 뭐가 쉬운 말인가? 뜻에 차이가 나?
- '최상의 조화를 이룰 때'도 '조화를 가장 잘 이룰 때'로 바꿨다. 어려워서 꼭 피해야 할 한자어는 아니지만 되도록 쉬운 우리말이 낫다.
- 게다가 '의'를 붙인 관형어로 명사를 꾸미기보다는 부사로 동사를 꾸며야 좋다. 다양한 부사는 우리말이 가진 장점이다.

예 문12 「5·18 역사왜곡처벌법」으로 광주민주화운동에 대한 악의적 폄훼와 왜곡을 사법적으로 **엄단할 수 있는** 첫 사례가 나왔다.

고치기12 「5·18 역사왜곡처벌법」으로 광주민주화운동에 대한 악의적 폄훼와 왜곡을 사법적으로 **엄단하는** 첫 사례가 나왔다.

다듬기 12 광주민주화운동을 폄훼하고 왜곡해 「5·18 역사왜곡처벌법」으로 엄단하는 첫 사례가 나왔다.

> • 한 국회의원이 「5·18 역사왜곡처벌법」 시행 뒤 첫 처벌 사례를 놓고 한 말이다.
> • 문장 맨 앞 ' 「5·18 역사왜곡처벌법」으로'는 '엄단'으로 이어진다. 사이를 좁히자. 폄훼와 왜곡이 선의일 리 없다. '악의적'은 필요 없는 수식이다.

예 문 13 철학자라 불린 미술가 볼탕스키가 직접 출품작 선정과 전시 디자인까지 도맡아 진행하던 중 지난 7월 14일 타계하면서 회고전은 유작전이 됐고, 작가의 숨결을 **느낄 수 있는** 마지막 전시가 됐다.

고치기 13 철학자라 불린 미술가 볼탕스키가 직접 출품작 선정과 전시 디자인까지 도맡아 진행하던 중 지난 7월 14일 타계하면서 회고전은 유작전이 됐고, 작가의 숨결을 **느껴 볼** 마지막 전시가 됐다.

다듬기 13 철학자라 불린 미술가 볼탕스키가 직접 출품작 선정과 전시 디자인까지 도맡아 진행하다 지난 7월 14일 타계했다. 회고전은 유작전이 됐다. 작가 숨결을 느껴 볼 마지막 전시가 됐다.

> • 문장을 나눴다. 문장은 짧을수록 가볍고 힘차다.

'적'(的)은 적(敵)이다

'적'(的)은 명사나 명사구 뒤에 붙는 접미사이다. '보편적 행동', '긍정적 선택'처럼 '적'이 붙은 명사는 다음에 오는 명사를 꾸미는 관형사가 된다. 일본말 'てき'에서 왔다. 일본 사람들이 영어 접미사 '~tic'을 음역한, 곧 비슷한 음으로 받아들여 쓴 말이라고 한다. 일본《쇼가쿠칸(小學館) 디지털 사전》을 보면 '문학적 표현'(文學的 表現), '시적 발상'(詩的 發想), '교육적 견지'(敎育的 見地), '정치적 발언'(政治的 發言), '과학적 방법'(科學的 方法), '대륙적 풍토'(大陸的 風土), '평화적 해결'(平和的 解決), '철저적 추구'(徹底的 追求)가 용례로 나온다.

마지막 '철저적'만 빼면 나머지는 우리말로 그대로 옮겨도 그리 어색하지 않다. 그만큼 어느새 우리말로 자리를 잡아 버렸다. 지나치다. 가리지 않고 아무 명사든지 '적'으로 이어 놓는다. '우주적 관점', '감각적 느낌'처럼 말도 안 되고 뜻도 모호한 표현까지 만들어 쓰기까지 한다. 다들 어색한지 모를 정도이니 구태여 되돌리지 말자는 의견도 있다.

하지만 적(的)은 우리 말글을 좀먹는다. 보이면 무찔러 없애야 하는 적(敵)이다. 쓰지 않아도 되면 되도록 쓰지 말자. 일본말에서 왔기 때문만이 아니다. '적'이 난무하면 우리말이 우리말답지 못하기 때문이다. 명사가 명사를 바로 이어 꾸미는 표현은 우리말에서는 억지이고 부자연스럽다. 우리말에 없던 명사와 명사를 엮은 새로운 개념이라거나 너무 굳어져서 도저히 되돌리기 어려운 표현이면 모를까, 웬만하면 고쳐 써 보자. '~다운', '~스러운', '~듯한' 따위로 고치거나 풀어 쓰거나 아예 다른 말로 대신해 보자.

표 3-3-5 '적'을 '~다운', '~스러운', '~듯한'으로 바꾸기

예 문	고치기
예언자적 발언	예언자다운 발언
평론가적 분석	평론가다운 분석
유아적 태도	아이다운 태도
전격적 발표	급작스러운 발표
전지적 관점	다 아는 듯한 관점
보편적 방식	흔한 방식
독자적 선택	홀로 한 선택
지속적 관심	꾸준한 관심
파격적 혜택	격을 깬 혜택

'~적'도 그렇지만 '~적인'도 일본말 'てきな'를 그대로 번역한 표현이다.

표 3-3-6 '적인'을 동사나 형용사로 바꾸기

예 문	고치기
형식적인 사고	판에 박힌 사고
극적인 결말	감동 있는 결말
배타적인 자세	배척하는 자세
상대적인 평가	비교한 평가
기록적인 폭우	기록에 남을 폭우
고립적인 관계	외딴 관계
가식적인 태도	꾸민 태도
구체적인 계획	세심한 계획
우발적인 사고	우연한 사고

고종석 작가는 '~적'까지는 허용한다 해도 '~적인'이란 말은 쓰지 말라고 한다.[10] 그런데 걸림돌이 있다. 같은 책에서 그가 지적했듯이 '~적인' 앞에 부사가 와서 '~적인'을 꾸밀 때가 문제다. 예를 들어 '매우 형식적인 절차'에서 '인'을 빼 '매우 형식적 절차'로 쓰면 어색하다. 문법에 어긋난다. '매우'는 부사인데 '형식적'은 관형사다. 부사는 다른 부사나 용언을 꾸민다. 고종석 작가는 이럴 땐 반드시 '인'을 넣어야 한다면서 '~적인'을 용인하자고 한다. 다 그래야 할 이유는 없다. 애초 '적'이란 표현을 피하면 '적인'도 피할 수 있다. 아예 문장 틀을 바꿔 보자. '형식에만 매인 절차', '형식에 몹시 치우친 절차'는 어떤가. 우리 말글 표현은 무척 다양하다.

예 문1 치열한 논의를 통해 **매우 합리적인 결과**를 얻었다.
고치기1 치열한 논의를 통해 **매우 타당한 결과**를 얻었다.
다듬기1 논의를 치열히 해 매우 타당한 결과를 얻었다.

예 문2 그는 **무척 이성적인 사고**를 거듭했다.
고치기2 그는 **무척 이성에 따른 사고**를 거듭했다.

예 문3 너무나도 **감동적인 마지막 장면**을 보았다.
고치기3 너무나도 **감동받는 마지막 장면**을 보았다.
다듬기3 마지막 장면에서 너무나도 감동받았다.

---

10 고종석, 2014, 《고종석의 문장 1》, 알마.

예 문4 그 학교가 유지하는 생활수칙은 **지나치게 반교육적인 관행**이다.

고치기4 그 학교가 유지하는 생활수칙은 **지나치게 교육취지에서 벗어난 관행**이다.

다듬기4 그 학교는 교육 취지에 지나치게 벗어난 생활수칙을 관행으로 유지한다.

예 문5 '~적인'이란 표현은 **아주 습관인 말투**이다.

고치기5 '~적인'이란 표현은 **못된 버릇 같은 말투**이다.

4장

바른 낱말 골라 쓰기

일제강점기인 1940년대 경성, 까막눈 판수는 감옥을 들락거리는 이런 저런 잡범에 한량이다. 극장에서 해고된 뒤 경성역 앞에서 행인 가방을 훔치다 실패한다. 알음알음 일자리 구하러 간 곳이 조선어학회이다. 우연찮게 가방 주인 정환을 거기서 다시 만나고 이래저래 허드렛일을 하게 된다. 그곳 사람들은 전국 여러 지방에서 쓰는 말을 모으는 일을 한다. 판수는 그들을 이해하지 못하고 티격태격하다가 서서히 그 일을 함께 하게 된다.

2019년 개봉한 영화 〈말모이〉 얘기다. 그 엄혹한 시대를 다룬 영화 치고 소재와 접근법이 별나다. 3·1 운동과 임시정부, 항일무장 투쟁 같은 내용이 아니라, 여러 계층 평범한 사람들이 힘 모아 우리말을 지켜낸 과정을 그렸다.

'말모이'는 '사전'(辭典)을 우리말로 쓴 표현이다. 실제 우리나라 최초 국어사전인데 빛을 보진 못했다. 1911년 민족계몽운동단체인 광문회에서 주시경, 김두봉 선생이 주도해 만들기 시작했으나 중단되었다.

1929년 이극로 선생 중심으로 출범한 '조선어사전편찬회'가 다시 사전 편찬 작업을 시작했다. 맞춤법과 표준어, 외래어 표기법 등을 우선 만들었고, 이후 조선어학회가 사전 편찬 사업을 넘겨받았다. 조선어학회는 1936년부터 온 힘을 사전 편찬에 쏟았다.

조선총독부 내에 학무국이 존재하고 있었으나 맞춤법 통일안은 조선어학회의 이름으로 제안되었고, 《조선어사전》 또한 조선어학회 이름으로 편찬되기 시작했다. 즉, 일본이 민족주의를 용인하는 기간 동안 조선어학회는 근대적 언어 규범을 확립하는 기관이면서, 조선어 정리의 상징이랄 수 있는 '조선어사전'을 편찬하는 기관이었다. 우리말은 그들의 손에 의해 새로운 모습으로 다시 태어났다고 해도 과언이 아니다.[1]

그러나 일제는 우리말 사전이 나오도록 그냥 내버려 두지 않았다. 1942년 조선어학회를 독립운동단체로 몰아 혹독히 탄압했다. 이른바 조선어학회 사건이다. 사전 편찬은 중단되었다. 어렵사리 완성해가던 원고는 일제가 빼앗아가 버렸다.

영화 〈말모이〉에서 그린 대로, 영화 같은 일이 벌어졌다. 해방 직후 그 원고가 서울역 창고에서 우연히 발견되어 돌아왔다. 조선어학회는 이 원고를 다시 손봐 1947년 10월 9일 《조선말 큰사전》 첫째 권을 출판했다. 수십 년 숱한 고난 끝에 맺은 열매였다. 1949년 조선어학회는 한글학회로 이름을 바꿨다. 6·25 전쟁을 거쳐 1957년 《큰사전》 총 6권을 완간했다.

---

1 최경봉, 2019, 《우리말의 탄생》, 책과함께.

이렇게 탄생한 한글학회 《큰사전》은 표제어 16만 4, 125개를 실었다. 이후 나온 사전들은 경쟁이라도 하듯 표제어 수를 늘렸다. 1961년에 이희승 선생이 내놓은 《국어대사전》은 23만 개 어휘를 담았다. 1982년 수정증보판은 무려 42만 개 어휘를 수록했다. 2020년 수정판 3판도 40만여 단어를 실었다. 국립국어원이 1999년에 발행한 《표준국어대사전》은 표제어가 더 늘었다. 51만 개가 되었다. 표제어가 많을수록 좋은 사전일까?

안타깝게도 그렇지 않다. 《국어대사전》은 쓰지도 않는 지명과 인명을 너무 많이 실었다. 한자 낱말을 합쳐 한 낱말이라고 보기 어려운 복합어, 전문용어도 많다. 일본식 한자어도 무분별하게 모아 두었다.

이희승 사전에서 한자어 비율은 70%가 넘는다고 한다. 우리말 가운데 70%가 한자어라는 말이 나돌게 된 연유이다. 이는 한글과 한자를 함께 쓰자는 이희승 학파 주장에 근거로 쓰이기도 했다. 일본식 한자어들도 내력을 밝히지 않은 채 일본 사전 수록 풀이대로 수록했다. 일본 사전을 베꼈다는 말은 여기서 나온 듯하다.[2]

《표준국어대사전》은 학자 500명이 8년 동안 공들여 만들었다. 예산도 112억 원이나 들었다. 민간이 아닌 나라가 만든 사전인데 나오자마자 비판이 쏟아졌다. 쓰지 않는 한자말을 실어 표제어 수만 늘렸고, 심지어 일본에서조차 쓰지 않는 일본말까지 실었다는 지적이 국정감사에서도 나왔다.

---

2 이병철, 2021, 《모국어를 위한 불편한 미시사》, 천년의상상.

2002년 당시 민주당 윤철상 의원은 "일본 사전, 중국 사전에서 옮겨온 단어들로 50만 단어를 채우려는 했다는 의심을 하지 않을 수 없다"고 했다.

윤 의원은 《표준국어대사전》에 나타난 문제점을 잘 보여 준 예로 '푸른 하늘'을 뜻하는 한자말이 21개나 수록된 점을 들었다. 즉 '푸른 하늘'이란 우리말은 찾아볼 수 없고, 궁창(穹蒼), 벽공(碧空), 벽락(碧落), 벽소(碧霄), 벽우(碧宇), 벽천(碧天), 소천(所天), 창공(蒼空), 창천(蒼天), 청명(靑冥), 청천(靑天), 청허(晴虛) 등만 올려져 있다는 것이다. 윤 의원은 "이 중 일상 생활용어로 쓰이고 있는 창공과 청천 외에는 모두 배제해야 할 한자말"이라고 주장했다.

윤 의원은 또한 '뛰어나다'는 뜻인 걸출(傑出), 발군(拔群), 발췌(拔萃), 도월(度越), 우수(優秀), 일군(逸群), 절군(絶群), 초탁(超卓), 출중(出衆), 탁발(卓拔), 탁월(卓越), 탁출(卓出) 등도 발군, 발췌, 우수, 출중, 탁월 정도만이 우리가 일상생활에서 흔히 쓰이는 말이라고 지적했다.

윤 의원은 " '푸른 하늘'이란 용어는 일본어사전 《광사원》에서 '아오소라'(靑空)라고 표현하고 있는데 우리 표준국어대사전에 올라 있는 유사용어 21개 가운데 11개가 일본어사전에 쓰여진 것으로 보아 나머지 용어는 중국어사전 등에서 따온 것"이라며 "우리 사전의 용어들을 일본 사전, 중국 사전에서 옮겨온 단어들로 50만 단어를 채우려는 노력을 보이지 않았나 의심하지 않을 수 없다"고 지적했다.[3]

북한에서 쓰는 말도 다 모아 놓으려다 북한 《조선말 대사전》을 그대로 베껴 포함했다는 비판도 나왔다. 게다가 뜻풀이가 허술하고 무성의

---

3 구영식, "학자 500명 8년 작업 《표준국어대사전》 中·日 서도 안 쓰는 말 '부지기수' ", 〈오마이뉴스〉, 2002. 10. 4.

하거나 아예 잘못이라는 지적도 잇따랐다. '스웨덴·폴란드 전쟁', '수술 후 폐 합병증', '증기압력내림'처럼 낱말이 아니라 어떠한 사항을 모아 해설한 내용도 많다. 이름은 국어사전인데 마치 백과사전처럼 되어 버렸다. 그것도 일본말, 한자어, 외래어, 복합어를 마구잡이로 뒤섞은 엉터리 백과사전.

그렇다고 사전을 믿지 말자는 얘기는 아니다. 다행히 국립국어원은 여러 비판을 받아들여 사전을 수정 보완했다. 2022년 3월 현재 누리집으로 공개하는 《표준국어대사전》에는 표제어가 42만 2천여 개로 줄었다. 1999년 처음 발행 때 포함했던 북한어를 많이 뺐다. 쓰지 않는 옛말이나 사투리도 정리했다. 처음엔 틀린 말까지 표제어로 올린 뒤 옳은 말로 안내했는데, 구태여 틀린 말을 사전에 실을 이유가 없으니 그 숫자도 줄였다고 한다.

이에 그치지 않고 표제어나 뜻풀이, 용례를 고치고 더하는 작업도 꾸준히 진행 중이다. 분기마다 사전 수정 내용을 공지한다. 따지고 보면 사전은 계속 고치고 다듬어야 하는 책이다. 말이 늘 변하기 때문이다. 이런 맥락에서 《우리말 샘》 사전도 운영 중이다. 모두가 함께 의견을 모아 만들어가는 이른바 개방형 사전이다. 이를 사전이라고 봐야 하는지는 의문이지만 참고할 만하다.

국립국어원은 또 지나치게 어렵거나 규범에 어긋난 말, 외래어를 우리 고유어나 쉬운 말로 고쳐 권장한다. 이른바 순화어, 요즘은 '다듬은 말'로 부른다. 여러 분야 전문가들이 모인 '새말모임'에서 달마다 후보 말을 몇 개 만든 뒤 온라인 수용자 조사를 거쳐 '다듬은 말'을 최종 선정한다. '누리집', '내려받기'는 '홈페이지', '다운로드'를 잘 다듬은 사례이다. 사람들이 거부감 없이 잘 쓴다. 그런데 '바코드'를 다듬어 제안한 '막대 표시', '줄 표시'는 사람들이 도통 쓰지 않았다. '막대 표시'나 '줄 표시'란 말에서 '바코드'를 연상할 도리가 없다. '다듬은 말'이 외면에 그치지 않고 억지스럽고 우스꽝스럽다며 놀림감이 되기도 한다.

〈새말모임〉은 이렇게 잘못 다듬은 말을 다시 가다듬어 고치거나 아예 없애는 일도 한다. '바코드'는 '정보 줄무늬'로 고쳐 권장했다. '정보 무늬'라고 다듬은 'QR코드'와 함께 썩 어울리는 말이다.

글을 잘 쓰려면 낱말을 신중히 골라야 한다. 같은 내용이라도 어떤 낱말을 엮어 쓰는지에 따라 글이 가진 품격이 달라진다. 쉽고 편한 글이 되기도 하고 어렵고 못난 글이 되기도 한다. 모두가 순수주의자, 언어민족주의자가 되자는 주장이 아니다. 한자말을 무조건 배척할 필요는 없다. 한자말도 분명 우리말이다. 뜻을 간명히 표현하는 장점도 있다. 다만, 분별없이 한자말을 우선해 쓰지는 말아야 한다. 오히려 되도록이면 우리 고유 입말을 찾아 써야 좋다.

익숙하다고 자꾸 쓰면 좋은 우리말을 잃는다. 같은 한자말이라도 이왕이면 쉬운 말을 쓰자. 어려운 한자말로 괜히 아는 척, 배운 척하지 말자. 더욱이 일본에서 가져온 한자말이나 일본말 찌꺼기를 그대로 써서는 안 된다. 우리 사전에 일본 한자말이 2만 개 가까이나 된다고 한다. 사전에 있다고 그냥 쓸 일이 아니다. 권위를 맹신하지도 말고 무시하지도 말자. 일본에서 온 말, 서양에서 온 말을 써야 할 때도 있다. 예전에 없던 새로운 문물과 개념이 들어올 때 그렇다. 우리말로 적당히 바꾸면 좋지만 그럴 수 없다면 그냥 써야 한다. 국립국어원 《표준국어대사전》과 '다듬은 말'을 기본으로 하되 잘 가려 골라 쓰자.

한 예만 보자. '입장'(立場)은 일본말 '立場 たちば에서 온 말이다. 일제강점기에 받아와 쓰기 시작했다. 그전에는 쓰지 않았다. 그런데 《표준국어대사전》에는 아무런 유래 설명이 없다. 1993년 행정용어 순화 편람은 "'입장'과 '처지'를 함께 쓸 수 있다"고 했다. 그나마 1995년 문화체육부 용어 순화 고시에서는 "될 수 있으면 순화한 용어 '처지'를 쓰라"고 했다. 바람직하지 않다면서도 '처지'로 바꾸라는 권고만 했으니 실효가 없다. 다들 무턱대고 '입장'만 쓴다. 얼마나 익숙해져 버렸는지 '입장'이 일본에서 온 말임을 인정하면서도 어쩔 수 없다는 주장까지 나온다. '처지'로 바꾸면 어색하다고, 잘못이라고까지 한다.

아니다. 무조건 '처지'로만 바꾸려 하니 어색하다. 문맥에 맞게 바꿔 쓰면 된다. '처지' 말고도 '형편'이나 '상황', '견해', '관점', '생각', '태도', '속셈' 따위로 고쳐 쓸 수 있다. 원래 이렇듯 다양하게 써오고, 써야 할 말을 모조리 뭉뚱그려 '입장'으로만 써 놓고는 우기면 곤란하다. 말과 글은 쓰는 사람을 드러낼뿐더러 쓰는 말과 글에 따라 사고와 인식, 감정 폭이 좁아지기도 넓어지기도 한다. 다채로운 낱말과 표현을 지키고 찾아 쓰자.

예 문1 예결위는 서울시의 수정안에 대해 **부정적인 입장을** 드러냈다.

고치기1 예결위는 서울시의 수정안에 대해 **어렵다는 생각을(견해를)** 드러냈다.

예 문2 박 장관은 이른바 고발 사주 및 판사사찰 사건 연루 의혹을 받았던 대검찰청 수사정보정책관실 폐지 **입장도** 재차 밝혔다.

고치기2 박 장관은 이른바 고발 사주 및 판사사찰 사건 연루 의혹을 받았던 대검찰청 수사정보정책관실 폐지 **방침도** 재차 밝혔다.

예 문3 대한의사협회와 정부의 **입장이** 엇갈리고 있다.

고치기3 대한의사협회와 정부의 **주장이** 엇갈리고 있다.

예 문4 더 많은 출전 기회를 원한 토레스와 공격력이 약화한 바르셀로나의 **입장이** 맞아떨어졌다.

고치기4 더 많은 출전 기회를 원한 토레스와 공격력이 약화한 바르셀로나의 **요구가** 맞아떨어졌다.

예 문5 여야 원내대표는 국회 본회의 소집 여부를 두고 협상했으나 **입장** 차만 확인하고 헤어졌다.

고치기5 여야 원내대표는 국회 본회의 소집 여부를 두고 협상했으나 **견해(시각)** 차만 확인하고 헤어졌다.

예 문6 정치권은 **국민의 입장에서** 생각하라.

고치기6 정치권은 **국민 편에서** 생각하라.

4부

실전, 대통령 연설문
고쳐 쓰기

글을 잘 쓰고 싶은데 어떻게 해야 좋을지 모르겠다는 분들이 많다. 글쓰기 자체를 힘들어하는 분들도 적지 않다. 글은 버릇이다. 입과 몸에 익어 자연스레 풀려 나와야 한다. 좋은 글 버릇을 갖기 위해서는 우선 잘 쓴 글을 많이 읽어야 좋다. 또 하나, 지금부터 우리가 함께할 과정이 효과 만점 훈련법이다. 글을 읽으면서 옳게 고쳐 보는 일이다.

다섯 대통령이 남긴 연설문 가운데 몇 편을 골라 살펴보기로 한다. 흠이 많은 문장을 애써 찾지 않았다. 아무 기준 없이 무작위로 골랐다. 고쳐 쓰는 이유는 그 연설문이 엉터리여서가 아니다. 대통령 연설문 대부분은 여느 글보다 아주 잘 쓴 글이다. 내용을 떠나 글 자체로 그렇다. 여러 실무 전문가들이 잘 다듬었으니 당연하겠다. 그래도 여기저기 부족함과 아쉬움이 없지 않다. 대통령마다 다른 말투가 개성이기도 하지만 규범에 어긋나는 말투는 고쳐야 옳다. 주제나 논리는 놔두고 글 표현을 중심으로 바로잡아 본다.

문법에 어긋난 부분은 당연히 수정한다. 앞서 설명한 원칙들을 적용한다. 그 외에도 흔히들 되풀이하는 못된 글 버릇을 바로잡는다. 모범답안은 아니다. 고쳐 쓴 글이 자연스럽지 않고 도리어 어색해 보일지도 모른다. 그렇더라도 찬찬히 살펴보길 당부한다. 익숙하다고 해서 틀린 표현에 안주하지 말자. '이렇게 써도 좋구나', '이런 식으로 표현하는 방법도 있었네' 하면서 바꿔 쓸 만한 대안을 발견하는 기회가 되길 바란다. 처음엔 낯선 표현일지라도 거듭해 보다 보면 어느새 친근하게 몸에 배어가는 법이다.

글에는 정답이란 없다. 좀 더 쉽고 편한 글, 그래서 좋은 글은 있다. 누구든 좋은 글을 쓰는 데 이 작업이 도움이 되리라 기대한다. 그리고 앞으로 우리나라 대통령이 과거보다 더 좋은 글을 남기길 바란다.

1장

김대중 대통령 연설문 고쳐 쓰기

제15대 대통령 취임사:
국난극복과 재도약의 새시대를 엽시다

존경하고 사랑하는 국민 여러분!

오늘 저는 대한민국 제15대 대통령에 취임하게 되었습니다. 정부수립 50년 만에 처음 이루어진 여야 간 정권교체를 여러분과 함께 기뻐하면서, 온갖 시련과 장벽을 넘어 진정한 '국민의 정부'를 탄생시킨 국민 여러분께 찬양과 감사의 말씀을 드리는 바입니다.

그리고 저의 취임을 축하하기 위해 이 자리에 함께해 주신 김영삼 전임 대통령, 폰 바이체커(Richard von Weizsacker) 독일 전 대통령, 코라손 아키노(Corazon Aquino) 필리핀 전 대통령, 후안 안토니오 사마란치(Juan Antonio Samaranch) IOC위원장 등 내외 귀빈을 비롯한 참석자 여러분께도 깊이 감사드립니다.

오늘 이 취임식의 역사적인 의미는 참으로 크다고 할 것입니다. 오늘은 이 땅에서 처음으로 민주적 정권교체가 실현되는 자랑스러운 날입니다. 또한 민주주의와 경제를 동시에 발전시키려는 정부가 마침내 탄생하는 역사적인 날이기도 합니다.

이 정부는 국민의 힘에 의해 이루어진 참된 '국민의 정부'입니다. 모든 영광과 축복을 국민 여러분께 드리면서, 제 몸과 마음을 다 바쳐 봉사할 것을 굳게 다짐하는 바입니다.

친애하는 국민 여러분!

우리는 3년 후면 새로운 세기를 맞게 됩니다. 21세기의 개막은 단순히 한 세기가 바뀌는 것만이 아니라, 새로운 혁명의 시작을 말합니다. 지구상에 인간이 탄생한 인간혁명으로부터 농업혁명, 도시혁명, 사상혁명, 산업혁명의 5대 혁명을 거쳐 인류는 이제 새로운 혁명의 시대로 들어서고 있는 것입니다.

세계는 지금, 유형의 자원이 경제발전의 요소였던 산업사회로부터, 무형의 지식과 정보가 경제발전의 원동력이 되는 지식정보사회로 나아가고 있습니다.

정보화 혁명은 세계를 하나의 지구촌으로 만들어, 국민경제 시대로부터 세계경제 시대로의 전환을 이끌고 있습니다. 정보화 시대는 누구나, 언제나, 어디서나, 손쉽고 값싸게 정보를 얻고 이용할 수 있는 시대를 말합니다. 이는 민주사회에서만 가능합니다.

우리는 이와 같은 문명사적 대전환기를 맞아 새로운 도전에 전력을 다하여 능동적으로 대응해야 합니다. 그러나 불행하게도 이 중차대한 시기에 우리에게는 6·25 이후 최대의 국난이라고 할 수 있는 외환위기가 닥쳐왔습니다. 잘못하다가는 나라가 파산할지도 모를 위기에 우리는 당면해 있습니다. 막대한 부채를 안고, 매일같이 밀려오는 만기외채를 막는 데 급급하고 있습니다.

참으로 어이없는 일이 아닐 수 없습니다. 우리가 이나마 파국을 면하고 있는 것은 애국심으로 뭉친 국민 여러분의 협력과 국제통화기금, 세계은행, 아시아개발은행, 그리고 미국, 일본, 캐나다, 호주, EU 국가 등 우방들의 도움 덕택입니다.

올 한 해 동안 물가는 오르고, 실업은 늘어날 것입니다. 소득은 떨어지고, 기업의 도산은 속출할 것입니다. 우리 모두는 지금 땀과 눈물을 요구받고 있습니다.

도대체 우리가 어찌해서 이렇게 되었는지 냉정하게 돌이켜 봐야 합니다. 정치, 경제, 금융을 이끌어온 지도자들이 정경유착과 관치금융에 물들지 않았던들, 그리고 대기업들이 경쟁력 없는 기업들을 문어발처럼 거느리지 않았던들, 이러한 불행한 일은 일어나지 않았을 것입니다.

잘못은 지도층들이 저질러 놓고 고통은 죄 없는 국민이 당하는 것을 생각할 때 한없는 아픔과 울분을 금할 수 없습니다. 이러한 파탄의 책임은 국민 앞에 마땅히 밝혀져야 할 것입니다.

1998년 2월 25일, 김대중 대통령 취임사 일부다. 아래처럼 고쳐 본다.

존경하고 사랑하는 국민 여러분!

오늘 저는 대한민국 제15대 대통령에 **취임합니다**. 정부 수립 50년 만에 처음 **이룬** 여야 간 정권교체를 여러분과 함께 기뻐하면서, 온갖 시련과 장벽을 넘어 진정한 '국민의 정부'를 탄생시킨 국민 여러분께 찬양과 **감사 말씀을** 드립니다.

간결하게

국민이 이뤘다. 능동으로!

'바이다'는 연설에서 주로 쓰던 옛 말투다.

그리고 저의 취임을 축하하기 위해 이 자리에 함께해 주신 김영삼 전임 대통령, 폰 바이체커(Richard von Weizsacker) 독일 전 대통령, 코라손 아키노(Corazon Aquino) 필리핀 전 대통령, 후안 안토니오 사마란치(Juan Antonio Samaranch) IOC위원장 등 내외 귀빈을 비롯한 참석자 여러분께도 깊이 감사드립니다.

오늘 이 취임식은 우리 역사에 참으로 큰 의미가 있습니다. 오늘은 이 땅에서 처음으로 민주적 **정권교체**를 이루는

주어를 앞머리에, '의'를 빼고 '적인'을 빼고 '것'을 **뺐다**. 피동 표현을 피하자.

자랑스러운 날입니다. 또한 민주주의와 경제를 동시에 발전시키려는 정부가 마침내 탄생하는 **역사에 남을** 날이기도 합니다.

'적인'을 쓰지 않아도 충분하다.

이 정부는 **국민 힘으로 이룬** 참된 '국민의 정부'입니다. 모든 영광과 축복을 국민 여러분께 드리면서, 제 몸과 마음을 다 바쳐 **봉사하겠다고** 굳게 다짐합니다.

'의'와 피동을 피하자.

'것'을 없애고 '바입니다'를 고쳤다.

친애하는 국민 여러분!

우리는 3년 뒤면 새로운 세기를 맞습니다. 21세기 개막은 단순히 세기가 바뀌는 데 그치지 않습니다. 새로운 혁명이 시작함을 말합니다. 지구상에 인간이 탄생한 **인간혁명**부터 농업혁명, 도시혁명, 사상혁명, 산업혁명이라는 5대 혁명을 거쳐 인류는 이제 **새로운 혁명 시대로 들어섭**니다.

한자는 되도록 피하자.
간결하게. '의'와 '것'을 없앴다.
문장을 나눴다. 짧게 끊자.

'으로부터'는 '부터'면 충분하다.
겹친 조사는 어색하다.
'의'를 없앴다.

'의'를 없앴다.
'있다'와 '것'을 없앴다.

세계는 지금, 눈에 보이는 자원이 경제발전 요소였던 산업사회에서, 형태가 없는 지식과 정보가 경제발전 원동력인 지식정보사회로 나아갑니다.

'유형의'를 풀었다. '의'를 없앴다.
'로부터'도 겹친 조사.
'무형의'도 풀었다.
'의'와 피동을 없앴다.
굳이 진행임을 밝힐 필요 없다.

정보화 혁명은 세계를 **지구촌으로** 만들어, **국민경제 시대에서 세계경제 시대로 바꿔 나갑니다.** 정보화 시대는 누구나, 언제나, 어디서나, 손쉽고 값싸게 정보를 얻고 이용할 수 있는 시대를 말합니다. 이는 민주사회에서만 가능합니다.

'지구촌' 자체가 지구 전체가 한 마을과 다름없다는 말이다.
'로부터', '로의'는 못난 말이다.
'전환을 이끌고 있다'는
'바꿔 나간다'로 고친다.

우리는 이와 같은 **문명사에 남을 대전환기를** 맞아 새로운 도전에 힘 쏟고 스스로 움직여 대응해야 합니다. 그러나 불행하게도 이 중요한 시기에 우리에게는 6 · 25 이후 가장 큰 국난인 외환위기가 닥쳐왔습니다.

'적'을 없앴다.
'전력을 다하다'와 '능동적으로'를 풀어 썼다.
'중차대한'은 중요하고 크다는 뜻인데 '시기'와 어울리지 않는다.
'최대의'는 '가장 큰'이면 충분.
'라고 할 수 있다'는 거추장스럽다.

우리는 잘못하다가는 나라가 파산할지도 모를 위기에 맞닥뜨렸습니다. 막대한 부채를 안고, 매일같이 밀려오는 만기외채를 막는 데 급급합니다.

참으로 어이없는 일입니다. 우리가 이나마 파국을 면하고 있는 바탕은 국민 여러분이 애국심으로 뭉쳐 협력하고 국제통화기금, 세계은행, 아시아개발은행, 그리고 미국, 일본, 캐나다, 호주, EU국가 등 우방들이 도운 덕택입니다.

올 한 해 동안 물가는 오르고, 실업은 늘어날 듯합니다. 소득은 떨어지고, 기업은 잇따라 도산하리라 봅니다. 우리 모두는 지금 땀과 눈물을 요구받고 있습니다.

도대체 우리가 어찌해서 이렇게 되었는지 냉정하게 돌이켜 봐야 합니다. 정치, 경제, 금융을 이끌어온 지도자들이 정경유착과 관치금융에 물들지 않았던들, 그리고 대기업들이 경쟁력 없는 기업들을 문어발처럼 거느리지 않았던들, 이러한 불행한 일은 일어나지 않았겠습니다.

잘못은 지도층들이 저질러 놓고 고통은 죄 없는 국민이 당하는 것을 생각할 때 한없는 아픔과 울분이 멈추지 않습니다. 이러한 파탄을 누가 책임져야 하는지 국민 앞에 마땅히 밝혀야 합니다.

주어는 문장 앞으로!

'당면하다' 대신 '맞닥뜨리다'.
진행형은 불필요.
역시 '하고 있다' 진행은 불필요.

강한 긍정인 이중 부정을
마구 쓰지 말자. '것'을 피했다.
주어를 앞으로. 주어 앞에
꾸미는 말이 많으면 무겁다.

'의'를 없애고 다듬으면
문장이 더 산다.
'것'을 그냥 써도 되지만
바꿔도 된다. 표현은 다양하게.
'의'를 없애고 주어를 바꾸자.
한자말은 풀자. '것'을 없애자.

'것'을 없앴다.

한자말을 피하고 간결하게.

피동 표현을 없애자.

제3회 부산국제영화제 개막식 축하 메시지:
문화한국의 미래를 여는 축제

존경하고 사랑하는 부산시민 여러분, 그리고 국내외 영화인 여러분!

세 번째 맞는 부산국제영화제의 개막을 축하하며, 외국에서 오신 영화인 여러분을 진심으로 환영합니다.

부산국제영화제가 짧은 역사에도 불구하고 아시아에서 가장 영향력 있는 영화제로 성장하여, 세계의 수준 높은 영화가 이렇게 한데 모이게 된 것을 매우 기쁘게 생각합니다. 무엇보다도 부산국제영화제가 회를 거듭할수록 발전할 수 있게 성원해 주신 부산시민 여러분의 문화적 역량에 감사와 존경의 말씀을 드립니다.

문화의 시대, 영상산업의 시대인 21세기를 앞두고 우리 영화를 세계에 알리고, 세계의 다양한 영상문화를 소개하는 영화제가 이곳 부산에서 열리는 것은 태평양 시대를 향한 문화한국의 미래를 상징하는 것입니다. 이제 우리 모두가 부산국제영화제를 더욱 발전시켜서 이 영화제가 우리의 문화산업을 크게 일으키고, 세계를 품에 안는 '세계주의'를 실현하는 훌륭한 축제의 마당이 되기를 바라 마지않습니다.

이번 영화제를 위해 애쓰신 영화인 여러분의 노고에 감사드리며, 부산국제영화제의 무궁한 발전을 기원합니다. 또한 부산이 이 영화제와 함께 아시아의 중심적인 문화예술도시로 거듭나기를 기대하는 바입니다.

이 글은 1998년 9월 17일, 김대중 대통령이 부산국제영화제 개막식에 보낸 축하 메시지 전문이다.

존경하고 사랑하는 부산시민 여러분, 그리고 국내외 영화인 여러분!

세 번째 맞는 부산국제영화제 개막을 축하합니다. 외국에서 오신 영화인 여러분을 진심으로 환영합니다.

부산국제영화제가 짧은 **역사를 가졌는데도** 아시아에서 가장 영향력 있는 영화제로 성장했음을 매우 기쁘게 생각합니다. 여러 나라 수준 높은 영화가 이렇게 한 데 모여서 무척 기쁩니다. 무엇보다도 부산국제영화제가 회를 거듭할수록 발전하도록 성원해 주신 부산시민 여러분 문화 역량에 감사하고 존경합니다.

문화가 중심인 시대, 영상산업이 중요한 시대인 21세기를 앞두고 우리 영화를 세계에 알리고, 여러 나라 다양한 영상문화를 소개하는 영화제를 이곳 부산에서 엽니다. 이는 태평양 시대를 향한 문화한국 미래를 **상징합니다.** 이제 우리 모두가 부산국제영화제를 더욱 발전시켜서 이 영화제가 우리 문화산업을 크게 일으키길 바랍니다. 세계를 품에 안는 '세계주의'를 실현하는 **훌륭한 잔치 마당이 되기를 바랍니다.**

이번 영화제를 위해 애쓰신 영화인 여러분에게 감사드립니다. 부산국제영화제가 끝없이 발전하길 기원합니다. 또한 부산이 이 영화제와 함께 아시아에서 문화예술 중심도시로 거듭나기를 기대합니다.

문장을 짧게 나눴다.

'불구하다'는 'in spite of ~'를 곧이곧대로 번역한 말투이다. 문장을 나눴다. '의'와 '것'을 없앴다. 느낌은 생각이 아니다. 마무리를 가볍게.

'수'는 필요 없다. '의'와 '적'이 없어도 충분하다. 끝맺음을 가볍게.

'의'를 없애는 대신 표현을 다채롭게.

'것'은 아무 쓸모없다.

'축제(祝祭)'는 일본어 투 용어이다. '축전', '잔치'로 쓰자. '의'는 생략. '바라 마지않습니다'는 일상에서 안 쓰는 옛 말투이다. '애쓰신'과 '노고'는 중복이다. 문장을 나눴다. '의'를 없애면서 주어는 가볍게, 술어를 자연스럽게. 한자말을 피했다. '의'와 '적인' 생략. '바입니다'를 없애고 간결하게.

6·25 제51주년 참전용사 위로연 연설:
평화 수호의 값진 희생을 기리며

존경하는 여러분!

한국전쟁은 어떠한 성격의 전쟁이었습니까? 그것은 2차 대전 후의 세계에 있어서 공산주의의 야망의 확대를 허용하느냐, 좌절시키느냐 하는 중대한 기로였던 것입니다.

2차 대전이 끝나자 세계를 공산화하고자 하는 스탈린의 야망은 본격화하였습니다. 유럽, 아시아, 아프리카, 남아메리카 등 도처에서 공산주의는 기승을 부리기 시작했습니다. 이러한 가운데 한국전쟁은 발발했던 것입니다. 한국은 대륙과 해양을 잇는 다리로써, 아시아·태평양 지역의 공산화를 꿈꾸는 소련에게는 매우 중요한 지정학적 거점이었던 것입니다.

그때 한국이 공산화되었다면, 스탈린은 그 여세를 몰아 일본, 필리핀, 동남아시아 등을 석권하려고 밀고 나갔을 것입니다. 이러한 공산진영의 야망을 간파한 세계는 유엔의 결의를 통해서 한국에 군대를 파견하여 공산침략을 저지하기로 결정했었습니다. 이 결의에 따라 한국을 포함한 16개의 나라들이 기꺼이 참전하여 귀중한 생명을 바치면서 공산침략을 저지하기 위한 투쟁을 전개했던 것입니다.

3년이라는 세월 동안 공산주의와 싸우면서 수백만 명의 유엔군과 한국군, 그리고 민간인이 사망하거나 부상 또는 행방불명되었습니다. 그들의 희생의 덕택으로 대한민국은 다시 평화를 찾게 되었고 우리의 자유는 보존되었습니다. 이로써 유엔과 자유세계는 그들의 침략을 결코 방관하지 않겠다는 확고한 교훈을 세계의 공산주의자들에게 심어 주었습니다.

여러분의 공로는 참으로 세계사적인 것이고 역사에 길이 남을 것입니다. 한국 국민은 여러분의 이러한 공훈을 결코 잊지 않고 감사하고 있으며, 여러분의 뜻을 받들어 이 땅의 민주주의와 평화를 위해서 확고히 대처하고 있습니다.

우리는 또한 유엔 참전용사로서 참가한 여러분의 공로에 보답하기 위해서, 1999년 10월 유엔이 결의하여 동티모르에 파병을 요구했을 때 이를 기꺼이 수락했고, 1개 대대를 파병해서 지금도 성공적으로 근무하고 있습니다. 유엔 군 참전의 덕택으로 국권을 보전한 우리가 이제는 유엔군으로서 해외에 나가 평화를 지키는 고귀한 사명에 종사하게 된 것을 우리 한국 국민은 매우 뜻깊고 자랑스럽게 생각하고 있습니다.

이 글은 2001년 6월 25일 6 · 25 제51주년 참전용사 위로연 연설 일부 이다.

존경하는 여러분!

한국전쟁은 어떠한 성격을 지닌 전쟁이었습니까? 2차 대전 후 공산주의가 세계로 확대하려는 야망을 허용하느냐, 좌절시키느냐 하는 중대한 갈림길이었습니다.

2차 대전이 끝나자 스탈린은 세계를 공산화하려는 야망을 적극 드러냈습니다. 유럽, 아시아, 아프리카, 남아메리카 등 곳곳에서 공산주의는 기승을 부리기 시작했습니다. 이러한 가운데 한국전쟁이 일어났습니다. 아시아 · 태평양 지역을 공산화하려고 꿈꾸는 소련에게 한국은 대륙과 해양을 잇는 다리로서 지리와 정치 관계에서 매우 중요한 거점이 었습니다.

'지정학'(geopolitics)은 '정치 현상과 지리 조건을 연구하는 학문'이란 말인데 학문 영역이라기보다는 지리와 연관한 정세를 설명하는 용어이다. 거기에다 '적'까지 붙여 쓰면 간단해 보일지는 몰라도 적절하지 않다.

'의'를 없앴다. '한국전쟁이 지닌 성격은 어떠했습니까?'도 좋다. '그것은'은 불필요. 되풀이한 '의'를 다 없애고 가다듬었다. '기'로 대신 '갈림길'. '스탈린'을 주어 삼아 앞으로 '하고자'보다 '하려는'이 편한 입말. '본격화하다'를 '적극 드러내다'로 고쳤다. 바로 앞에 '공산화'가 있어 '~화' 표현을 피했다. '도처'보다 '곳곳'이나 '여기저기' 주격조사 '이'(가)와 보조사 '은'(는)은 느낌과 쓰임이 다르다. 구별하자. '발발하다'는 쉽게 '일어나다'로. '것이다'를 없앴다. 문장 구조를 바꿔 전체 서술어 '거점이다'와 그 주어 '한국은'을 가까이 두었다. 주어와 술어가 멀면 어려운 문장이 된다. '로서'와 '로써'는 다르다. 단순 오기일 텐데 바로잡는다.

그때 한국이 공산국가가 되었다면, 스탈린은 그 여세를 몰아 일본, 필리핀, 동남아시아 등을 석권하려고 밀고 나갔을 것입니다. 세계는 공산진영이 품은 이 야망을 간파했습니다. 한국에 군대를 파견하여 공산침략을 막기로 유엔에서 결의했습니다. 이 결의에 따라 한국과 16개 나라가 기꺼이 참전했습니다. 귀중한 생명을 바치면서 공산침략을 막아내는 투쟁을 펼쳤습니다.

3년이라는 세월 동안 공산주의와 싸우면서 유엔군과 한국군, 그리고 민간인 수백만 명이 사망 또는 부상하거나 행방불명되었습니다. 그들이 희생한 덕택으로 대한민국은 다시 평화를 찾게 되었고 자유를 지켰습니다. 이로써 유엔과 자유세계는 세계 공산주의자들이 침략하면 결코 두고 보지 않는다는 교훈을 그들에게 확고히 심어 주었습니다.

여러분 공로는 참으로 세계사에 길이 남을 것입니다. 한국 국민은 이러한 여러분 공훈을 결코 잊지 않고 감사하고 있습니다. 여러분 뜻을 받들어 이 땅에 민주주의와 평화를 지키고 꽃피우기 위해서 확고히 대처하고 있습니다.

우리는 또한 유엔군으로 참전한 여러분 공로에 보답하기 위해서, 1999년 10월 유엔이 결의하여 동티모르에 파병을 요구했을 때 이를 기꺼이 수락했습니다. 1개 대대를 파병해서 지금도 제대로 잘 근무하고 있습니다. 유엔군 참전 덕택으로 국권을 보전한 우리가 이제는 유엔군으로서 해외에 나가 평화를 지키는 고귀한 사명에 종사하게 되었음을 우리 한국 국민은 매우 뜻깊고 자랑스럽게 생각합니다.

퇴임을 맞아 각계 인사들에게 보내는 감사서신:
그간의 은혜에 감사드립니다

새해 안녕하십니까.

5년의 대통령 임기를 마치면서, 먼저 그간의 성원에 대해 깊은 감사의 말씀을 드립니다.

지난 5년을 돌아보면 참으로 감개무량한 바가 큽니다. 좌절도 있었고 성취도 있었습니다. 그러한 가운데 너무도 큰 변화가 이 땅에 일어났습니다. 저는 그 변화 속에서도 특히 우리 국민의 위대한 발전, 그리고 일류 국가의 기초를 마련한 것, 이 두 가지를 강조하고 싶습니다.

지난 5년 동안 우리 국민은 세계가 놀라워하는 업적을 이룩해냈습니다. 외환위기를 맞이하자 우리 국민은 '금 모으기'를 전개하여 전 세계를 감동시켰습니다. 그리하여 세계 각국이 앞다투어 한국을 지원하게 만들었습니다. 금융·기업·공공·노사의 4대 개혁을 고통과 희생을 감내하면서 지지하고 적극 협력함으로써 우리 경제는 3년을 앞당겨 IMF 관리체제에서 벗어날 수 있었습니다.

우리 국민은 지식 정보화의 열풍을 일으켜 세계적인 IT 강국을 만들어냈습니다. 월드컵과 아시아 경기대회를 성공시키고 찬란한 응원 문화를 이룩해냈습니다. 관권이나 금권의 개입 없이 가장 공명한 대통령 선거를 성공시켰습니다. 한반도의 평화를 지켜내고 있습니다. 확고한 안보와 한미 동맹의 기본 틀을 유지하는 데 소홀하지 않았으며, 긴장완화를 위해 일관되게 노력해 오고 있습니다.

이처럼 우리 국민은 오랜 소극성과 수동적 자세로부터 적극적이고 능동적인 자세로 큰 변화를 보인 것입니다. '하면 된다. 할 수 있다'는 국민적 자신감으로 승화, 발전시킨 것입니다.

국민의 정부는 이러한 국민의 저력과 성원에 힘입어 한국이 21세기 일류 국가로 도약하는 국운 융성의 기초를 마련했다고 생각합니다.

한국은 지금 민주 인권 국가로서 전 세계로부터 인정받고 있습니다. 많은 국제기관들은 한결같이 한국을 경제적 우등생으로 평가하고 있습니다. 정보화 등 첨단 기술이 크게 발전되었고, 이를 전통 산업과 접목시켜 세계적 경쟁력이 있는 제품을 만들어내고 있습니다. 과거 50여 년에 걸친 900억 달러의 무역수지 누계 적자를 상쇄하고, 이제 흑자 국가로 등장하고 있습니다.

고용보험, 산재보험, 건강보험, 국민연금 등 4대 보험의 틀을 갖추고 「국민기초생활 보장법」을 시행한 것을 비롯해 선진국 수준의 복지 체제를 완비했습니다.

또한 앞서 말씀드린 대로 한반도 긴장을 크게 완화시키고, 이산가족 상봉과 경제 분야, 문화, 관광 분야 등에서 남북 간의 교류를 증대시키고 있습니다. 남북을 연결하는 철도가 개통되어 한국이 유라시아 대륙의 물류 중심이 될 날도 머지않았습니다. 지금 우리가 걱정하는 북한 핵문제도 대화를 통해 반드시 평화적으로 해결될 것입니다.

이러한 성과에도 불구하고 중산층과 서민의 생활 문제, 농촌 문제, 지역 간 불균형 문제 등 많은 미비한 과제들이 남아 있습니다. 국민의 정부가 좀 더 이룩하지 못한 것을 아쉽게 생각하며, 다음 노무현 대통령의 정부에서 이 모든 것이 더한층 개선, 발전될 것으로 믿습니다.

저는 위대한 국민 여러분의 현명함과 저력을 믿습니다. 국민의 정부와 더불어 보여 준 '하면 된다'는 국민적 자긍심과 일류 국가의 기반을 마련한 성과를 유지, 발전시켜 나간다면, 국운 융성과 모든 국민의 행복한 내일이 머지않아 실현될 것입니다.

앞으로도 저는 한 시민으로서 민족과 국민의 평화와 발전을 기원하면서 살아가겠습니다. 거듭 그간의 은혜에 감사드립니다.

부디 새해 복 많이 받으시고, 건강하십시오.

2003년 2월 17일 김대중 대통령이 퇴임을 맞아 공개한 인사, 대통령으로서 남긴 마지막 공식 연설문이다.

새해 안녕하십니까.

대통령 5년 임기를 마치면서, 먼저 그간 보내주신 성원에 깊은 감사 말씀을 드립니다.

지난 5년을 돌아보면 참으로 **감개무량합니다**. 좌절도 있었고 성취도 있었습니다. 그러한 가운데 너무도 큰 변화가 이 땅에 일어났습니다. 저는 그 변화 속에서도 특히 **우리 국민이 위대하게 발전하고 일류 국가 기초를 마련한**, 이 두 가지를 강조하고 싶습니다.

지난 5년 동안 우리 국민은 세계가 놀라워하는 업적을 이룩해냈습니다. 외환위기를 맞이하자 우리 국민은 '금 모으기'를 전개하여 전 세계를 감동시켰습니다. 그리하여 세계 각국이 앞다투어 한국을 지원하게 만들었습니다. 금융·기업·공공·노사, 4대 분야 개혁을 고통과 희생을 감내하면서 지지하고 적극 **협력했습니다**. 이로써 우리 경제는 3년을 앞당겨 IMF 관리체제에서 **벗어나게 되었습니다**.

우리 국민은 **지식 정보화 열풍을 일으켜** 세계에서 **으뜸인 IT 강국을** 만들어냈습니다. 월드컵과 아시아 경기대회를 성공시키고 찬란한 응원 문화를 이룩해냈습니다. 관권이나 **금권 개입 없이** 가장 공명한 대통령 선거를 성공시켰습니다. **한반도 평화를** 지켜내고 있습니다. 확고한 안보와 **한미 동맹 기본 틀을** 유지하는 데 소홀하지 않았으며, 긴장완화를 위해 일관되게 노력해 오고 있습니다.

이처럼 우리 국민은 **머뭇대고 주저하는 자세를** 오래 지녀오다가 **스스로 앞서 움직이는 자세로** 크게 변화했습니

'의' 없애기.
'대통령 임기 5년'도 괜찮다.
'의'와 '에 대해' 없애기.

'감개무량'에 끝없이 크다는 뜻이 있다.

명사형으로 끝내려고만 하지 말자.

'의'를 없애면 더 명쾌하다.

길면 나눈다.

'수'를 없애 보자.

'의' 생략. '적인' 대신 다른 표현으로.

없어도 되면 없애자.

없애자. '의'.

또 없애자!

'소극성', '수동적', '적극적', '능동적'을 풀어 써 봤다. 어색한가? 더 쉬운 우리말이다.

다. 온 국민이 '하면 된다. 할 수 있다'는 자신감을 갖게 되었습니다.

국민의 정부는 국민이 보여 준 이 저력과 성원에 힘입어 한국이 21세기 일류 국가로 도약하고 국운이 융성하는 기초를 마련했다고 생각합니다.

지금 전 세계가 한국을 민주 인권 국가로 인정하고 있습니다. 많은 국제기관들은 한결같이 한국을 경제 우등생으로 평가하고 있습니다. 정보화 등 첨단 기술이 크게 발전하였고, 이를 전통 산업과 접목해 세계적 경쟁력이 있는 제품을 만들어내고 있습니다. 과거 50여 년에 걸쳐 쌓인 무역수지 적자 900억 달러를 없애고, 이제 흑자 국가로 등장했습니다.

고용보험, 산재보험, 건강보험, 국민연금 등 4대 보험틀을 갖추고 「국민기초생활 보장법」을 시행한 것을 비롯해 복지 체제를 선진국 수준으로 완비했습니다.

또한 앞서 말씀드린 대로 한반도 긴장을 크게 완화하고, 이산가족 상봉과 경제 분야, 문화, 관광 분야 등에서 남북 간 교류를 증대했습니다. 남북을 연결하는 철도가 개통되어 한국이 유라시아 대륙 물류 중심이 될 날도 머지않았습니다. 지금 우리가 걱정하는 북한 핵문제도 대화를 통해 반드시 평화스럽게 해결되리라 믿습니다.

이러한 성과가 있더라도 중산층과 서민이 겪는 생활 문제, 농촌 문제, 지역 간 불균형 문제 등 다 풀지 못한 과제가 많이 남았습니다. 국민의 정부가 좀 더 이룩하지 못했음을 아쉽게 생각합니다. 다음 노무현 대통령 정부에서 이 모두를

무엇을 자신감으로 승화했는지 불분명하다. '승화'에 '발전' 뜻이 있다. 애초 표현은 중복이다.

'의'를 없애면서 주어로 만들고 어순을 바꿨다. '기초'를 '국운 융성'이 꾸미고, '국운 융성'을 '일류 국가로 도약하는'이 또 꾸몄다. 자연스럽지 않다.

능동으로!

'적'은 없애야 할 적!

'한국'을 생략한 주어로 보자.

능동으로 쓰자.

'누계'와 '상쇄'를 풀어 썼다.

숫자를 앞에 둔 '의'는 금물. 진행 뜻이 필요 없다.

'의'만 뺐다.

어순을 바꾸고 '의'를 뺐다.

사동 뜻을 더할 필요 없다.

마찬가지. 사동을 더하지 말고 진행도 더하지 말자.

빼도 된다, 빼야 좋다.

'적으로' 대신 '스럽게'. '것이다' 대신 다른 표현으로. '불구하다'를 피하자. '의'도 없앴다. '미비하다'는 다 갖추지 못했다는 뜻인데, 어색하다. 진행 표현은 없앴다. '것' 없애기. 문장 짧게 나누기. '의' 빼기. '것' 빼기.

더한층 개선하고 발전시키리라 믿습니다.

저는 위대한 국민 여러분의 현명함과 저력을 믿습니다. 여러분이 국민의 정부와 더불어 보여 준 '하면 된다'는 자긍심과 일류 국가 기반을 마련한 성과를 유지하고 발전시켜나가야 합니다. 그러면 국운 융성과 모든 국민이 행복한 내일이 머지않아 실현된다고 믿습니다.

앞으로도 저는 한 시민으로서 민족과 국민이 평화롭게 발전하길 기원하면서 살아가겠습니다. 거듭 그간 주신 은혜에 감사드립니다.

부디 새해 복 많이 받으시고, 건강하십시오.

피동 피하기. '것' 피하기.

주어를 살렸다.
국민이 보여 준 자긍심이다.
'국민적'은 필요 없다.
'의'는 빼고 문장은 나눴다.
여기서 '의'는 주격으로
풀어 쓰니 자연스럽고 좋다.
'것이다' 대신 다른 표현.

명사형으로 표현하지 말고
서술하자.
그냥 둬도 상관없지만,
웬만하면 '의'를 피하고
뜻을 더 명확히 하자.

2장

노무현 대통령 연설문 고쳐 쓰기

제84주년 3·1절 기념사

국민 여러분,

한반도에 평화를 정착시키는 일 못지않게 중요한 것은 국민의 힘을 하나로 모으는 일입니다. 84년 전 오늘, 우리의 선열들은 한마음 한뜻으로 독립운동에 나섰습니다. 빈부와 귀천, 남녀와 노소, 지역과 종교의 차이는 없었습니다. 나라의 독립과 민족의 자존심을 되찾는 데 하나가 되었습니다.

오늘을 사는 우리도 지역과 계층과 세대를 넘어 하나가 되어야 합니다. 내부에 분열과 반목이 있으면 세계경쟁에서 뒤처질 수밖에 없습니다. 국권까지 상실했던 100년 전의 실패가 되풀이될 수도 있습니다. 지금이야말로 3·1 정신을 되돌아보며 역사의 교훈을 되새겨야 할 때입니다.

마음속에 지역갈등의 응어리가 있다면 가슴을 열고 풀어야 합니다. 어른은 젊은이의 목소리에 귀 기울이고 젊은이는 어른의 경험을 구해야 합니다. 차별받고 소외되어 온 사람들에게 더 많은 관심과 노력을 기울여야 합니다. 국민 모두가 참된 주인으로서 국정에 참여하고, 온 국민의 힘을 하나로 모으는 국민참여 시대를 힘차게 열어가야겠습니다.

개혁 또한 멈출 수 없는 우리 시대의 과제입니다. 무엇보다 정치와 행정이 바뀌어야 합니다. 이른바 몇몇 '권력기관'은 그동안 정권을 위해 봉사해왔던 것이 사실입디다. 그래서 내부의 질서가 무너지고 국민의 신뢰를 잃었습니다. 이제 이들 '권력기관'은 국민을 위한 기관으로 거듭나야 합니다. 참여정부는 더 이상 '권력기관'에 의존하지 않을 것입니다. 언제나 정정당당한 정부로서 국민 앞에 설 것입니다.

참여정부는 공정하고 투명한 시장질서, 노사화합, 기술혁신, 지역 균형발전 속에 정직하고 성실하게 사는 사람들이 성공하는 나라를 만들어갈 것입니다. 이를 위해 원칙과 신뢰, 공정과 투명, 대화와 타협, 분권과 자율의 문화를 사회 곳곳에 뿌리내릴 것입니다.

존경하는 국민 여러분!

우리에게는 선열들이 보여 준 자주독립의 기상과 대동단결의 지혜가 있습니다. 오늘 3·1절을 맞아 일제의 총칼에 항거하며 이루고자 했던 선열들의 뜻을 다시 한 번 가슴에 새깁시다. 국민통합과 개혁으로 평화와 번영의 동북아 시대를 열어갑시다. 자랑스런 대한민국을 우리 후손들에게 물려줍시다.

감사합니다.

노무현 대통령이 2003년 3월 1일에 한 제 84주년 3·1절 기념사 마지막 부분이다.

국민 여러분,

한반도에 평화를 정착시키는 일 못지않게 중요한 과제는   '것'과 '의'를 바꾸고 뺐다.

국민 힘을 하나로 모으는 일입니다. 84년 전 오늘, 우리 선   '의'를 없앴다.

열들은 한마음 한뜻으로 독립운동에 나섰습니다. 빈부

와 귀천, 남녀와 노소, 지역과 종교 차이는 없었습니다.   '의'를 뺐다. 빼도 되면 뺐다.

나라를 독립시키고 민족 자존심을 되찾는 데 하나가 되었습니다.

오늘을 사는 우리도 지역과 계층과 세대를 넘어 하나가 되어야 합니다. 내부에 분열과 반목이 있으면 세계경쟁에서 뒤처질 수밖에 없습니다. 국권까지 상실했던 100년 전 실패를 되풀이할지도 모릅니다. 지금이야말로 3·1 정신을 되돌아보며 역사가 남긴 교훈을 되새겨야 할 때입니다.

마음속에 지역갈등이란 응어리가 있다면 가슴을 열고 풀어야 합니다. 어른은 젊은이 하는 말에 귀 기울이고 젊은이는 어른이 지닌 경험을 구해야 합니다. 차별받고 소외되어 온 사람들에게 더 많은 관심과 노력을 기울여야 합니다. 국민 모두가 참된 주인으로서 국정에 참여하고, 온 국민이 힘을 하나로 모아 국민참여 시대를 힘차게 열어가야겠습니다.

개혁 또한 멈추면 안 되는 우리 시대 과제입니다. 무엇보다 정치와 행정이 바뀌어야 합니다. 이른바 몇몇 '권력기관'은 그동안 정권을 위해 봉사해왔음이 사실입니다. 그래서 내부 질서가 무너지고 국민 신뢰를 잃었습니다. 이제 이들 '권력기관'은 국민을 위한 기관으로 거듭나야 합니다. 참여정부는 더 이상 '권력기관'에 의존하지 않겠습니다. 언제나 정정당당한 정부로서 국민 앞에 서겠습니다.

참여정부는 공정하고 투명한 시장질서, 노사화합, 기술혁신, 지역 균형발전 속에 정직하고 성실하게 사는 사

'의'를 빼면서 문장을 풀었다. 원래 문장에선 '독립'과 '데'가 같은 위치인데, 바꾼 문장에선 '시키고'와 '되찾는'이 함께 '데'를 꾸민다.

의'를 뺐다. 능동형으로 바꿨다. 바로 앞 '뒤처질 수밖에 없습니다'는 그대로 두었으니 여기서는 '수'를 포함한 표현을 바꿨다. 같은 표현, 같은 낱말은 피하자. '의' 대신 풀어서 뜻을 명확히.

'의'를 빼고 자연스럽게.

'의' 대신 맥락을 풀어 써 보자.

'열어가'는 주체가 없다. '온 국민'으로 봐야 한다. 살려 쓰자.

'수' 대신 다른 표현으로. '의'는 뺐다.

'것'을 없앴다.

'의가 없어도 뜻이 바뀌지 않는다.

'것'을 쓰지 않고도 의지를 나타내기에 충분하다.

람들이 성공하는 나라를 만들어가겠습니다. 이를 위해 원칙과 신뢰, 공정과 투명, 대화와 타협, 분권과 자율이 꽃피는 문화를 사회 곳곳에 뿌리내리게 하겠습니다.

'것'을 피했다

'의' 대신 문맥에 맞게 '살아 있는', '바로 서는' 따위도 좋겠다. '것'을 없애면서 주술 관계를 분명히 가다듬었다.

존경하는 국민 여러분!

우리에게는 선열들이 보여 준 자주독립을 향한 기상과 대동단결하는 지혜가 있습니다. 오늘 3·1절을 맞아 일제가 휘두른 총칼에 항거하며 이루고자 했던 선열들 뜻을 다시 한 번 가슴에 새깁시다. 국민통합과 개혁으로 평화와 번영이 넘치는 동북아 시대를 열어갑시다. 자랑스런 대한민국을 우리 후손들에게 물려줍시다.

'의'를 빼고 풀어서 이었다.

역시 '의'를 없앴고 풀었다.

그냥 빼도 된다.

'의'를 그대로 쓰면 간결하기도 하다. 절대 쓰지 말자는 주장은 아니다. 때에 따라 쓰자. 남용하지는 말자.

감사합니다.

17대 국회 개원 축하연설

제헌국회 이후 우리 헌정사를 돌이켜 보면 4·19 혁명 이후의 제5대 국회, 1987년 6월항쟁 뒤의 제13대 국회를 국민의 국회라고 할 수 있을 것입니다. 국민들은 국민의 국회를 만들기 위해서 권력에 저항해서 봉기했습니다. 그때마다 헌정이 중단될 만큼 사회는 혼란스러웠고, 많은 사람들의 희생이 따랐습니다. 참으로 값비싼 대가를 치르면서 국민들은 자랑스런 역사를 이뤄냈습니다.

물론 그 당시의 선거에도 공작과 관권 개입, 돈에 의한 매수가 없었던 것은 아닙니다. 그러나 통하지 않았습니다. 국민들의 혁명적 열기가 이를 훌륭히 극복해냈기 때문입니다.

이번 17대 총선에서는 봉기도 헌정중단 사태도 없었습니다. 그럼에도 그 어느 때보다 모범적인 선거와 시민의 활발한 참여를 통해서 민의에 의한 국회를 건설해냈습니다. 세계 어디에 내놓아도 떳떳하게 자랑할 만한 역사적인 쾌거라고 생각합니다.

저는 이것이야말로 시민혁명이라고 이름 붙여도 손색이 없다고 봅니다. 그래서 17대 국회를 '국민의 국회'이자 '시민의 국회'라고 부르고 싶습니다. 민주주의를 위해서 적극 나서서 국민주권을 행사하신 위대한 시민 여러분께 축하와 감사를 드립니다.

의원 여러분,

이렇게 세워진 국민의 국회조차 권력자들은 공권력과 군대, 돈과 지역감정을 동원해서 국민을 배반하고, 국회를 권력의 들러리, 정치인만을 위한 국회로 전락시켰습니다. 발췌개헌, 4사5입 개헌, 3선개헌과 유신, 3당 합당 등이 바로 그것입니다. 그때마다 우리 국민은 국민을 위한 국회를 만들기 위해 다시 일어섰습니다. 목숨까지 바쳐가며 국회를 바로 세웠습니다.

17대 국회는 이러한 피와 땀과 눈물의 역사 위에 출범한 것입니다. 이제는 억압과 저항으로 얼룩진 역사가 되풀이되지는 않을 것입니다. 다시는 독재의 망령이 되살아나지 못할 뿐 아니라 권력이 국회를 들러리로 만드는 일은 없을 것입니다. 자기 이익에는 적극적이고 과오에 대해서는 관대한 국회, 분열구도의 이익에 기대서 국민의 뜻을 두려워하지 않는 기득권의 국회가 되지도 않을 것입니다.

17대 국회는 명실상부한 '국민의 국회', '국민을 위한 국회'로 역사에 길이 남을 것입니다. 저는 그렇게 확신합니다.

이번에 살펴볼 글은 2004년 6월 7일 노무현 대통령이 17대 국회 개원을 맞아 한 축하연설 일부분이다.

제헌국회 이후 우리 헌정사를 돌이켜 보면 4·19 혁명 이후 제5대 국회, 1987년 6월항쟁 뒤 제13대 국회를 국민이 주인인 국회라고 할 만합니다. 국민들은 국민 중심 국회를 만들기 위해서 권력에 저항해서 봉기했습니다. 그때마다 헌정이 중단될 만큼 사회는 혼란스러웠고, 많은 사람들이 희생했습니다. 참으로 값비싼 대가를 치르면서 국민들은 자랑스런 역사를 이뤄냈습니다.

물론 그 당시 선거에도 공작과 관권 개입, 돈으로 표 사기가 있었습니다. 그러나 통하지 않았습니다. 혁명과도 같은 국민들 열기가 이를 훌륭히 극복해냈기 때문입니다.

이번 17대 총선에서는 봉기도 헌정중단 사태도 없었습니다. 그럼에도 그 어느 때보다 본받을 만한 선거를 치렀습니다. 시민은 활발한 참여를 통해서 국회를 민의에 따라 건설해냈습니다. 세계 어디에 내놓아도 떳떳하게 자랑할 만한 역사에 남을 쾌거라고 생각합니다.

저는 이것이야말로 시민혁명이라고 이름 붙여도 손색이 없다고 봅니다. 그래서 17대 국회를 '국민 국회'이자 '시민 국회'라고 부르고 싶습니다. 민주주의를 위해서 적극 나서서 국민주권을 행사하신 위대한 시민 여러분께 축하와 감사를 드립니다.

의원 여러분,

과거 권력자들은 이렇게 세운 국민 국회조차 권력을 곁따르고 정치인만을 위하는 국회로 전락시켰습니다. 공권력과 군대, 돈과 지역감정을 동원해서 국민을 배반했습니다. 발췌개헌, 4사5입 개헌, 3선개헌과 유신, 3당 합당 등이 바

필요 없는 '의'는 생략. '의' 대신 뜻을 살려서. '수'와 '것' 말고 다른 표현으로. '국민의 국회'는 '국민이 만든, 국민이 주인인, 국민이 중심인' 따위 여러 뜻이 있겠다.

'의'를 빼고 주체를 살려 가볍게.

'의' 생략. '매수'(買受)는 일본어에서 온 한자말이다. 굳이 이중부정을 쓸 필요 없다. '것'도 빼자. 어순을 바꾸면서 '의'와 '적'을 없앴다.

'적인'을 없애고 문장을 나눴다. 주체를 살렸다. '민의에 의한 국회'란 '민의에 따라 건설한 국회'라고 보면 맞다.

'적인'을 피했다.

글쓰기가 아니라 이름 짓기 차원에서 고민해 볼 대목이다. 앞선 '국민의 정부'도 그렇다.

전체 주어를 문장 첫머리로. '세운' 주체는 '국민' 또는 '시민', 생략하고 능동형으로. 원래 문장은 주술이 복잡하게 꼬인 복문이다. 나누자.

로 그것입니다. 그때마다 우리 국민은 국민을 위한 국회를 만들기 위해 다시 일어섰습니다. 목숨까지 바쳐가며 국회를 바로 세웠습니다.

17대 국회는 이러한 피와 땀과 눈물로 쓴 역사 위에 출범했습니다. 이제는 억압과 저항으로 얼룩진 **역사를 되풀이**하지 않아야 합니다. 다시는 독재라는 망령이 되살아나지 말아야 합니다. 권력이 국회를 들러리로 만드는 일도 없어야만 한다고 믿습니다. 자기 이익은 앞다퉈 좇고 과오는 관대히 대하는 국회, 분열구도에서 비롯한 이익에 기대서 국민의 뜻을 두려워하지 않는 기득권의 국회가 **되지도 않**아야 합니다.

17대 국회는 명실상부한 '국민의 국회', '국민을 위한 국회'로 역사에 길이 남으리라 믿습니다. 저는 그렇게 확신합니다.

'의'를 풀고 '것'을 없앴다.

능동으로. '것'을 피하자.

문장을 잘랐다.

계속 되풀이하는 '~을
것입니다'를 다양하게.
'적'을 풀었다.
'~에 대해(서)'도 피했다.
'분열구도의 이익'이란 뜻이
분명하지 않다.
'것' 대신.

'것'은 믿음이다.

2006년 신년 기자회견 모두연설

국민 여러분,

그동안 정부는 균형외교, 자주국방, 남북 간 신뢰구축이라는 원칙을 가지고 일관성 있게 외교안보를 추진해왔습니다.

우리는 미국에 대해 동맹으로서 최고의 예우를 다하면서도, 할 말은 하고 협력할 것은 협력하면서 더 큰 신뢰를 쌓아가고 있습니다. 그동안 한미 간에 쌓여 있던 여러 가지 현안 문제들은 다 풀었습니다. 한미동맹의 장래에 관한 공동연구와 한국군의 전시작전권 환수 문제를 매듭지을 수 있도록 미국과 긴밀히 협의해 나갈 것입니다.

북핵문제의 평화적 해결을 위해서도 최선을 다하겠습니다. 한반도 평화체제 구축을 위한 관련국들과의 협상도 진지하게 준비해 나가겠습니다.

지난 십수 년간 미루어왔던 국방개혁도 이제 본격화될 것입니다. 다음 임시국회에서 「국방개혁 기본법」이 통과되면 2020년을 목표로 군 구조 개편과 국방운영 혁신계획을 차질 없이 추진해 나가도록 하겠습니다.

시끄럽고 어려운 일이라고 해서, 할 일을 뒤로 미루지는 않겠습니다. 오랜 숙제들을 하나하나 풀어가고 있습니다.

행정중심복합도시와 국가균형발전 정책이 본격적으로 진행되고 있습니다. 19년을 미뤄왔던 방사성폐기물처리장 부지 문제가 이제 해결의 길로 들어섰습니다. 대한민국 수도 한복판에 자리 잡고 있는 미군기지 이전에 관한 문제도 이제 완전히 가닥이 잡혔습니다. 수년 안에 그 땅은 우리 국민의 손으로 돌아올 것입니다. 10년 이상 끌어왔던 사법개혁도 모든 준비가 끝나고 입법만을 남겨 놓고 있습니다.

아직 해결되지 않은 숙제의 하나는 철도적자 문제입니다. 이 문제도 철도공사에만 맡겨 놓을 일이 아니라 정부가 나서서 근본적인 해결책을 강구해야 나갈 것입니다. 더 이상 장기 미해결 과제를 다음 정부로 미루는 일은 없도록 하겠습니다. 감사합니다.

이 예문은 2006년 1월 25일 노무현 대통령이 신년 기자회견을 시작하는 연설 중 일부이다.

국민 여러분,

그동안 정부는 균형외교, 자주국방, 남북 간 신뢰구축이라

는 원칙을 가지고 일관성 있게 외교안보를 추진해왔습니다.

우리는 **미국에** 동맹으로서 **최고 예우를** 다하면서도, 할 말

'에'는 어떤 영향이 미치는 대상을 나타낸다. '대해'를 붙여 쓸 필요 없다. '의'는 빼도 된다.

은 하고 협력할 일은 협력하면서 더 큰 신뢰를 쌓아가고 있습니다. 그동안 한미 간에 쌓여 있던 여러 현안들은 다 풀었습니다. 한미동맹 장래를 함께 연구하고 한국군 전시작전권 환수 문제를 매듭짓도록 미국과 긴밀히 협의해 나가겠습니다.

북핵문제를 평화롭게 해결하기 위해서도 최선을 다하겠습니다. 한반도 평화체제를 만들기 위해 관련국들과 협상도 진지하게 준비해 나가겠습니다.

지난 십수 년간 미루어왔던 국방개혁도 이제 본격화하겠습니다. 다음 임시국회에서 「국방개혁 기본법」이 통과되면 2020년을 목표로 군 구조 개편과 국방운영 혁신계획을 차질 없이 추진해 나가도록 하겠습니다.

시끄럽고 어려운 일이라고 해서, 할 일을 뒤로 미루지는 않겠습니다. 오랜 숙제들을 하나하나 풀어가고 있습니다.

행정중심복합도시와 국가균형발전 정책을 제대로 힘 있게 진행하고 있습니다. 방사성폐기물처리장 터 문제도 19년을 미뤄왔다가 이제 해결하는 길로 들어섰습니다. 대한민국 수도 한복판에 자리 잡고 있는 미군기지 이전 문제도 이제 완전히 가닥이 잡혔습니다. 수년 안에 그 땅은 우리 국민 품으로 돌아오게 됩니다. 10년 이상 끌어왔던 사법개혁도 모든 준비가 끝나고 입법만을 남겨 놓고 있습니다.

아직 해결하지 못한 숙제 하나는 철도 적자입니다. 이 문제도 철도공사에만 맡겨 놓을 일이 아니라 정부가 나서서 근본 해결책을 찾아 마련해 가도록 하겠습니다. 더 이상 오래 해결하지 못한 과제를 다음 정부에 미루지 않겠습니다. 감사합니다.

'것' 대신 다른 말로. '사안', '분야' 따위로 써도 좋다. '가지'는 불필요. '현안' 안에 '문제'라는 뜻이 있다. 겹쳐서 틀린 말이다. '공동연구'를 받는 서술어가 분명하지 않다. '공동연구'도 매듭짓는다는 말인가?
'의' 빼고 '적' 빼고.
명사 형태를 버리자.
'협상'을 꾸미는 말이 너무 길고 무겁다. '위한'을 '위해'로 바꾸면 달라진다.
대통령이, 정부가, 하는 일이다. 피동은 틀렸다.

능동형으로. '본격적'은 풀어서. 이때는 '있다'를 살려 진행 뜻을 분명히. '19년을 미뤄왔던'을 뒤로. 머리가 무거우면 불편하다 '부지'(敷地)는 일본어 투 용어다. '터', '대지'로 고치자. '의'를 풀자. '에 관한'은 과감히 없애자.

'손'보다 '품'이 어울린다.

능동형으로 바꾸자. '의'는 빼고 앞에서 '숙제'를 말했으니 '문제'란 말은 없어도 좋겠다.

'적인'이 없어도 충분하다. '강구'를 쉬운 말로. '것'을 없앴다. '장기 미해결'을 풀어 썼다. 서술어도 이렇게 고치니 편하고 가볍다.

경남 진주혁신도시 기공식 축사

국민 여러분,

참여정부는 그때그때 정치적 이해관계에 따라 균형발전을 이야기한 것이 아닙니다. 균형발전을 핵심적인 철학과 가치로 삼아 체계적으로 정책을 추진해왔습니다. 균형발전정책이야말로 수도권과 지방 모두의 경쟁력을 높이고, 국민통합을 통해 지속가능한 발전을 이룰 수 있는 정책이기 때문입니다.

우선 대통령 직속으로 국가균형발전위원회를 만들고, 「국가균형발전 특별법」과 균형발전특별회계 같은 법적·제도적 틀도 마련했습니다. 또한 지방분권로드맵을 통해 중앙에서 꼭 해야 하는 일을 제외하고는 모두 지방으로 보냈습니다.

참여정부 들어 지방에 내려보낸 권한과 사무가 이전 모든 정부에서 이양한 것에 세 배가 넘는 880건에 이릅니다. 지방교부세율을 15%에서 19.24%로 높이는 등 지방에서 쓸 수 있는 재원을 4년 동안 30조 원 가까이 늘렸습니다. 각종 조세와 규제에 있어서도 지역의 발전 정도에 따라 차등과 특례를 주는 제도를 시행하고 있습니다.

그럼에도, 이틀 전 전국시도지사협의회에서는, 참여정부 들어서도 국세와 지방세가 8 대 2의 비율을 그대로 유지하고 있다며 정부의 지방분권 정책을 비판하는 공동선언문을 발표했습니다. 저는 좀 유감스럽게 생각합니다.

왜냐하면 내용을 들여다보면 이것은 사실과 다르기 때문입니다. 지방교부세를 통해 지방으로 이전되는 재원을 포함하면 지금 지방은 총 조세수입의 60%를 사용하고 있습니다. 이를 감안하면 8 대 2가 아니라 4 대 6이 되는 것입니다. 그중에서도 지방이 자율적으로 쓸 수 있는 재원은 2003년 65조 원에서 올해 90조 원으로 약 25조 원이 늘어났습니다. 어떤 세목이든 국세를 지방세로 돌리게 되면 수도권을 제외한 모든 지방이 큰 손해를 보게 되어 있습니다. 지자체 간 부익부 빈익빈 현상은 더욱더 심화될 수밖에 없습니다.

하나의 예를 들어 보겠습니다. 국세로 걷어 교부세로 지방에 내려보내는 것 중의 하나가 종합부동산세입니다. 종부세를 지방세로 바꾸게 되면 지방은 절대적으로 불리할 수밖에 없습니다. 특히 경남의 경우는, 지난해 부동산 교부세로 돌려받는 액수가 991억 원입니다. 그런데 경상남도에서 납부한 종부세는 133억 원밖에 되지 않습니다. 종부세를 지방세로 바꾸게 되면 858억 원이라는 막대한 재정손실이 발생하게 됩니다. 이것은 전국에서 가장 큰 규모입니다.

노무현 대통령 연설문 하나만 더 보자. 2007년 10월 31일, 경남 진주 혁신도시 기공식에서 한 축사 일부다.

국민 여러분,

참여정부는 그때그때 정치 관계에서 이해를 따져 균형발전을 이야기하지 않았습니다. 균형발전을 핵심 철학과 가치로 삼아 짜임새 있게 정책을 추진해왔습니다. 균형발전정책이야말로 수도권과 지방 모두의 경쟁력을 높이고, 국민을 통합해 발전을 오래 계속하게 만드는 정책이기 때문입니다.

우선 대통령 직속으로 국가균형발전위원회를 만들었습니다. 「국가균형발전 특별법」과 균형발전특별회계 같은 법과 제도 틀도 마련했습니다. 또한 지방분권 이행안에 따라 중앙에서 꼭 해야 하는 일을 제외하고는 모두 지방으로 보냈습니다.

참여정부 들어 880건에 이르는 권한과 사무를 지방에 내려보냈습니다. 이전 모든 정부에서 이양한 사항에 세 배가 넘습니다. 지방교부세율을 15%에서 19.24%로 높이는 등

'적'을 빼고 다르게 표현해 봤다. '것' 없이도 같은 내용이다. '적인' 없이 바로 꾸며도 된다.

한자어 대신 쉬운 말로.

'국민 통합' 명사 형태를 유지하려다 보니 '통해'가 붙게 됐다. 풀면 편해진다. 언제부터인가 '지속가능한'이란 단어를 많이 쓴다. 정체불명. 풀어 써 보자.

문장을 끊었다.

'적'은 필요 없다. '로드맵'은 본디 도로 지도를 말하는 외래어인데, 어떠한 계획이나 청사진 따위 뜻을 포함해 쓴다. 국립국어원이 다듬은 말은 '이행안, 단계별 이행안'이다. 쓰임에 따라 적당한 말로 고쳐 써 보자. 문장을 잘랐다. 무조건 자르자는 얘기는 아니다. 짧은 문장이 주는 힘과 멋을 생각해 보자. '것'을 '사항'으로 대신했다.

지방이 쓸 재원을 4년 동안 30조 원 가까이 늘렸습니다. 각종 조세와 규제도 지역마다 발전 정도에 따라 차등과 특례를 주도록 했습니다.

그럼에도, 이틀 전 전국시도지사협의회는 지방분권 정책을 비판하는 공동선언문을 발표했습니다. 참여정부 들어서도 국세와 지방세 비율을 8 대 2로 그대로 유지하고 있다고 지적했습니다. 저는 좀 유감입니다.

왜냐하면 내용을 들여다보면 이것은 사실과 다르기 때문입니다. 지방교부세 명목으로 가는 재원까지 더하면 지금 지방은 총 조세수입 중 60%를 사용합니다. 이를 고려하면 8 대 2가 아니라 4 대 6이 됩니다. 그중에서도 지방이 자율로 쓰는 재원은 2003년 65조 원에서 올해 90조 원으로 약 25조 원이 늘어났습니다. 어떤 세목이든 국세를 지방세로 돌리게 되면 수도권을 제외한 모든 지방이 큰 손해를 보게 되어 있습니다. 지자체 간 부익부 빈익빈 현상은 더욱더 심화하기 마련입니다.

하나의 예를 들어 보겠습니다. 국세로 걷어 교부세로 지방에 내려보내는 세금 중 하나가 종합부동산세입니다. 종부세를 지방세로 바꾸게 되면 지방은 어쨌든지 불리하게 됩니다. 특히 경남은, 지난해 부동산 교부세로 돌려받은 액수가 991억 원입니다. 그런데 경상남도에서 납부한 종부세는 133억 원밖에 되지 않습니다. 종부세를 지방세로 바꾸게 되면 858억 원이라는 막대한 재정손실이 발생하게 됩니다. 이것은 전국에서 가장 큰 규모입니다.

'에서'도 주어임을 나타내는 조사이긴 하나 '이'가 더 명확하다. '수 있는'은 필요 없다. '에 있어서도'는 사족이다. 서술어를 깔끔하게 고쳐 봤다.

주어를 나타낼 때 '에서는'보다 그냥 '는'이 낫다. 문장을 나눴다. '협의회'가 한 행위를 먼저 밝히고 다음 문장에서 그 내용을 서술하자. 간결하게.

'통하다'는 어울리지 않는다. 이어지는 통로라기보다 그 명목과 구실이다. 진행 뜻은 불필요. '감안(勘案)하다'는 일본식 한자어다. '고려하다', '살피다', '참작하다' 따위로 쓰자.

필요 없는 피동형이다. '수밖에 없다' 대신.

'것'과 '의'를 빼자.

'적'과 '수'를 없앤 표현으로.

간단하게. '지난해'는 과거이다.

3장

이명박 대통령 연설문 고쳐 쓰기

육군사관학교 제64기 졸업 및 임관식 축사

이 자리에 참석하신 여러분,

새 정부는 건국과 건군 60주년인 올해를 선진화의 원년으로 삼았습니다. 그러나 지금 우리에게 주어진 세계 경제 환경은 매우 어렵습니다. 국제 금융시장이 불안하고, 자원의 가격은 날로 높아지고 있습니다. 지난 몇 년간 우리 경제의 성장동력도 크게 떨어졌습니다.

하지만 우리에게는 우수한 인적 자원이 있습니다. 나는 훌륭한 젊은이들이 있다는 것이 든든하고 자랑스럽습니다. 군과 기업인, 노동자, 교육자, 공직자, 국민 모두가 합심하여 각자의 위치에서 역할을 다할 때 우리는 위기를 극복하고 '잘사는 국민, 따뜻한 사회, 강한 나라'를 만들 수 있습니다.

졸업생 여러분,

여러분은 다가올 새 60년을 준비하는 선진 강군의 첫 세대입니다. 여러분은 창의와 실용으로 무장해 낡은 관행과 비효율을 과감히 털어내야 합니다. 군의 임무는 변하지 않지만, 군의 모습은 바뀌어야 합니다. 스스로 변화를 주도하겠다는 여러분의 굳건한 의지와 노력이 군을 발전시키고 선진 일류국가를 앞당길 것입니다.

　나는 군 통수권자로서 군의 변화 노력을 적극 지원할 것입니다. 군의 명예를 존중하고 보장할 것입니다. 군의 헌신과 희생을 잊지 않고 기억하겠습니다.

　신임 장교 여러분,

　여러분의 어깨에 대한민국의 미래가 달려 있습니다. 젊음의 패기와 열정으로 맡겨진 사명을 완수해 주기를 당부합니다. 여러분 모두의 무운과 건승을 기원합니다.

　이 글은 이명박 대통령이 2008년 3월 11일 육군사관학교 제64기 졸업식에서 한 축사 마지막 부분이다.

이 자리에 참석하신 여러분,

새 정부는 건국과 건군 60주년인 올해를 **선진화 원년으로** 삼았습니다. 그러나 지금 **우리가 마주한 세계 경제 환경은** 매우 어렵습니다. 국제 금융시장이 불안하고, **자원 가격은 날로 오르고 있습니다.** 지난 몇 년간 우리 **경제가 성장할 동력도 많이 떨어졌습니다.**

　하지만 우리에게는 **사람이 곧 우수한 자원입니다.** 나는 훌륭한 젊은이들이 **있음이** 든든하고 자랑스럽습니다. 군과 기업인, 노동자, 교육자, 공직자, 국민 모두가 **마음을 모아 저마다 자리에서 맡은 바를** 다할 때 우리는 위기를 극복하고 '잘사는 국민, 따뜻한 사회, 강한 나라'를 만들 수 있습니다.

　졸업생 여러분,

　여러분은 다가올 새 60년을 준비하는 선진 강군의 첫

'의'를 뺐다.

되도록 능동형 표현으로 바꿔 보자.
'가격'은 높아지거나 낮아지지 않는다. 오르거나 내린다.
'의' 대신 풀어서.
힘이 떨어짐을 꾸밀 때 '크다', '작다'와 '많다', '적다' 중 뭐가 더 어울릴까?
'물적 자원'에 대비한 '인적 자원', 달리 써 보자. '것'을 없애자.

한자어 대신 쉬운 우리말로.

세대입니다. 여러분은 창의와 실용으로 무장해 낡은 관행과 비효율을 과감히 털어내야 합니다. 군이 맡는 일은 변하지 않지만, 군이 보일 모습은 바뀌어야 합니다. 여러분이 스스로 변화를 주도하겠다는 굳건한 의지로 노력해야 군을 발전시키고 선진 일류국가를 앞당기게 됩니다.

나는 군 통수권자로서 군이 변화하는 노력을 적극 지원하겠습니다. 군의 명예를 존중하고 보장하겠습니다. 군이 하는 헌신과 희생을 잊지 않고 기억하겠습니다.

신임 장교 여러분,

여러분의 어깨에 대한민국 미래가 달려 있습니다. 젊은 패기와 열정으로 맡은 임무를 완수해 주기를 당부합니다. 여러분 모두 무운이 좋고 건승하기를 기원합니다.

'의'를 없애면서 표현을 바꿨다.

원래 문장은 전체 주어인
'노력' 앞 수식이 너무 길다.
사람을 주어로 살리고
앞으로 내세우자.

'의' 대신 주술을 살려 쓰자.
'것'은 빼자.
마찬가지. '것'과 '의'를 피하자.

'의'는 없어도 된다. '젊은'이
더 자연스럽고 낫지 않나?
'사명'은 '맡겨진 임무'이다.
'무운'은 '이기고 지는 운수'다.
명확히 따지면 긍정 뜻이 없다.
흔히들 잘못 쓴다.

아소 다로 일본 총리 환영 만찬사

지난해 12월 아소 총리의 고향인 후쿠오카를 방문했을 때, 각하와 일본 국민들께서 따뜻한 환대를 해 주신 데 대해 거듭 감사드립니다. 또한 신년 초 매우 바쁜 시기임에도 불구하고 방문해 주신 미타라이 후지오 일본경단련 회장님을 비롯한 경제지도자 여러분들께 특별히 감사드립니다. 총리 각하와 경제인들의 이번 방문으로 양국 관계 발전에 큰 도움이 될 것으로 확신합니다.

올해는 양국이 합의한 '미래지향적 성숙한 동반자관계'를 구체적이고 실질적으로 발전시켜 나가는 출발점이 될 것입니다.

조선 후기 최대 지성인 다산 정약용(茶山 丁若鏞)은 당시의 편견과 명분론을 벗어나 일본을 보고 배우려 했고, 그에 앞서 일본 유학자 사토 나오카타(佐

藤直方) 역시 동아시아의 지적 보편성을 강력히 추구하였습니다. 이들은 당시 시대를 앞서간 선각자들로서, 우리에게 주는 시사점은 적지 않다고 생각합니다. 우리 양국 관계의 대전환기를 맞아 진심으로 마음을 열고 서로를 배려하고 협력해야 하며, 과거를 직시하면서 미래를 보려는 자세가 중요하다고 생각합니다.

특별히 금년 초 출범하는 '한일 신시대 공동연구 프로젝트'가 성공적으로 진행되어, 협력의 미래비전이 포괄적으로 제시되고 양국 관계를 한층 더 성숙시키는 계기가 되길 기대합니다. 또한 우리 두 나라 사이에 추진 중인 부품소재산업 분야 등에서의 경제협력도 착실히 진전되어 나가기를 희망합니다. 그러한 점에서 오늘 총리 각하와 함께 방한하신 일본 경제인 여러분들께서 우리 경제인들과 간담회를 갖고 양국 간 경제협력의 내실화에 대해 건설적인 의견을 교환한 것은 매우 의미 있는 일이라고 생각합니다.

이 연설문은 이명박 대통령이 2009년 1월 11일 우리나라를 방문한 아소 다로 일본 총리 일행을 맞이한 만찬사 일부분이다.

지난해 12월 아소 총리의 고향인 후쿠오카를 방문했을 때, 각하와 일본 국민들께서 **따뜻이 환대해 주셔서** 거듭 감사드립니다. 또한 신년 초 매우 바쁜 **시기인데도** 방문해 주신 미타라이 후지오 일본경단련 회장님을 비롯한 경제 지도자 여러분들께 특별히 감사드립니다. 총리 각하와 경제인들이 이번에 방문해서 두 나라 관계 발전에 크게 도움을 주리라고 확신합니다.

올해는 두 나라가 뜻 모은 '미래지향적 성숙한 동반자관계'를 눈에 보이고 손에 잡히게 발전시켜 나가는 출발점이

체언 대신 용언으로, 관형어 대신 부사어로. '불구하고'는 피한다.

주체를 주어로 살리고 술어도 살려서. 능동형 표현으로. '것'을 없앴다.

한자어 대신. 두 나라가 함께 선택한 문구일 텐데 옳은 구절이 아니다. '적'을 살린다 해도, '미래지향적'과 '성숙한' 두 수식어 순서를 바꿔야 자연스럽다.

되리라 믿습니다.

조선 후기 최대 지성인 다산 정약용(茶山 丁若鏞)은 그 시기 편견과 명분론에서 벗어나 일본을 보고 배우려 했습니다. 그에 앞서 일본 유학자 사토 나오카타(佐藤直方) 역시 동아시아를 아우르는 지성과 학문을 강력히 추구하였습니다. 이들은 당시 시대를 앞서간 선각자들로서, 우리에게 일러 주는 바가 적지 않다고 생각합니다.

우리 두 나라 관계는 대전환기를 맞았습니다. 거짓 없이 마음을 열고 서로를 배려하고 협력해야 합니다. 과거를 직시하면서 미래를 보려는 자세가 중요하다고 생각합니다.

특별히 올해 초 출범하는 '한일 신시대 공동연구 프로젝트'가 뜻한 바를 이루어, 두 나라가 협력하는 미래 상황을 잘 아울러 내보이길 기대합니다. 두 나라 관계가 한층 더 무르익는 계기가 되길 바랍니다. 또한 우리 두 나라 사이에 추진 중인 부품소재산업 분야 등에서도 경제협력을 착실히 이뤄나가기를 희망합니다.

그러한 점에서 오늘 총리 각하와 함께 방한하신 일본 경제인 여러분들께서 우리 경제인들과 만나 두 나라 경제협력을 튼튼하고 단단히 하기 위해 의견을 나눈 일이 매우 뜻깊다고 생각합니다.

'구체적', '실질적'이란 말 자체가 모호하다.
'당시'를 그대로 쓰더라도 '의'는 없애자. '벗어나'려면 '을'보다는 '에서'. 나눴다.

원래 표현은 그 자체가 무슨 말인지 불분명하다.

'시사'(示唆)는 일본어에서 온 말이다. '귀띔', '암시', '일러 줌'으로 쓰자. '이/가'와 '은/는'은 구별해 써야 한다. 여기서는 '은'으로 쓸 이유가 없다. '의'를 없애고 문장을 잘랐다. '진심'과 '마음'이 겹친다. 나누자.

한자어 대신.
'성공'은 목적한 바를 이룸이다.
주어를 살리고 피동을 피하자.
한자어도 피해 보자. 자르자.
한자어를 피하고 능동으로.

'의'를 붙인 겹조사는 버리자.
능동으로.

'간담회를 갖다'와 '만나다'가 다른가? '간담회'를 굳이 쓰더라도 '갖다'보다 '열다' 또는 '하다'가 더 어울린다. '내실화', '건설적인', '교환' 모두 풀어 썼다. '교환한 것'이 곧 '의미 있는 일'이다. '일'을 당겨쓰면서 '것'을 없앴다. 더 부드러워졌다.

[UAE 방문] 원전 수주 기자회견문

오늘 국민 여러분에게 기쁜 소식을 전하고자 이 자리에 섰습니다. 오늘 역사상 최대 규모의 원전을 수주하게 되어서 저는 개인적으로도 감격스럽습니다만 국민의 한 사람으로서 매우 자랑스럽게 생각합니다.

저는 이곳에 도착하자마자 모하메드 왕세자와 만나고, 오늘 칼리파 대통령을 만나 최종 담판 회담을 가졌습니다. 그 후 대한민국 한전 컨소시엄이 이번 원전 수주에 최종 확정자로서 국내외에 공표를 하게 되었습니다. 이번 프로젝트는 역사적으로 최대의 규모이기는 하지만, 보다 더 의미 있는 것은 우리가 이제 원자력발전 시설을 수출할 수 있게 되었다는 것입니다.

저희는 지난 30년 동안 원자력발전에 참여해왔습니다. 그리고 최근에는 제가 원자력발전 시설의 수출을 위해서 많은 노력을 기울여 왔습니다. 많은 나라의 입찰에 참여했습니다만 원천기술이 없다든가 해외 수주를 한 경험이 없다는 이유로 늘 우리는 실패를 거듭해왔습니다. 이번 입찰 과정에도 세계 최대 원전 국가인 프랑스와 미국, 일본 컨소시엄과 마지막까지 치열한 경쟁을 벌였습니다. 그러나 이제 우리는 미국과 프랑스 · 일본 · 러시아와 함께 나란히 어깨를 겨룰 수 있게 되었습니다.

지금 세계 각국은 기후변화에 대한 준비가 한창입니다. 지난 코펜하겐 (Copenhagen)에서도 이야기가 있었습니다만 기후변화에 대비한 가장 현실적인 대안으로 원자력발전소가 주목받게 되었습니다. 원자력발전소는 앞으로 중국이 100기를 건설할 계획을 갖고 있으며, 중장기적으로는 1,000기 이상의 원자력발전 계획을 갖고 있습니다.

이제 한국은 이러한 크나큰 원자력발전 시장에 당당히 참여하게 되었고, 가장 경쟁력 있는 국가가 되었습니다. 아마 이것은 한국 경제에도 크나큰 영향을 줄 것이라고 저는 확신합니다.

이 글은 이명박 대통령이 2009년 12월 27일 아랍에미리트에서 한 연설 가운데 일부이다. 47조 원짜리 원전 수주를 알리는 내용이다.

오늘 국민 여러분에게 기쁜 소식을 전하고자 이 자리에 섰습니다. 저는 오늘 역사에서 가장 큰 규모인 원전을 수주하게 되어서 감격스럽습니다. 개인으로서뿐 아니라 국민 한 사람으로서 매우 자랑스럽습니다.

주어를 문장 앞으로.
'의'는 빼고 한자어를 풀어서.
문장을 나눴다.
자랑스러움이 곧 개인
느낌이자 생각이다.

저는 이곳에 도착하자마자 모하메드 왕세자와 만났습니다. 오늘 칼리파 대통령을 만나 최종 담판을 했습니다. 그 후 대한민국 한전 컨소시엄이 이번 원전을 수주하는 최종 확정자라고 국내외에 알리게 되었습니다. 이번 프로젝트는 전에 없는 최대 규모입니다. 더 큰 의미는 우리가 이제 원자력발전 시설을 수출하게 되었다는 점입니다.

자르자. '담판'도 '회담'도 만나 의논하는 일이다. 최종 확정자라는 자격을 조사 '로서'를 쓰지 말고 담담히 표현해 보자. 더 편하다. '역사적' 대신 '전에 없는'. '~것은 ~는 것이다', 꼭 피해야 하는 문장이다. '수'도 없애자. 뜻이 다르지 않다. 문장을 잘랐다. 앞뒤 내용이 반대가 아니다. '~지만'은 어울리지 않는다.

우리는 지난 30년 동안 원자력발전에 참여해왔습니다. 그리고 최근에는 제가 원자력발전 시설을 수출하기 위해서 많이 노력해왔습니다. 많은 나라가 진행한 입찰에 참여했습니다만 늘 실패를 거듭해왔습니다. 원천기술이 없다든가 해외 수주 경험이 없다는 이유였습니다. 이번 입찰 과정에도 세계 최대 원전 국가인 프랑스와 미국, 일본 컨소시엄과 마지막까지 치열하게 경쟁했습니다. 그러나 이제 우리는 미국과 프랑스·일본·러시아와 함께 나란히 어깨를 겨루게 되었습니다.

이 대통령 본인을 포함한 일부를 가리키지 않는다. 대한민국이다. 낮출 이유가 없다. 앞에서도 '우리'라고 썼다. '의'를 빼고 편히 쓰자. 명사로 목적어를 쓸 필요가 없다. 그냥 '많은 나라 입찰에'라고만 써도 좋다. 문장을 나누고 의미를 선명히 했다.

지금 세계 각국은 기후변화에 대한 준비가 한창입니다. 지난 코펜하겐에서도 이야기가 있었습니다만 기후변화에 대비한 가장 현실에 맞는 대안으로 원자력발전소를

명사 목적어를 없애고 그냥 서술어로. 고쳐 써도 뜻이 충분하다.

'적인'을 풀었다. 피동을 피했다.

주목하게 되었습니다. 중국은 앞으로 원자력발전소 100기를 건설하려고 계획하고 있습니다. 멀리는 원자력발전소를 1,000기 넘게 건설할 계획을 갖고 있습니다.

이제 한국은 이러한 크나큰 원자력발전 시장에 당당히 참여하게 되었습니다. 가장 경쟁력 있는 국가가 되었습니다. 저는 이것이 한국 경제에도 좋은 영향을 끼치리라고 확신합니다.

주어는 앞에서 말한 '세계 각국' 또는 불특정한 세계다. 행위 주체를 주어로 살려 문장 앞으로 문장을 끊는다. '1000기 이상의 원자력발전'은 잘못된 표현이다.

나누면 경쾌하다. 주어를 앞으로. '아마'와 '확신'은 어울리지 않는다. 바로 앞에서 '크나큰'을 썼다. 같은 낱말 되풀이는 피하자. '것' 회피.

무역 1조 달러 달성 기념 제48회 무역의 날 축사

산업 현장에서 평생 외길을 걸으며 기술개발에 몰두했던 기술자들도 있습니다. 밤새워 연구에 힘쓴 과학자들, 휴일도 없이 함께 뛴 공직자들 또한 잊을 수 없습니다. 가족들의 헌신적인 뒷바라지와 사랑이 있었기에 우리는 산업 역군, 수출 역군으로 전 세계 방방곡곡을 누빌 수 있었습니다.

산업 불모지나 다름없던 우리나라에 앞선 기술과 노하우를 전수해 준 외국인들도 잊을 수 없습니다. 영국인 윌리엄 존 던컨 씨는 돌아가신 아버님을 대신해서 바로 1970년대에 한 국내 기업의 자문을 맡아 한국 조선산업의 토대를 마련하는 데 기여했습니다. 신일본제철 감사역이었던 아리가 도시히코 씨 역시 포스코 창업 시절 제철소 건설기술과 경영기법을 전수해 주었습니다.

대기업만 아니라 뛰어난 기술력으로 국제무대에서 당당히 승부해온 중소기업들 또한 무역 1조 달러 달성의 밑거름이 되었습니다. 헬멧이나 자동차 와이퍼와 같은 단일품목으로 세계시장을 석권해 나가고 있는 중소기업, 뛰어난 기술경쟁력으로 세계적 모바일 컴퓨터 제조사로 도약한 중소기업도 있습니다.

이제 대한민국을 바라보는 세계의 눈이 달라졌습니다. 삼성, 현대, LG는 세계

인에게 익숙한 브랜드로 성장했습니다. 서울 G20 정상회의를 개최하고 한류가
지구촌을 뜨겁게 달구면서 대한민국 브랜드 가치는 한층 높아졌습니다. 코리아 디
스카운트(Korea Discount)가 코리아 프리미엄(Korea Premium)으로 바뀌었습니
다. 메이드 인 코리아(Made in Korea)는 더는 약점이 아니라 강점이 되었습니다.

불굴의 도전정신으로 대한민국의 새로운 역사를 개척해온 우리 국민 모두
에게 진심으로 고맙다는 말씀을 드리고 싶습니다. 여러분의 땀과 눈물은 대한
민국 역사가 영원히 기억할 것입니다.

존경하는 국민 여러분!

하지만 오늘날 우리 앞에 놓인 현실은 결코 녹록지 않습니다. 세계 경제는 일
시적 불황이 아니라 불확실성이 일상화된 새로운 시대로 접어들면서 성장이
위축될 위기에 놓여 있습니다. 무역의존도가 높은 우리에게 큰 위협인 것이 사
실입니다.

2011년 12월 12일, 이명박 대통령이 무역 1조 달러 달성을 기념해 제
48회 무역의 날에 한 축사 가운데 일부분이다.

산업 현장에서 평생 외길을 걸으며 기술개발에 **몰두한** 기
술자들도 있습니다. 밤새워 연구에 힘쓴 과학자들, 휴일
도 없이 함께 뛴 공직자들 또한 **잊으면 안 됩니다.** 가족들은
몸 바쳐 우리를 뒷바라지했습니다. 그 사랑이 있었기에 우리
가 산업 역군, 수출 역군으로 전 세계 방방곡곡을 **누비게 되**
었습니다.

산업 불모지나 다름없던 우리나라에 앞선 기술과 노하
우를 전수해 준 외국인들도 **잊으면 안 됩니다.** 영국인 윌
리엄 존 던컨 씨는 돌아가신 아버님을 대신해서 바로
1970년대에 한 **국내 기업 자문**을 맡아 한국 **조선산업이 토**

원래 표현대로면 과거엔
몰두했다가 지금은 하지
않는다는 말이다.

'수'를 피하자.
문장을 자르면서 주어를 살렸다.
한자어는 피했다.

'수'를 없앴다.

'수'를 없앴다. 무조건 없애자는
주장은 아니다. 남용하지 말자.

'의'를 빼도 무방. '의'를 없애고
주격으로 만들면 더 자연스럽다.

대를 마련하는 데 이바지했습니다. 신일본제철 감사역이었던 아리가 도시히코 씨 역시 포스코 창업 시절 제철소 건설기술과 경영기법을 전수해 주었습니다.

한자어 대신 더 편한 말.

대기업만 아니라 뛰어난 기술력으로 국제무대에서 당당히 **겨뤄온** 중소기업들 또한 무역 1조 달러를 **이룬** 밑거름이 되었습니다. 헬멧이나 자동차 와이퍼와 같은 단일품목으로 세계시장을 석권해 나가고 있는 중소기업, 뛰어난 기술경쟁력으로 세계에서 돋보이는 모바일 컴퓨터 제조사로 도약한 중소기업도 있습니다.

'승부'(勝負)는 '이기고 짐'이다. '승부하다'는 틀린 말이다. '승부를 내다', '승부를 가리다' 따위가 맞다. 한자어와 '달성의' 대신 '이룬'.

'적' 표현을 바꿔 보았다.

이제 세계가 대한민국을 바라보는 눈이 달라졌습니다. 삼성, 현대, LG는 세계인에게 익숙한 **상표로** 성장했습니다. 서울 G20 정상회의를 개최하고 한류가 지구촌을 뜨겁게 달구면서 대한민국이라는 **상표** 가치는 한층 높아졌습니다. 대한민국 가치 절하가 대한민국 가치 증강과 선호로 바뀌었습니다. 메이드 인 코리아(Made in Korea)는 더는 약점이 아니라 강점이 되었습니다.

'의' 대신 주어로 살리자.

외래어 대신 다듬은 말로.

풀고 다듬자.
흔히 써 이미 굳은 표현이지만 지금이라도 고쳐 써 보자.

굽히지 않는 도전정신으로 대한민국의 새로운 역사를 개척해온 우리 국민 모두에게 진심으로 고맙다는 말씀을 드리고 싶습니다. 여러분이 흘린 땀과 눈물을 대한민국 역사가 영원히 **기억한다고** 믿습니다.

'의'를 붙인 한자어를 고쳤다.

'의'를 빼고 풀어서.

'것'을 피했다.

존경하는 국민 여러분!

하지만 오늘날 우리 앞에 놓인 현실은 결코 **만만하지 않**습니다. 세계 경제는 **잠시 한때** 불황이 아닙니다. 늘 불확실한 새로운 시대로 접어들면서 성장이 위축될 위기에 놓여 있습니다. 무역의존도가 높은 우리에게 큰 **위협입니다.**

쉬운 말로 바꿨다. '녹록'을 그대로 쓰려면 '녹록하지' 또는 '녹록지'가 맞다. '일시적'을 풀고, 문장은 나누자. '불확실성이 일상화된'은 공연히 어렵게 쓴 표현이다. 이럴 필요 없다. 간략히 쓰자. '사실이다'를 살리고 싶다면 '위협임이 사실입니다' 정도로 '것'을 없애자.

4장

박근혜 대통령 연설문 고쳐 쓰기

천안함 용사 3주기 추모사

조국을 위해 산화하신 용사들에게 진심으로 애도를 표하고, 사랑하는 아들과 배우자, 아버지를 잃은 유가족 여러분께도 깊은 위로의 말씀을 드립니다.

시간이 지나도 우리가 절대 잊지 말아야 하는 것은 조국을 위해 헌신하고 희생한 분들입니다. 그분들의 애국심과 충정어린 마음이 대한민국의 안보와 국민의 안위를 지켜낸 것입니다. 저는 대한민국의 대통령으로서 나라를 위해 희생하고 순직한 용사들의 뜻이 절대 헛되지 않도록 할 것입니다.

아들의 얼굴을 씻기듯 매일같이 묘비를 닦고 계신 어머니의 눈물과 아들이 남겨 놓은 방을 아직도 정리하지 못하고 계신 아버님의 마음과 천안함 용사들의 유가족 여러분의 아픔을 결코 잊지 않을 것입니다.

국민 여러분,

천안함 폭침은 우리에게 많은 상처를 남겨 주었습니다. 평화로운 국민들에게 불안과 위협을 주었고, 갑작스런 폭침으로 죽어간 용사들의 유가족에겐 평생 마음의 상처를 남겼습니다.

지금도 북한은 핵실험과 미사일 발사에 이어 정전협정 백지화까지 주장하면서 우리 안보와 평화를 위협하고 있습니다.

저는 천안함 3주기를 맞아, 북한의 변화를 강력하게 촉구합니다. 북한은 핵무기가 체제를 지켜 줄 수 있다는 생각에서 하루빨리 벗어나야 합니다.

이 글은 2013년 3월 26일 박근혜 대통령이 천안함 3주기 추모식에 참석해 한 추모사 일부이다. 다듬어 보자.

조국을 위해 산화하신 **용사들을** 진심으로 **애도합니다.** 사랑하는 아들과 배우자, 아버지를 잃은 유가족 여러분께도 깊은 위로를 드립니다.

시간이 지나도 **우리는** 조국을 위해 헌신하고 희생한 분들을 절대 잊지 말아야 합니다. 그분들이 지닌 애국심과 충정이 대한민국과 국민을 안전하게 지켜냈습니다. 저는 대한민국 대통령으로서 나라를 위해 희생하고 순직한 용사들의 뜻이 절대 헛되지 **않도록 하겠습니다.**

아들 얼굴을 씻기듯 매일같이 묘비를 닦고 계신 **어머니**가 흘리는 눈물과 아들이 남겨 놓은 방을 아직도 정리하지 못하고 계신 아버님의 마음과 **유가족 여러분** 아픔을 결코 잊지 **않겠습니다.**

국민 여러분,

천안함 폭침은 우리에게 많은 상처를 남겨 주었습니다. 평화로운 국민들에게 불안과 위협을 주었고, 갑작스런 폭침으로 죽어간 **용사들** 유가족 마음엔 평생 상처를 남겼습니다.

지금도 북한은 핵실험과 미사일 발사에 이어 정전협

애도하면 됐지 애도를 표할 이유는 없다. 잘랐다.

마찬가지다. 그냥 위로를 드리면 된다.

'우리'를 주어로 삼자. 공연히 '것'을 주어로 내세우지 말자. '의'를 풀었다. 낱말을 줄여 다듬어 봤다. 뜻은 같다. 필요 없는 '의'는 뺐다.

의지를 나타내는 '것'을 다른 표현으로. 필요 없는 '의'는 빼자. '의' 의미를 풀어서.

내내 '천안함 용사들' 얘기다. 괜히 넣어서 '의'를 되풀이할 이유가 없다. '것'을 대신한 의지 표현 '겠'.

'의'를 모두 없앴다.

정 백지화까지 주장하면서 우리 안보와 평화를 **위협합**
니다.

저는 천안함 3주기를 맞아, **북한에 변화하라고 강력하**
게 촉구합니다. 북한은 핵무기로 체제를 지킬 수 있다는 생
각에서 하루빨리 벗어나야 합니다.

2015년도 예산안 대통령 시정연설

정부는 내년도 국정운영의 최우선 목표를 경제활성화에 두고 예산도 올해보
다 20조 원을 늘려 편성했습니다.

지금 추진하고 있는 하반기 재정보강 12조 원, 공기업투자 확대 5조 원, 정
책금융 지원 29조 원 등 총 46조 원 규모의 정책패키지에 확장적 예산이 더해
지면 우리 경제에 큰 활력을 불어넣게 될 것입니다.

정부는 이 과정에서 재정적자와 국가채무가 늘어나게 된다는 점을 잘 알고 있
습니다. 하지만, 가계와 기업 등 민간의 지출여력이 없는 상황에서 정부마저 지
갑을 닫아 버린다면, 우리 경제는 저성장의 악순환에서 헤어나기 어렵습니다.

가정도 형편이 어려울 때 가족 모두가 손을 놓고 있으면 어려움에서 벗어날
수 없고, 구성원 모두가 힘을 합해 어려움을 타개해 나가야 하듯이 국가도 경
제가 어려울수록 지혜롭게 적극 대처해 나가야 합니다.

지금 재정적자를 늘려서라도 경제를 살리는 데 투자해 위기에서 빠져나오
도록 각고의 노력을 해야 할 것입니다.

적시에 투입한 재정이 마중물이 되어 경기가 살아나고, 세입이 확대되는 선
순환 구조가 정착된다면, 우리 재정의 기초체력은 강화되어 재정적자와 국가
채무를 줄여갈 수 있을 것입니다.

정부는 2018년까지 중기재정계획을 마련했습니다. 이 계획에 따라 균형재

정의 기반이 만들어지고, 국가채무도 30% 중반 수준에서 안정적으로 관리될 것입니다.

  적어도 현 정부가 출발할 때의 재정 상황보다는 더 나은 국가살림을 만들어서 다음 정부에 넘겨줄 것입니다.

  박근혜 대통령이 2014년 10월 28일 국회에서 한 연설 중 일부분이다. 이듬해 예산안을 설명하고 협조를 구하는 시정연설이다.

정부는 내년도 국정을 운영하는 최우선 목표를 경제활성화에 두었습니다. 예산도 올해보다 20조 원을 늘려 편성했습니다.

'의'를 없애고 풀어서.
문장은 자르고.

  정부는 지금 46조 원 규모로 **묶음 정책**을 펴고 있습니다. 하반기 재정보강 12조 원, 공기업투자 확대 5조 원, 정책금융 지원 29조 원 등입니다. 여기에 확장예산을 더하면 우리 경제가 큰 활력을 얻게 된다고 믿습니다.

주어를 살리고 문장을 끊어 명확하게. '패키지'는 '묶음', '꾸러미' 따위로 한 번 더 끊었다. '적'은 없어도 충분. 예산을 더하는 주체는 앞서 주어로 삼은 '정부'. 능동으로. '것'을 피했다.

  정부는 이 과정에서 재정적자와 국가채무가 **늘어나게 되는** 점을 잘 압니다. 하지만, 가계와 기업 등 민간에 지출 여력이 없는 상황에서 정부마저 지갑을 닫아 버린다면, 우리 경제는 **저성장 악순환**에서 헤어나기 어렵습니다.

'된다는'보다 '되는'이 가볍다. 뜻은 같다. 진행 뜻은 필요 없다. '이'로 써도 좋다.

  가정도 형편이 어려울 때 가족 모두가 손을 놓고 있으면 어려움에서 **벗어나기 어렵습니다**. 구성원 모두가 힘을 합해 어려움을 타개해 나가야 하듯이 국가도 경제가 어려울수록 지혜롭게 적극 대처해 나가야 합니다.

불필요한 '의'를 빼자.

'수'를 없애고 잘랐다.

  지금 재정적자를 늘려서라도 경제를 살리는 데 투자해 위기에서 **빠져나오도록 뼈를 깎는** 노력을 해야 합니다.

한자어와 '의'를 피했다. '것'도 없앴다.

제때 투입한 재정이 마중물이 되어 경기가 살아나고, 세입이 느는 선순환 구조가 자리 잡는다면, 우리 재정 기초체력은 튼튼해지고 재정적자와 국가채무를 줄여갈 수 있다고 봅니다.

한자어 대신.
한자어와 관한 피동 표현을 없앴다. 한자어를 바꿨다.
'의' 없애고 한자어 피하고.
가능을 말하는 '수'는 살리고 추측을 말하는 '것'은 없애 봤다.

정부는 2018년까지 중기재정계획을 마련했습니다. 이 계획에 따라 균형재정 기반을 만들고, 국가채무도 30% 중반 수준에서 일정하게 유지해 관리할 예정입니다.

'의' 없애고. 능동으로.

적어도 현 정부가 출발할 때보다는 더 나은 국가살림을 만들어서 다음 정부에 넘겨주겠습니다.

'적' 표현 대신 풀어서.
능동으로.
'재정 상황'은 뒤에 쓴 '국가 살림'과 같다. 없애면 가볍다.
'것'을 없애고 의지는 그대로.

서울 문화창조벤처단지 개관식 축사

오랜 기간 동안 심혈을 기울인 끝에 마침내 오늘 이렇게 문화창조벤처단지가 공식적으로 문을 열어서, 그 비전을 실현해 나갈 큰 걸음을 시작하게 되었습니다. 특히, 이곳 벤처단지는 새로운 콘텐츠 창작을 위해 민관이 협력해서 조성한 곳이라는 점에서 더욱 기대가 큽니다.

문화창조융합벨트의 완성이 가져다주는 의미는 대한민국 핵심인재들을 집적화하여 융합으로 새로운 시장을 만들어낼 수 있는 거점을 마련하는 것입니다. 거대 글로벌 콘텐츠시장에 도전하는 인프라를 구축하여 창의인재를 발굴하고 핵심인재로 양성하는 교육기관으로 발돋움하고, 청년들의 희망 일자리 창출을 위해 선순환 구조의 생태계를 구축하는 기반을 조성하는 것입니다.

이제 이곳에 모인 분들의 아이디어와 창의적인 것들을 모아 현실화하는 순환 구조의 벨트를 조성해 나가는 것이 중요합니다.

앞으로 이곳에서 대한민국의 문화산업을 크게 융성시켜 문화융성 시대를 열고 창조경제의 꽃을 피워낼 수많은 벤처기업들이 탄생하기를 바랍니다.

특히 2017년 개관을 목표로 하고 있는 K-Culture Valley는 융복합 공연장 및 콘텐츠 파크의 구축과 운영 과정에서 중소 영상기술 및 콘텐츠 기획 회사가 참여하는 문화산업 분야의 대표적인 대·중·소기업 상생 프로젝트로 융복합 콘텐츠와 쇼핑, 문화에 이르는 대규모 한류 콘텐츠를 구현하고 항상 새로운 볼거리를 제공하는 관광명소가 될 것입니다.

이 연설문은 2015년 12월 28일, 박근혜 대통령이 서울 문화창조벤처단지 개관식에 참석해 한 축사 일부분이다.

오래 심혈을 기울인 끝에 마침내 오늘 이렇게 문화창조벤처단지가 제대로 문을 열었습니다. 그 이상을 실현해 나갈 큰 걸음을 시작하게 되었습니다. 특히, 이곳 벤처단지는 새로운 콘텐츠 창작을 위해 민관이 협력해서 만든 곳이라 더욱 기대가 큽니다.

문화창조융합벨트는 대한민국 핵심인재들을 모아 융합함으로써 새로운 시장을 만드는 거점이라는 의미가 있습니다. 거대한 세계 콘텐츠시장에 도전하는 기반을 갖추고, 창의인재를 찾아 핵심인력으로 기르는 교육기관으로 발돋움하게 됐습니다. 청년들이 희망을 품을 일자리를 만드는 선순환 구조 생태계 기반을 갖춘 의미가 있습니다.

이제 이곳에 모인 분들이 새로운 생각을 모아 현실로 만드는 순환 구조를 만들어 나가는 일이 중요합니다.

'기간'과 '동안'은 뜻이 겹친다. '오랫동안'으로. '공식적'은 본디 국가나 사회가 널리 인정 했다는 뜻인데, 문맥상 여기서는 '제대로'가 맞다. vision을 우리말로 받아들여야 하나? '미래', '청사진'으로 바꾸자 한자어 대신 쉽고 간단히. '곳이어서'도 좋다.

애초 글은 문장이 흐릿하고 어지럽다. 정리하고 표현도 가다듬었다. 앞 문장에 이어 문화창조융합벨트의 의미를 계속 설명한다. 문장을 잘라 장황함을 없애자. 한자어와 '인재' '인력', 반복도 피했다. '의' 대신 주어를 살렸다. '생태계를 구축하는 기반을 조성'했다. 곧 '생태계 기반을 갖췄다'는 뜻이다. 추상에 머무는 모호한 한자어를 계속 나열해 어렵다. 사람을 주격으로. '아이디어'와 '창의적인 것', 그냥 '새로운 생각'이다. '~화하다', '~화되다'도 거르자. '것' 대신 '일'.

350

앞으로 이곳에서 대한민국 문화산업을 크게 번성시켜 문화융성 시대를 열고 창조경제를 꽃피울 수많은 벤처기업들이 탄생하기를 바랍니다.

특히 2017년 개관할 목표인 K-Culture Valley는 문화산업 분야를 대표하는 대·중·소기업 상생 프로젝트입니다. 융복합 공연장과 콘텐츠 파크를 만들고 운영하는 과정에 중소 영상기술 및 콘텐츠 기획 회사가 참여하게 됩니다. 융복합 콘텐츠와 쇼핑, 문화에 이르는 한류 콘텐츠를 많이 갖추고 항상 새로운 볼거리가 있는 관광명소가 되리라고 믿습니다.

> '의' 빼고. '융성'이 바로 뒤에 또 나온다. 이왕이면 바꾸자. '의' 빼고 편한 표현으로.

> 여러 한자어를 줄줄 나열한 너무 긴 문장이다. 자르고 정리하자. '~을 목표로 하다'보다 '~을 목표로 삼다', '~을 목표하다'가 낫다. '적인'을 없앴다. 한자어를 줄였다. 또 끊는다. 한자어 줄이고. '것' 없이 믿음을 나타내자.

제1회 서해수호의 날 기념사

북한의 어떤 위협에도 대한민국은 조금도 흔들리지 않을 것이며, 무모한 도발은 북한 정권의 자멸의 길이 되고 말 것입니다.

개성공단 전면중단을 비롯한 정부의 독자적인 대북 제재는 우리의 단호한 의지를 보여 주는 시작일 뿐입니다. 국제사회도 역대 가장 강력한 안보리 대북 제재 결의에 이어, 많은 나라들이 독자적인 대북 제재로 북한에 대한 압박을 강화해 나가고 있습니다.

저는 다음 주 미국 워싱턴에서 열리는 핵 안보정상회의에 참석하여 세계의 주요 정상들과 핵 테러와 북한 핵문제를 해결하기 위해 힘과 지혜를 모을 것입니다.

국제사회가 북한의 핵 개발과 도발을 더 이상 용납할 수 없다는 단호한 의지를 결집하고 있는 지금이 북한 정권을 변화시킬 수 있는 기회입니다. 여기서 우리가 또다시 물러선다면, 북한의 핵능력 고도화로 한반도에 돌이킬 수 없는 재앙이 닥치고 경제는 마비될 것입니다.

정부는 북한이 핵무장의 망상에서 벗어나 변화하지 않으면 생존할 수 없다는 것을 분명하게 깨닫고 변화할 때까지 국제사회와 긴밀하게 공조하면서 단호하게 대처해 나갈 것입니다.

박근혜 대통령이 2016년 3월 24일, 제1회 서해수호의 날 기념식에서 한 연설 중 일부분이다.

북한이 어떠한 위협을 해도 대한민국은 조금도 흔들리지 않을 것입니다. 무모한 도발은 북한 정권이 자멸하는 길이 되고 말 것입니다.

'의' 없애고 풀어서.
확신을 강조하기 위해 '것'을 살렸다. 문장은 잘랐다.
'의'는 없애고, '것'은 살렸다.

개성공단 전면중단을 비롯해 정부가 내린 독자 대북 제재는 우리 의지가 단호함을 보여 주는 시작일 뿐입니다. 유엔 안보리가 역대 가장 강력한 대북 제재를 결의했습니다. 이어 많은 나라들도 저마다 대북 제재로 북한을 더 강하게 압박해 가고 있습니다.

관형어로 만들지 말고 부사어로.
'의'를 빼고 행위로 표현하자.
'적인'은 없애자.
'국제사회'와 호응하는 서술어가 없다. 필요 없는 주어다.
문장을 나눴다.
'적인' 대신 쉬운 말로.
'~에 대해'도 피하자.

저는 다음 주 미국 워싱턴에서 열리는 핵 안보정상회의에 참석하여 세계 주요 정상들과 핵 테러와 북한 핵문제를 해결하기 위해 힘과 지혜를 모을 예정입니다.

'의' 생략.

단순 미래에 가깝다.

국제사회가 북한의 핵 개발과 도발을 더 이상 용납하지 않겠다고 단호한 의지를 모으는 지금이 북한 정권을 변화시킬 기회입니다. 여기서 우리가 또 물러선다면, 북한이 핵능력을 높여 한반도에 돌이키기 힘든 재앙이 닥치고 경제는 마비될 것입니다.

'수' 없이도 충분하다.

한자어는 버리고 진행형도 버리고 '수'를 없애도 뜻은 같다.
'또'와 '다시'는 같은 말이다.
둘 중 하나만 쓰자.
'의' 대신 주격으로, '고도화'는 괜히 어렵게 쓴 한자어다.
'수'도 없애 보자.

북한이 핵무장하려는 망상에서 벗어나 변화해야만 생존할 수 있다는 점을 분명하게 깨닫고 변화할 때까지 정부는 국제사회와 긴밀하게 공조하면서 단호하게 대처해 나가겠습니다.

'의' 빼고 풀어서.
'부정+부정' 대신 '긍정+긍정'으로
전체 문장을 이끄는 주어 '정부'와 서술어 사이가 너무 멀다.
옮겨 보자.
'것이다' 없이 의지 표현.

5장

문재인 대통령 연설문 고쳐 쓰기

고리 1호기 영구정지 기념행사 기념사

고리 1호기의 가동 영구정지는 탈핵 국가로 가는 출발입니다. 안전한 대한민국으로 가는 대전환입니다. 저는 오늘을 기점으로 우리 사회가 국가 에너지정책에 대한 새로운 합의를 모아 나가기를 기대합니다.

그동안 우리나라의 에너지정책은 낮은 가격과 효율성을 추구했습니다. 값싼 발전 단가를 최고로 여겼고 국민의 생명과 안전은 후순위였습니다. 지속가능한 환경에 대한 고려도 경시되었습니다. 원전은 에너지의 대부분을 수입해야 하는 우리가 개발도상국가 시기에 선택한 에너지정책이었습니다.

그러나 이제는 바꿀 때가 됐습니다. 국가의 경제수준이 달라졌고, 환경의 중요성에 대한 인식도 높아졌습니다. 국민의 생명과 안전이 무엇보다 중요하다는 것이 확고한 사회적 합의로 자리 잡았습니다.

국가의 에너지정책도 이러한 변화에 발맞춰야 합니다. 방향은 분명합니다. 국민의 생명과 안전, 건강을 위협하는 요인들을 제거해야 합니다. 지속가능한 환경, 지속가능한 성장을 추구해야 합니다. 국민안전을 최우선으로 하는 청정에너지 시대, 저는 이것이 우리의 에너지정책이 추구할 목표라고 확신합니다.

지난해 9월 경주 대지진은 우리에게 큰 충격이었습니다. 진도 5.8, 1978년 기상청 관측 시작 이후, 한반도에서 발생한 가장 강한 지진이었습니다. 다행히 사망자는 없었지만 스물세 분이 다쳤고 총 110억 원의 재산 피해가 발생했습니다.

경주 지진의 여진은 지금도 계속되고 있습니다. 엿새 전에도 진도 2.1의 여진이 발생했고, 지금까지 9개월째 총 622회의 여진이 이어지고 있습니다.

우리는 그동안 대한민국은 지진으로부터 안전한 나라라고 믿어왔습니다. 그러나 이제 대한민국이 더 이상 지진 안전지대가 아님을 인정해야 합니다. 우리는 당면한 위험을 직시해야 합니다. 특히 지진으로 인한 원전 사고는 너무나 치명적입니다.

이 연설문은 2017년 6월 19일, 문재인 대통령이 고리 1호기 영구정지 기념행사에서 한 기념사 일부분이다.

고리 1호기 가동을 무한히 멈춤은 탈핵 국가로 가는 출발입니다. 안전한 대한민국으로 가는 대전환입니다. 저는 오늘을 기점으로 우리 사회가 국가 **에너지정책**에 대해 새롭게 **합의**해 나가기를 기대합니다.

그동안 **우리나라 에너지정책**은 낮은 가격과 효율성을 추구했습니다. 값싼 발전 단가를 최고로 여겼고 **국민 생명과 안전**은 뒤로 돌렸습니다. **환경문제도 가볍게 봤습니다.** 원전은 **에너지 대부분**을 수입해야 하는 우리가 개발도상국가 시기에 선택한 에너지정책이었습니다.

그러나 이제는 바꿀 때가 됐습니다. **국가 경제수준이 달

'의'를 없애고, '영구정지'는 풀어 써 봤다.

'합의'는 '뜻을 모아 하나로 만듦'이다. 겹친다. 관형어 대신 부사어로.

'의' 삭제.
'의' 생략. 한자어를 편히 고쳐 썼다. '지속가능한'은 '환경'과 어울리지 않는다. 보통 '개발', '발전' 따위와 함께 쓰는데, 그마저 다른 말로 풀어 쓰면 더 좋다. '고려'와 '경시'에서 '보다'는 뜻이 겹친다. '경시'는 일본어 투 용어다. '얕봄', '깔봄'이다.
'의'는 필요 없다.

'의' 삭제.

356

라졌고, 환경이 중요하다는 인식도 높아졌습니다. 국민 생명과 안전이 무엇보다 중요하다는 점을 우리 사회가 확고히 합의하게 되었습니다.

국가가 펴는 에너지정책도 이러한 변화에 발맞춰야 합니다. 방향은 분명합니다. 국민 생명과 안전, 건강을 위협하는 요인들을 없애야 합니다. 환경을 지키면서 계속해 성장이 가능한 방법을 좇아야 합니다. 국민안전을 최우선으로 하는 청정에너지 시대, 저는 이것이 우리 에너지정책 목표라고 확신합니다.

지난해 9월 경주 대지진은 우리에게 큰 충격이었습니다. 진도 5.8, 1978년 기상청 관측 시작 이후, 한반도에서 발생한 가장 강한 지진이었습니다. 다행히 사망자는 없었지만 스물세 분이 다쳤고 재산은 110억 원 피해가 났습니다.

경주 지진 여진은 지금도 계속되고 있습니다. 엿새 전에도 진도 2.1 규모 여진이 발생했고, 지금까지 9개월째 여진이 총 622번 이어지고 있습니다.

우리는 그동안 대한민국은 지진에서 안전하다고 믿어 왔습니다. 그러나 이제 대한민국이 더 이상 지진 안전지대가 아님을 인정해야 합니다. 우리는 다가온 위험을 바로 봐야 합니다. 특히 지진으로 인한 원전 사고는 목숨을 무척 위협합니다.

'의' 생략하고 풀어서. '의' 삭제.

'것'은 없앤다. '확고한 사회적 합의'를 쉽게 써 봤다.

'의' 대신 서술.

'의'를 없애도 충분.

한자어 바꿈. 관용어처럼 함부로 쓰는 '지속가능한'을 달리 바꿔 써 봤다.

'목표'는 '이루려는 대상'이다. '추구'를 또 쓸 이유 없다.

숫자를 앞세운 '의'는 피하자. 앞 문자에서 '발생'을 썼다. 한자어와 같은 표현은 피하자.

'의'를 없애고 분명히.

숫자를 앞세운 '의' 바꾸기.

'나라'끼리 비교는 아니다. 상태, 현상 따위다.

한자어를 고쳐 썼다.

'적'을 없애 봤다.

제12차 브뤼셀 ASEM 정상회의 리트리트 연설문

올해 2월, 평창 동계올림픽을 계기로 한반도에 기적 같은 변화가 시작되었습니다. '판문점 선언'과 '평양공동선언', '센토사 합의'를 통해 남과 북, 미국의 정상은 서로 간의 신뢰를 확인하며 한반도의 완전한 비핵화와 항구적인 평화정착을 약속했습니다.

이제 2차 북미정상회담과 4차 남북정상회담을 앞두고 있습니다. 한반도 비핵화와 평화는 전면적인 실천과 이행의 단계에 들어갔습니다.

ASEM 회원국들은 뜨거운 성원과 지지를 보내왔고, 한반도 비핵화에 기여하겠다는 의사도 전달해왔습니다. 이 자리를 빌려, 한반도 평화의 동반자가 되어 주신 ASEM 회원국 모두에게 깊이 감사드립니다.

존경하는 의장,

유럽은 인류 역사에 큰 이정표를 세웠습니다. 정치적으로는, 이념과 군비경쟁으로 치달았던 냉전구도를 극복했습니다. 경제적으로는, 석탄철강공동체로 시작하여 유럽연합을 이뤄냈습니다.

나는 한반도와 동북아시아도 통합과 화합을 이룰 수 있다고 믿습니다. 한반도에 마지막으로 남은 냉전구도를 해체하는 과정은 유럽에서와 같은 평화와 번영의 질서를 만드는 과정입니다.

여건이 조성되면 남과 북은 본격적으로 경제협력을 추진할 것입니다. 이는 자연스럽게 동북아시아의 경제협력을 넘어, 다자 안보협력으로 이어질 것입니다.

문재인 대통령이 2018년 10월 19일, 제12차 브뤼셀 ASEM 정상회의에서 한 연설 중 일부분이다.

올해 2월, 평창 동계올림픽을 계기로 한반도에 기적 같은 변화가 시작되었습니다. '판문점 선언'과 '평양공동선언', '센토사 합의'를 통해 남과 북, 미국, 세 정상은 서로 신뢰를 확인했습니다. 한반도를 완전히 비핵화하고 평화가 항구히 머물게 하자고 약속했습니다.

'의'는 없애고 '세'를 넣어 부드럽게. '간의'는 필요 없다. 문장을 잘랐다. '의'와 '적인'을 없애고 편한 문장으로.

이제 2차 북미정상회담과 4차 남북정상회담을 앞두고 있습니다. 한반도 비핵화와 평화는 오롯이 실천하고 이행하는 단계에 들어갔습니다.

'전면적인' 대신 다른 낱말을 써 봤다. 크게 다르지 않다. '의'도 풀어 바꿔 썼다.

ASEM 회원국들은 뜨거운 성원과 지지를 보내왔습니다. 한반도 비핵화에 이바지하겠다는 뜻도 전해왔습니다. 이 자리를 빌려, 한반도 평화를 함께 일구고 지켜 나가시는 ASEM 회원국 모두에게 깊이 감사드립니다.

잘랐다.

한자어를 피했다.

'의'를 버리고, '동반자'를 행위로 풀어서.

존경하는 의장,

유럽은 인류 역사에 큰 이정표를 세웠습니다. 정치에서는, 이념과 군비경쟁으로 치달았던 냉전구도를 극복했습니다. 경제에서는, 석탄철강공동체로 시작하여 유럽연합을 이뤄냈습니다.

'적' 없이 편히 쓰자.

'적'을 빼고 써 보자.

나는 한반도와 동북아시아도 통합과 화합을 이룰 수 있다고 믿습니다. 한반도에 마지막으로 남은 냉전구도를 해체하는 과정은 유럽처럼 평화와 번영을 향한 질서를 만드는 과정입니다.

조사는 되도록 겹쳐 쓰지 말자. '의' 대신 서술.

여건이 조성되면 남과 북은 경제협력을 제대로 추진하게 됩니다. 이는 자연스럽게 동북아시아 권역 경제협력을 넘어, 다자 안보협력으로 이어지리라 믿습니다.

여기서 '것이다'는 예정으로 표현해도 된다.
'동북아시아 지역' 정도로 써도 좋겠다.
여기서 '것이다'는 확신.

제72주년 제주 4·3 희생자 추념식 추념사

제주는 이제 외롭지 않습니다.

4·3의 진실과 슬픔, 화해와 상생의 노력은 새로운 세대에게 전해져 잊히지 않을 것입니다. 4·3은 더 나은 세상을 향해 가는 미래 세대에게 인권과 생명, 평화와 통합의 나침반이 되어 줄 것입니다.

진실의 바탕 위에서 4·3 피해자와 유족의 아픔을 보듬고 삶과 명예를 회복시키는 일은 국가의 책무입니다. 진실은 정의를 만날 때 비로소 화해와 상생으로 연결됩니다. 진실을 역사적인 정의뿐 아니라 법적인 정의로도 구현해야 하는 것이 국가가 반드시 해야 할 일입니다. 부당하게 희생당한 국민에 대한 구제는 국가의 존재 이유를 묻는 본질적인 문제입니다.

4·3의 완전한 해결의 기반이 되는 배상과 보상 문제를 포함한 '4·3 특별법 개정'이 여전히 국회에 머물러 있습니다. 제주 4·3은 개별 소송으로 일부 배상을 받거나, 정부의 의료지원금과 생활지원금을 지급받는 것에 머물고 있을 뿐 법에 의한 배·보상은 여전히 이뤄지지 않고 있습니다. 더딘 발걸음에 대통령으로서 참으로 마음이 무겁습니다.

하지만 4·3은 법적인 정의를 향해서도 한 걸음씩 나아가고 있습니다. 지난해 열여덟 분의 4·3 생존 수형인들이 4·3 군사재판의 부당성을 주장하며 제기한 재심 재판과 형사보상 재판에서 모두 승소했고, 제주지방법원 201호 법정에서 "우리는 이제 죄 없는 사람이다"라는 환호성이 터져 나왔습니다. 이 자리에 참석한 추미애 법무부 장관이 국회의원 시절 국가기록원에서 발굴한 수형인 명부가 4·3 수형인들의 무죄를 말해 주었습니다.

문재인 대통령이 2020년 4월 3일, 제72주년 제주 4·3 희생자 추념식에서 한 추념사 중 일부분이다.

제주는 이제 외롭지 않습니다.

새로운 세대는 4·3의 진실과 슬픔, 화해와 상생하려는 노력을 전해 받아 잊지 않을 것입니다. 4·3은 더 나은 세상을 향해 가는 미래 세대에게 인권과 생명, 평화와 통합을 가리키는 나침반이 되어 줄 것입니다.

진실을 바탕으로 4·3 피해자와 유족이 겪은 아픔을 보듬고 삶과 명예를 회복시키는 일은 국가가 해야 할 책무입니다. 진실은 정의를 만날 때 비로소 화해와 상생으로 연결됩니다. 진실을 역사뿐 아니라 법에서도 정의라고 분명히 밝히는 일은 국가가 반드시 해야 할 임무입니다. 부당하게 희생당한 국민을 돕는 일은 국가가 존재해야 하는 이유를 묻는 본질 문제입니다.

배상과 보상 문제는 4·3을 완전히 해결하는 기반이 됩니다. 이 내용을 포함한 '4·3 특별법 개정'이 여전히 국회에 머물러 있습니다. 제주 4·3 피해자들은 개별 소송으로 일부 배상을 받거나, 정부가 주는 의료지원금과 생활지원금을 받는 정도에 머물고 있습니다. 법에 의한 배·보상은 여전히 받지 못하고 있습니다. 더딘 발걸음에 대통령으로서 참으로 마음이 무겁습니다.

하지만 4·3은 법으로도 정의롭게 한 걸음씩 나아가고 있습니다. 지난해 4·3 생존 수형인 열여덟 분이 4·3 군사재판이 부당했다고 주장하며 제기한 재심 재판과 형사보상 재판에서 모두 승소했습니다. 제주지방법원 201호 법정에서 "우리는 이제 죄 없는 사람이다"라는 환호성이 터져 나왔습니다. 이 자리에 참석한 추미애 법무부 장관

능동으로 바꿨다. '4·3의~노력'을 강조하고 싶어 앞머리에 그대로 두더라도 문장 형태는 행위자인 '새로운 세대'를 주어 삼아 능동으로 고쳐 줘야 좋다. '4·3의 진실', '않을 것입니다'에서 쓴 '의'와 '것이다'를 그냥 살렸다. 필요할 때는 쓴다. 여기서는 '의'를 빼고 설명했다.

'의' 없애고 간결하게.
'의' 없애고 풀어서.
'의' 없애고 설명을 더했다.

'적인'을 없앴다. 한자어 '구현'은 풀었다. '것'을 피했다. 뒤에 '구제'를 명사로 고집하니 '에 대한'이란 억지 표현이 나온다. 풀어 쓰자. '적인'을 빼도 아무 차이가 없다.

'4·3', '해결', '기반', 명사형을 연이어 '의'로 억지로 이었다. 풀자. 문장을 자르고 설명하면 친절해진다.
주체를 밝혀 주어로 삼았다. '의'를 피했다.

'지원금을 지급받다'와 '지원금을 받다', 뜻이 다른가? 여기서 '지급'은 쓸모없는 낱말이다. 문장을 나눴다.
앞선 '피해자'가 계속 주어이다. 능동형으로 쓰자.

'적인'을 빼고 표현을 바꿨다.

수를 앞세운 '의'를 버리자. '의'로 연결한 명사형 표현은 '의'를 버리고 풀어 쓰자.

끊는다.

이 국회의원 시절 국가기록원에서 발굴한 수형인 명부
가 4·3 수형인들이 무죄라고 말해 주었습니다. 역시 '의'를 빼고 서술한다.

홍범도 장군 유해 안장식 추모사

존경하는 국민 여러분, 국내외 동포 여러분,

3·1 독립운동의 정신 위에서 수립된 대한민국 임시정부는 1920년을 '독립전쟁의 원년'으로 선포했습니다. 그해 치러진 '독립전쟁 1회전', '독립전쟁 첫 승리'라고 불렸던 봉오동 전투와, 독립전쟁 최대의 승리, 청산리 대첩을 이끌었던 독립전쟁의 영웅, 대한독립군 총사령관 홍범도 장군이 오늘 마침내 고국산천에 몸을 누이십니다.

봉오동 전투와 청산리 전투 101주년, 장군이 이역만리에서 세상을 떠나신 지 78년, 참으로 긴 세월이 걸렸습니다. 장군의 유해봉환을 위해 적극 협력해 주신 카자흐스탄 정부와 고려인 동포 여러분께 다시 한 번 깊은 감사의 마음을 전합니다.

장군이 안식을 취할 이곳 국립대전현충원에는 많은 애국지사들이 잠들어 계십니다. 지난 2019년, 카자흐스탄에서 먼저 조국으로 돌아오신 황운정 지사 부부, 장군과 함께 봉오동 전투에서 싸웠던 이화일, 박승길 지사, 청산리 전투에서 함께 싸웠던 김운서, 이경재, 이장녕, 홍충희 지사가 잠들어 계십니다.

장군을 이곳에 모시며, 선열들이 꿈꾸던 대한민국을 향해 끊임없이 전진할 것을 다시 한 번 다짐합니다. 봉오동 전투와 청산리 전투는 평범한 사람들이 함께 만든 '승리와 희망의 역사'입니다. 나라를 되찾겠다는 의기 하나로 모여든 무명의 청년들과 간도 지역으로 이주한 수십만 동포들이 승리의 주역이었습니다. 모두가 함께 만든 승리는, 나라를 잃은 굴종과 설움을 씻고, 일제 지배에 억압받던 삼천만 민족에게 강렬한 자존심과 자주독립의 희망을 심어 주었습니다.

마지막으로 살펴볼 연설문이다. 문재인 대통령이 2021년 8월 18일 홍범도 장군 유해 안장식에서 한 추모사 앞부분이다.

존경하는 국민 여러분, 국내외 동포 여러분,

3·1 **독립운동 정신** 위에서 **세운** 대한민국 임시정부는 1920년을 '독립전쟁의 원년'으로 선포했습니다. 그해 **치른** '독립전쟁 1회전', '독립전쟁 첫 승리'라고 불렸던 봉오동 전투와, 독립전쟁 **최대 승리**, 청산리 대첩을 이끈 **독립전쟁 영웅**, 대한독립군 총사령관 홍범도 장군이 오늘 마침내 고국산천에 몸을 누이십니다.

'의'는 필요 없다. 행위 주체는 임시정부 인사들이다. 그 주어는 생략했다고 보고 능동형으로 쓰자. 피동을 버리자.

봉오동 전투와 청산리 전투 101주년, 장군이 이역만리에서 세상을 떠나신 지 78년, 참으로 긴 세월이 **흘렀습니다**. 장군 유해봉환에 적극 협력해 주신 카자흐스탄 정부와 고려인 동포 여러분께 다시 한 번 **깊이 감사하는 마음을** 전합니다.

'의'를 빼자. 이끌었다가 현재는 그만두었음을 강조할 목적이 아니면 '었던'을 쓸 이유가 없다 '의'를 빼자.

홍 장군 사망과 지금 사이 기간을 가리켜 말하기엔 '걸리다'가 어울리지만, 여기서는 사망 뒤 지난 시간을 말한다. '흐르다'가 더 어울린다. '의'는 빼고, 여기서 '~을 위해' 는 그냥 '에'로 써도 좋다. '감사'를 명사형이 아닌 동사형으로 쓰고 '의'를 뺀다. '깊다'도 관형어가 아니라 부사어로 바꾼다. 훨씬 부드럽다.

장군이 안식을 취할 이곳 국립대전현충원에는 많은 애국지사들이 잠들어 계십니다. 지난 2019년, 카자흐스탄에서 먼저 조국으로 돌아오신 황운정 지사 부부, 장군과 함께 봉오동 전투에서 **싸운** 이화일, 박승길 지사, 청산리 전투에서 함께 **싸운** 김운서, 이경재, 이장녕, 홍충희 지사가 잠들어 계십니다.

시제는 단순하게 쓰자.

장군을 이곳에 모시며, 선열들이 꿈꾸던 대한민국을 향해 끊임없이 **나아가겠다고** 다시 한 번 다짐합니다. 봉오동 전투와 청산리 전투는 평범한 사람들이 함께 만든 '승리와 희망의 역사'입니다. 나라를 되찾겠다는 의기 하나

한자어 피하고 '것'을 버리고.

로 모여든 **이름 모를 청년들과** 간도 지역으로 이주한 수십만 동포들이 **승리 주역이었습니다.** 모두가 함께 만든 승리는, 나라를 잃은 굴종과 설움을 **씻었습니다.** 일제 지배에 억압받던 삼천만 민족에게 **자존심과 자주독립의 희망을 강렬히** 심어 주었습니다.

'의'가 든 한자어를 바꿨다.
'이름 없는'도 좋지만 '이름 모를'
이 더 정확하다. '의'는 빼자.
'승리한 주역'으로 써도 좋다.
문장을 나눴다.
'강렬'이 꾸미는 말이 '자존심'
인가? '약하지 않은 강렬한
자존심'을 심어 줬단 말인가?
문맥상 위치를 옮겨 써야 좋다.

참고문헌

단행본

가만히 있지 않는 강원대 교수 네트워크 엮음, 2016, 《세월호가 남긴 절망과 희망》, 한울아카데미.

강준만, 2006, 《글쓰기의 즐거움》, 인물과사상사.

_____, 2008, 《지방은 식민지다》, 개마고원.

_____, 2011, 《한국 현대사 산책 2000년대 편》, 인물과사상사.

고경태, 2009, 《유혹하는 에디터》, 한겨레출판.

고종석, 2014, 《고종석의 문장 1》, 알마.

_____, 2014, 《고종석의 문장 2》, 알마.

국립국어원, 2015, 《일본어 투 용어 순화 자료집》, 휴먼컬처아리랑.

김대중, 2010, 《김대중 자서전 1》, 삼인.

_____, 2010, 《김대중 자서전 2》, 삼인.

김인회, 2017, 《문제는 검찰이다》, 오월의봄.

김지영, 2011, 《피동형 기자들》, 효형출판.

노무현재단 엮음·유시민 정리, 2010, 《운명이다: 노무현 자서전》, 돌베개.

문재인, 2011, 《문재인의 운명》, 가교.

_____·김인회, 2011, 《문재인, 김인회의 검찰을 생각한다》, 오월의봄.

민주화를위한교수협의회·전국교수노동조합·학술단체협의회 엮음, 2011, 《독단과 퇴행, 이명박 정부 3년 백서》, 메이데이.

민진규, 2013, 《창조경제 한국을 바꾸다》, 글로세움.

밀스, 톰, 2019, 《BBC, 공영방송의 신화》, 박인규 옮김, 한울.

박일환, 2019, 《국어사전 혼내는 책: 우리말의 집을 튼튼하게 짓기 위하여》, 유유.

윤태영, 2016, 《대통령의 말하기》, 위즈덤하우스.

이명박, 2015, 《대통령의 시간 2008-2013》, 알에이치코리아.

이민화·차두원, 2013, 《창조경제》, 북콘서트.

이병철, 2021, 《모국어를 위한 불편한 미시사》, 천년의상상.

이오덕, 2019, 《우리말을 죽이는 외국말 뿌리 뽑기 ① 일본말》, 고인돌.

_____, 2019, 《우리말을 죽이는 외국말 뿌리 뽑기 ② 서양말》, 고인돌.

_____, 2019, 《우리말을 죽이는 외국말 뿌리 뽑기 ③ 한자말》, 고인돌.

이윤옥, 2013, 《오염된 국어사전》, 인물과사상사.

이재열·홍찬숙·이현정·강원택·박종희·신혜란, 2017, 《세월호가 묻고 사회과학이 답하다》, 오름.

임동원, 2015, 《피스메이커》, 창비.

정용준, 2018, 《미디어 공론장과 BBC 100년의 신화》, 패러다임북.

최경봉, 2019, 《우리말의 탄생》, 책과함께.

춘추관, 《정조실록 47권》, 정조 21년, 8월 30일, 丙寅 첫 번째 기사.

논문·보고서·발표문

김 혁, 2014, "대통령의 리더십과 정책의제설정양태에 대한 연구: 역대 대통령들의 주요 연설문에 대한 내용분석을 중심으로", 〈한국정치연구〉, 23권 2호.

김연철, "6·15 남북공동선언의 의미와 과제", 김대중 포럼 토론회, 2017. 6. 14.

김영준·김경일, 2019, "대한민국 대통령의 언어스타일: 연설문에 나타난 언어적 특성과 심리적 특성", 〈인지과학〉, 30권 3호.

김현국, 2001, "연설문의 문체 연구: 대통령 취임사를 중심으로", 한국
　　　교원대 석사학위 논문.

노은경·이영규·홍성우, 2019, "공공성 유형의 시대적 탐색에 관한 연구:
　　　대통령 연설문 내용분석을 중심으로", 〈한국공공관리학보〉, 33권 3호.

손기웅, 2001, 〈베를린 선언의 의의와 과제〉, 통일연구원.

참여연대, 2021, 〈문재인 정부 4년 검찰보고서〉.

최윤영, 2020, "한국 역대 대통령의 레토릭 비교: 아리스토텔레스 수사학의
　　　실제적 적용", 고려대 석사학위 논문.

최태혁, 2021, "대통령의 행정가치 정향에 대한 연구: 우리나라 역대 대통령들
　　　의 연설문에 대한 내용분석을 중심으로", 서울시립대 석사학위 논문.

황창호·이혁우·임동원, 2015, "역대 대통령 연설문의 유형과 특징에 대한
　　　비교연구: 연설문의 유형, 분야, 주제, 시점을 중심으로", 〈한국공공
　　　관리학보〉, 29권 4호.

언론 보도

강원국, "강원국의 글쓰기 필살기 (32): 좋은 연설문을 위한 7가지 조언",
　　　〈내 손안에 서울〉.

＿＿＿, "강원국이 뽑은 노대통령 명연설", 〈시사자키 정관용입니다〉, CBS
　　　라디오, 2020. 5. 21.

＿＿＿, "문 대통령 연설문, DJ 닮았다, 사람·역사·반복 3박자의 조화",
　　　〈오마이뉴스〉, 2018. 3. 22.

강준만, "文의 의도적 눈감기 … '책임회피형' 대통령의 비극", 〈신동아〉,
　　　2021. 11. 22.

고한솔, "달라진 '2년'을 기대한다", 〈한겨레 21〉, 2022. 1. 22.

구영식, "학자 500명 8년 작업 《표준국어대사전》中·日서도 안 쓰는 말 '부
　　　지기수'", 〈오마이뉴스〉, 2002. 10. 4.

길윤형, "아베 총리도 박 대통령도 선택적 기억만 … 국민에 불행한 일", 〈한겨레〉, 2015. 6. 15.

김관진, "〔취재파일〕 공수처, '검찰개혁' 앞세우다 제 기능 약해져", 〈SBS 뉴스〉, 2022. 1. 22

김규남, "위성정당 효과 시뮬레이션해 보니 민주·국힘 '+15석'", 〈한겨레 21〉, 2021. 11. 19.

김근철, "초대 워싱턴 대통령부터 이어져온 연두교서", 〈아시아경제〉, 2018. 10. 30.

김기중, "2.7조 투입한 아라뱃길 매년 수십억 혈세 낭비", 〈한국일보〉, 2017. 10. 19.

김민희, "최순실 사태에 입 연 DJ의 연설비서관 고도원 '대통령 뱃속에 5년간 들어갔다 나왔더니 내가 대통령 같더라'", 〈주간조선〉, 2017. 1. 23.

김소정, "문재인 대통령 시정연설 중 PPT 등장 … '신박' '소장각' '절실함 느껴져'", 〈동아닷컴〉, 2017. 6. 12.

김소형, "5·18 유족 '팔 벌리고 다가온 대통령의 품, 아버지 같았다'", 〈시사자키 정관용입니다〉, CBS 라디오, 2017. 5. 18.

김의겸, "DJ·노무현과 '너무 다른' 박근혜의 광복절 연설문", 〈한겨레〉, 2016. 8. 16.

김이택, "조용환·피디수첩 사건이 말하는 것", 〈한겨레〉, 2011, 9. 20.

김지영·오종탁, "〔단독입수〕 박근혜-최순실-정호성 90분 녹음파일", 〈시사저널〉, 2019. 5. 17.

김태규, "〔단독〕 '광우병 촛불' MB 위기 때 기무사 앞장서 '여론공작' 설계", 〈한겨레〉, 2018. 4. 12.

김태영·구영식, "한미 FTA는 참여정부 업적조급증 탓 대연정 제안에 이어 제2의 패착 될 것", 〈오마이뉴스〉, 2006. 4. 3.

김현수, "DJ 서거: 외환위기 최단기간 내 극복", 〈서울경제〉, 2009. 8. 18.

김현재·이강원·김병수, "8·15 경축사 정치권 반응", 〈연합뉴스〉, 1998. 8. 14.

박두식, "오바마 연설이 보여 준 '대통령 政治의 힘'", 〈조선일보〉, 2011. 1. 18.

박상기, "박상기 최초 증언, 윤석열, '조국 사태' 첫날에 조국 낙마 요구", 〈뉴스타파〉, 2020. 7. 20.

박종철, "6·15 남북공동선언 20주년: 현재적 함의와 남북관계 개선 모색", 〈세종논평〉, 2020. 6. 12.

박형준, "박 대통령-MB, 연설 스타일 비교해 보니…", 〈JTBC 뉴스〉, 2014. 1. 6.

송진식, "'최순실 직격탄' 맞은 창조경제혁신센터의 앞날은", 〈경향신문〉, 2016. 12. 24.

송평인, "대통령 연설문 집필자", 〈동아일보〉, 2011. 8. 17.

신 평, "추미애 활극에 침묵 文, 참모형 대통령의 비극", 〈신동아〉, 2020. 11. 25.

신창훈, "문희상 의장 '한나라당과도 연정' 제안에 여 의원들 심리적 공황 상태", 〈내일신문〉, 2005. 7. 13.

안 희, "침실서 보고 놓친 朴, 최순실 본 뒤 중대본에…'세월호 7시간'", 〈연합뉴스〉, 2018. 3. 28.

오자르디아스, 프레데릭(프랑스 공영방송 RFI), "뉴스 토론 'Foreign Correspondents'", 아리랑TV, 2017. 9. 26.

윤영찬, "진중권이 모르는 문 대통령 연설 스타일", 〈김용민TV〉, 2020. 6. 1.

이 완, "김대중 '똑같이' 노무현 '다르게' 말해야 한다", 〈한겨레21〉, 2016. 1. 25.

이동현, "윤석열 신임 검찰총장의 '특별한' 임명장 수여식", 〈한국일보〉, 2019. 7. 25.

이승관, "할 일 없는 지자체 제2건국 추진위", 〈연합뉴스〉, 1999. 9. 17.

이승제, "치열한 현장정치가, 탁월한 정치·경제이론가", 〈머니투데이〉, 2009. 8. 18.

이현수, "단어 하나하나가 외교-통치…대통령 말투 감안해 작성", 〈동아일보〉, 2014. 9. 27.

장덕종, "'확' 달라진 5·18 37주년 기념식 … 오월 영령 추모 의미 더해",
　　　〈연합뉴스〉, 2017. 5. 18.

조인근, "대통령은 말했다", 〈시사기획 창〉, KBS, 2022. 3. 15.

조홍섭, "〔단독〕 '강 정비, 운하 눈속임' 국토부 문건서 확인", 〈한겨레〉,
　　　2008. 5. 28.

지영호·진상현·김성휘, "경축사의 정치학", 〈머니투데이〉, 2016. 8. 17.

특별취재팀(구민주·김종일·김지영·오종탁·유지만), "〔단독입수〕 박근혜·
　　　최순실·정호성 녹음파일 2탄", 〈시사저널〉, 2019. 5. 23.

파이낸셜 뉴스, "〔사설〕 여당 의원들도 모르겠다는 창조경제", 〈파이낸셜 뉴
　　　스〉, 2013. 3. 31.

현소은, "최순실-정호성 '어벤져스' 이메일 주고받은 까닭은", 〈한겨레〉,
　　　2017. 11. 15.

황영찬, "MB, 대운하 포기하고도 4대강 '수심 6m' 강행…감사원 발표",
　　　〈CBS 노컷뉴스〉, 2018. 7. 4.

지은이 소개

최정근

86세대와 X세대 언저리에서 그 어디에도 속하지 못하는 어정쩡한 경험과 뒤섞인 정서로 젊은 시절을 보냈다. 이웃에 도움을 주고, 심지어 사회를 조금이나마 바꾸는 일을 하겠다는 맹랑한 치기에 기자를 꿈꿨다. 어찌어찌 KBS에 입사했으나 바라던 '기자질'을 제대로 해왔는지는 의문이다. 지금은 보도본부 시사제작국 팀장으로 시사대담 프로그램 〈사사건건〉을 만드는 일을 한다. 기사문장과 방송언어가 바르지 못한 현실이 영 마뜩찮다. 나아가 우리말과 글을 옳고 쉽게 쓰는 일에 관심이 많다. 국립국어원 '다듬은 말 정비위원회'에 이어 '새말모임'위원으로 활동한다. 저서로 《형! 뉴스 좀 똑바로 하세요: 방송기사 바로 쓰기》(2010, 나남)와 《엉터리 기사로 배우는 좋은 글 쓰기》(2019, 나남, 2019 세종도서 교양부문)를 펴냈다.

형! 뉴스 좀 똑바로 하세요

방송기사 바로 쓰기

최정근(KBS) 지음

못난 뉴스에 신물 난 현직 기자
좋은 글 쓰기의 모범을 제시하다!

방송뉴스에 등장하는 잘못된 언어습관을 바로잡고자 현직 방송기자가 팔을 걷었다.
저자는 방송 3사의 TV뉴스 원고를 찾아 읽고 흔하게 쓰인 표현 85가지를 골라 정리
했다. 또한 '기사를 쓰는 기자'가 아닌 '기사를 읽는 기자'의 목소리를 들을 수 있는
흔치 않은 기회를 전한다. 칼럼에 이어 칼럼의 주제와 그 장에서 소개할 틀린 표현이
포함된 기사 인용문을 실어 자연스럽게 바른말 설명으로 넘어가는 것 역시 이 책의
장점이다. 신국판 | 264면 | 12,000원

엉터리 기사로 배우는 좋은 글 쓰기

최정근(KBS) 지음

우리말 감각을 깨우는 베테랑 기자의 글쓰기 수업!
생생한 뉴스 문장으로 배우는 바른 말글살이

베테랑 기자가 뉴스 문장으로 가르쳐 주는 바르고 힘 있는 글쓰기 4원칙. '또렷하게',
'깔끔하게', '바르게', '편하게'를 우리 언어생활에 널리 퍼진 잘못을 고칠 기준으로 제
시한다. 쉽게 만날 수 있는 잘못된 기사문, 즉 '엉터리 기사'를 사례 삼아 바로잡으며
설명한다. 생생한 기사문과 친절한 설명을 따라 글쓰기 원칙을 새기다 보면, 어느새
글쓰기 기본기가 탄탄하게 자리 잡는다. 신국판 | 328면 | 20,000원

나남 nanam www.nanam.net | 031-955-4601